钱江潮涌 书香商大

浙江工商大学一流专业建设荐读书单

王永贵　赵英军　主编

浙江工商大学出版社 | 杭州
ZHEJIANG GONGSHANG UNIVERSITY PRESS

图书在版编目（CIP）数据

　　钱江潮涌　书香商大：浙江工商大学一流专业建设

荐读书单 / 王永贵，赵英军主编；毛丰付等副主编.

杭州：浙江工商大学出版社，2024. 9. -- ISBN 978-7

-5178-6173-7

　　Ⅰ．Z835

中国国家版本馆 CIP 数据核字第 2024GP8168 号

钱江潮涌　书香商大——浙江工商大学一流专业建设荐读书单

QIANJIANG CHAOYONG　SHUXIANG SHANGDA—ZHEJIANG GONGSHANG DAXUE YILIU ZHUA-
NYE JIANSHE JIANDU SHUDAN

王永贵　赵英军 主编

出 品 人	郑英龙
责任编辑	王黎明
责任校对	王　琼
封面设计	林朦朦
责任印制	包建辉
出版发行	浙江工商大学出版社

　　　　　　（杭州市教工路 198 号　邮政编码 310012）

　　　　　　（E-mail：zjgsupress@163.com）

　　　　　　（网址：http：//www. zjgsupress.com）

　　　　　　电话：0571-88904980，88831806（传真）

排　　版	杭州朝曦图文设计有限公司
印　　刷	杭州高腾印务有限公司
开　　本	710 mm×1000 mm　1/16
印　　张	23.75
字　　数	523 千
版 印 次	2024 年 9 月第 1 版　2024 年 9 月第 1 次印刷
书　　号	ISBN 978-7-5178-6173-7
定　　价	68.00 元

本书编委会

主　编：王永贵　赵英军

副主编：毛丰付　伍　蓓　赵　丹　谢湖均

编　委（按姓氏笔画排序）：

于希勇　王　齐　王　海　方　霞

李　蓉　岑　杰　张金凤　陈　红

陈　超　陈　骥　邵　俊　苑韶峰

季　敏　郦　萍　徐越倩　董文辉

傅利福　童　磊　谢诗蕾　蓝　辉

序

  党的二十大报告明确指出,"中国式现代化是物质文明和精神文明相协调的现代化",其核心本质之一即为"丰富人民精神世界"。阅读,作为滋养心灵、提升精神境界的重要途径,为实现个人与社会的全面发展提供了坚实的精神支撑。正因阅读的重要性,自2014年起,"全民阅读"已连续11年被庄重地写入政府工作报告。在首届全民阅读大会上,习近平总书记的贺信更是深刻阐述了阅读的价值,向全社会发出了"爱读书、读好书、善读书"的倡议。

  大学时代,恰似人生画卷缓缓展开的黄金期,是塑造思想、锤炼品格的关键阶段。在此期间,我们不仅要深耕专业知识,更要通过广泛的阅读来树立远大志向、锤炼道德品质、修身养性、精进学业。立志,是为我们的人生航船确立方向;明德,是培养我们成为有担当、有修养的社会栋梁;修身,是通过阅读陶冶情操,提升自我;进业,则要求我们在专业领域内追求卓越,为未来的职业生涯奠定坚实基础。在此过程中,阅读的重要性无可替代。

  然而,信息化时代的信息洪流亦带来了挑战。信息过载与信息茧房的双重困扰,使得我们在享受便捷的同时,不得不面对信息泛滥与信息质量参差的问题。信息茧房让我们局限于个人兴趣与观点的舒适区,忽略了世界的广阔与多元。因此,筛选高质量书籍、引导大学生进行深度与专业的阅读,显得尤为重要。

  作为一所历史悠久、底蕴深厚的学府,浙江工商大学前身为1911年创建的杭州中等商业学堂,是中国商业教育的先驱之一。作为浙江省人民政府、商务部、教育部共建的省属重点大学,学校致力于建构中国自主知识体系,实现科技自立自强,办学水平不断提升,成功入选浙江省"双一流196工程"重点建设院校。学校拥有10大学科门类、7个一级学科博士点和7个博士后流动站,32个专业入选国家级一流本科专业建设点,国家社科基金立项数连年保持全国前列,文科实力位列全国第56位,理科实力进入全国100强,为社会输送了大量优秀人才。

  这所承载着悠久读书传统的学府,自2008年起便深耕"悦读"文化建设,并于2012

年将其纳入校园文化品牌重点培育项目,2021年"悦读"文化品牌荣获浙江省高校教职工文化金品牌殊荣。学校围绕"兴趣激发""方向引领""保障提升"三大工程,从营造氛围、增强趣味、关怀群体、引领方向、树立榜样、提升服务、创新载体、优化空间等多个维度,推出了一系列品牌活动与特色服务,有效激发了师生的阅读兴趣与能力,为学生的成长与发展铺设了坚实的基石。

当前,学校正站在建设高水平大学的新起点上,致力于打造具有鲜明特色与辨识度的学科、专业建设体系。在此背景下,学校图书馆携手教务处及各学院,共同编纂一流专业建设荐读书单,旨在为学生提供系统、全面、高质量的专业阅读资源。编纂过程中,坚持"商大特色""学术自强""时代风采"与"专业精神"四大原则,力求通过精选书籍,引导学生关注学术前沿、深耕专业领域、拓宽知识视野。

有理由相信,在全校师生的共同努力下,一流专业建设荐读书单必将在学校专业建设工作中发挥重要作用,为提升商大整体文化氛围、推进"书香商大"与学习型校园建设贡献力量。让我们携手并进,共创辉煌!

浙江工商大学校长　王永贵

2024 年 7 月 1 日

目　录

工商管理学院（MBA学院）
School of Business
Administration(MBA)

工商管理学院(MBA 学院)

学院介绍

工商管理学院(MBA 学院)前身是 1978 年成立的企业管理系,2001 年改设工商管理学院。学院设有企业管理系、营销管理系、人力资源与组织管理系、国际商务管理系、党建中心、教学中心、消费行为与数字营销研究所、企业数智化与商务分析研究中心、全球数字价值链研究中心等 19 个教学与科研机构。

学院现有工商管理学博士后流动站 1 个,工商管理学一级学科博士点 1 个、一级学科硕士点 1 个,企业管理、市场营销学、人力资源管理、技术经济及管理二级学科博士点 4 个、硕士点 4 个,MBA(工商管理硕士)、MPM(中加合作培养项目管理硕士)、应用心理专硕等专业学位硕士点 3 个,工商管理、市场营销、人力资源管理、国际商务本科专业 4 个。4 个本科专业全部入选国家级一流本科专业建设点。

工商管理学科,是浙江省 A 类一流学科、浙江省优势特色学科、中国人民大学商学院战略共建学科。学科通过中国高质量 MBA 教育认证(CAMEA 认证)、AMBA 认证和 BGA 金牌认证。2023 年在软科中国最好学科排名中居第 20 位,学科实力居前 7%。

专业介绍

工商管理专业(授予管理学学士学位)

● 国家级一流本科专业建设点、国家级特色专业
● 浙江省重点建设专业、浙江省优势专业
● 拥有从本科、硕士、博士到博士后的完整人才培养体系

本专业融合专业教育、通识教育和创新创业教育,立足浙江,服务互联网经济,培养具备较强数字化思维与能力,具备国际视野、人文情怀、专业素养的创新型卓越人才,具有坚实伦理品质、突出创造能力与远大商业抱负的一流创新型卓越工商管理人才。

本专业开设有数字管理拔尖人才创新班,聚焦"数字管理",围绕"数字科技前线＋数字分析前沿＋数字商业前瞻"的深度融合,横向构建跨领域协同创新的知识体系,打造"数字管理"领域坚实的专业壁垒和突出的职业竞争优势。

市场营销专业(授予管理学学士学位)

●国家级一流本科专业建设点

●入选浙江省"十二五""十三五"优势专业、浙江省重点建设专业

●拥有从本科、硕士、博士到博士后的完整人才培养体系

市场营销专业创立于1992年,是浙江省首批重点建设专业,2019年入选国家级一流本科专业建设点名单。市场营销专业面向顾客创新、服务数字化智能化、人工智能营销、社会化媒体营销、大数据营销等营销新趋势,聚焦"数字＋营销",围绕"数字产品前沿＋数字分析技术＋营销创意构建＋创新创业能力"的深度融合,横向构建跨领域协同创新的数字市场营销管理知识体系,打造"数字＋营销"领域坚实的专业壁垒和突出的职业竞争优势。市场营销专业矢志培养品端行正、善于创造、抱负远大,深谙数智技术、精于营销管理、能够引领数字营销,以创造力为核心、"数字＋营销"为特色的市场营销管理人才。

人力资源管理专业(授予管理学学士学位)

●国家级一流本科专业建设点

●浙江省"十二五"新兴特色专业

●拥有从本科、硕士、博士到博士后的完整人才培养体系

本专业培养具有坚实伦理品质、掌握数字化智能化 HRM（Human Resource Management，人力资源管理）专业技术、通晓商业运营与组织管理模式、能够制定企业战略解决方案、面向数字经济的一流战略型人力资源管理人才。本专业学生将系统学习管理学、心理学和经济学等学科的基础理论以及人力资源管理专业课程知识，全面掌握人力资源管理基本工具方法与技能。同时，通过课程教学平台、学科平台、科研平台、校友平台、校外实训基地平台等多平台人才培养支撑体系，培养学生的战略思维与业务能力、跨部门沟通协调能力、人力资源体系的运营与管理能力。

国际商务专业（授予管理学学士学位）

- ●国家级一流本科专业建设点
- ●培养模式国际化
- ●师资教育背景国际化，教师均有海外留学经历或一年以上的访学经历

本专业培养具有开阔的国际视野、扎实的国际商务理论基础，掌握国际法规、国际惯例、国际商务运作，具有较强的商务数据分析能力、英语应用能力、人际沟通能力和团队合作意识，面向数智化国际企业场景的"智工商"特色新型国际化管理人才，能够在国际商务策划、跨境电商、跨国并购、国际会展、对外直接投资及对外贸易等领域做出贡献。

工商管理专业荐读书单

书名	作者	出版社	出版年份
管理研究方法：理论、前沿与操作	王永贵主编	中国人民大学出版社	2023
数字营销——新时代市场营销学	王永贵、项典典主编	高等教育出版社	2023
客户关系管理（第2版）	王永贵、马双编著	清华大学出版社	2020
从1到M：让企业走出去的国际战略画布	王永贵、李卅立著	中信出版集团	2020
这就是OKR：让谷歌、亚马逊实现爆炸性增长的工作法	[美]约翰·杜尔著,曹仰锋、王永贵译	中信出版集团	2018
管理研究方法	[澳]菲利斯·塔雷诺、[澳]罗斯·多诺霍、[澳]布莱恩·库珀著,王永贵等译	清华大学出版社	2015
经理人员的职能	[美]切斯特·I.巴纳德著,王永贵译	机械工业出版社	2013
管理：使命、责任、实务	[美]彼得·德鲁克著,王永贵译	机械工业出版社	2006
数字跃迁：数字化变革的战略与战术	[以]拉兹·海飞门、[以]习移山、张晓泉著	机械工业出版社	2020
数字企业管理原理	戚聿东、肖旭主编	北京师范大学出版社	2022
追求精确	[英]西蒙·温切斯特著,曲博文、孙亚南译	中国财政经济出版社	2023
光刻巨人：ASML崛起之路	[荷]瑞尼·雷吉梅克著,金捷幡译	人民邮电出版社	2020

书名	作者	出版社	出版年份
数字创新	魏江、刘洋等著	机械工业出版社	2020
组织社会学十讲	周雪光著	社会科学文献出版社	2003
智能商业	曾鸣著	中信出版集团	2018
科学迷宫里的顽童与大师：赫伯特·西蒙自传	[美]赫伯特·A.西蒙著,陈丽芳译	中译出版社	2018
平台化管理	忻榕、陈威如、侯正宇著	机械工业出版社	2020
从0到1：开启商业与未来的秘密	[美]彼得·蒂尔、[美]布莱克·马斯特斯著,高玉芳译	中信出版集团	2015
衡量数字化转型：未来路线图	经济合作与发展组织(OECD)著,王彬、杨之辉、王欣双译	东北财经大学出版社	2022
数字化转型：平台、生态与数据价值	陈江宁、祁鹏、蔡艺鹏等著	企业管理出版社	2022
统计学习导论：基于R应用	[美]加雷斯·詹姆斯、[美]丹妮拉·威滕、[美]特雷弗·哈斯帖等著,王星等译	机械工业出版社	2015
深度学习	[美]伊恩·古德费洛、[加拿大]约书亚·本吉奥、[加拿大]亚伦·库维尔著,赵申剑、黎彧君、符天凡等译	人民邮电出版社	2017
数据包络分析：让数据自己说话	[美]朱乔著,公彦德、李想译	科学出版社	2016
数字战略	魏江、杨洋、邬爱其等著	浙江大学出版社	2021
卓有成效的管理者(55周年新译本)	[美]彼得·德鲁克著,辛弘译	机械工业出版社	2022
数字经济概论	戚聿东、肖旭编著	中国人民大学出版社	2022

书名	作者	出版社	出版年份
宏观中国:经济增长、周期波动与资产配置	张明著	东方出版社	2020
创新者的窘境(珍藏版)	[美]克莱顿·克里斯坦森著,胡建桥译	中信出版集团	2020
增长黑客	[美]肖恩·埃利斯、[美]摩根·布朗著,张溪梦译	中信出版集团	2018
刻意练习:如何从新手到大师	[美]安德斯·艾利克森、[美]罗伯特·普尔著,王正林译	机械工业出版社	2016
宽容、狭隘与帝国兴亡	[美]艾米·蔡著,刘海青、杨礼武译	重庆出版社	2019
南明史	顾诚著	北京日报出版社	2022
把自己作为方法:与项飙谈话	项飙、吴琦著	上海文艺出版社	2020
儒法国家:中国历史新论	赵鼎新著,徐峰、巨桐译	浙江大学出版社	2022
贫穷的本质:我们为什么摆脱不了贫穷(修订版)	[印度]阿比吉特·班纳吉、[法]埃斯特·迪弗洛著,景芳译	中信出版集团	2018
海底捞你学不会(畅销百万册纪念版)	黄铁鹰著	中信出版集团	2015
决策与判断	[美]斯科特·普劳斯著,施俊琦、王星译	人民邮电出版社	2020
不确定世界的理性选择:判断与决策心理学(第2版)	[美]雷德·海斯蒂、[美]罗宾·道斯著,谢晓非、李纾等译	人民邮电出版社	2013
管理百年	方振邦、韩宁著	中国人民大学出版社	2016
思考,快与慢	[美]丹尼尔·卡尼曼著,胡晓姣、李爱民、何梦莹译	中信出版社	2012

书名	作者	出版社	出版年份
管理思想史(第六版)	[美]丹尼尔·A.雷恩、[美]阿瑟·G.贝德安著,孙健敏、黄小勇、李原译	中国人民大学出版社	2014
策略思维:商界、政界及日常生活中的策略竞争	[美]阿维纳什·K.迪克西特、[美]巴里·J.奈尔伯夫著,王尔山译	中国人民大学出版社	2023
战略节奏	朱恒源、杨斌等著	机械工业出版社	2018
公司治理(修订本)	李维安等著	知识产权出版社	2022
公司治理研究重点文献导读	陈德球主编	中国人民大学出版社	2021
契约、治理与交易成本经济学	[美]奥利弗·E.威廉姆森著,陈耿宣编译	中国人民大学出版社	2020
经济博弈论(第5版)	谢识予编著	复旦大学出版社	2023
中国人的精神(英汉对照)	辜鸿铭著,黄兴涛、宋小庆译	外语教学与研究出版社	2020
浪漫主义的根源	[英]以赛亚·伯林著,[英]亨利·哈代编,吕梁、张箭飞等译	译林出版社	2019
规训与惩罚:监狱的诞生(修订译本)	[法]米歇尔·福柯著,刘北成、杨远婴译	生活·读书·新知三联书店	2019
理想国	[古希腊]柏拉图著,张竹明译	译林出版社	2021

市场营销专业荐读书单

书名	作者	出版社	出版年份
市场营销：理论与中国实践（第3版·数字教材版）	王永贵编著	中国人民大学出版社	2024
中国式现代化消费：理论、评价与战略	王永贵等著	商务印书馆、浙江工商大学出版社	2023
服务营销（第2版）	王永贵编著	清华大学出版社	2023
数字营销——新时代市场营销学	王永贵、项典典主编	高等教育出版社	2023
客户关系管理（第2版）	王永贵、马双编著	清华大学出版社	2021
经理人员的职能	[美]切斯特·I.巴纳德著，王永贵译	机械工业出版社	2021
从1到M：让企业走出去的国际战略画布	王永贵、李卅立著	中信出版集团	2020
赢（尊享版）	[美]杰克·韦尔奇、[美]苏茜·韦尔奇著，余江、玉书译	中信出版集团	2017
一个广告人的自白（纪念版）	[美]大卫·奥格威著，林桦译	中信出版集团	2015
腾讯传：1998—2016（中国互联网公司进化论）	吴晓波著	浙江大学出版社	2017
设计心理学3：情感化设计（修订版）	[美]唐纳德·A.诺曼著，何笑梅、欧秋杏译	中信出版集团	2015
商业的本质	[美]杰克·韦尔奇、[美]苏茜·韦尔奇著，蒋宗强译	中信出版集团	2016
平台战略：正在席卷全球的商业模式革命	陈威如、余卓轩著	中信出版集团	2013
改变心理学的40项研究（第7版）	[美]罗杰·霍克著，白学军等译	人民邮电出版社	2020

书名	作者	出版社	出版年份
定位:争夺用户心智的战争(经典重译版)	[美]艾·里斯、杰克·特劳特著,邓德隆、火华强译	机械工业出版社	2021
大数据时代:医院传染病监测预警技术与实践	马慧、王立贵、朱敏主编	科学出版社	2024
赢得盈利客户	[美]V.库马尔著,赵欣译	中国人民大学出版社	2010
商业模式全史	[日]三谷宏治著,马云雷、杜君林译	江苏凤凰文艺出版社	2016
商战(经典重译版)	[美]艾·里斯、杰克·特劳特著,邓德隆、火华强译	机械工业出版社	2017
身边的金钱心理学	周欣悦著	机械工业出版社	2020
广告理论与实务(第二版)	章文艳主编	中国人民大学出版社	2024
数据驱动营销:营销人员必知的15个关键指标	[美]杰弗里著,林清怡、刘敬东、全波译	人民邮电出版社	2014
碎片化时代:重新定义互联网+商业新常态	[澳]史蒂夫·萨马蒂诺著,念昕译	中国人民大学出版社	2015
下沉市场:渠道建立、用户分析与本地化运营	单兴华著	人民邮电出版社	2021
消费社会学(第二版)	王宁著	社会科学文献出版社	2011
营销革命5.0:以人为本的技术	[美]菲利普·科特勒、[印尼]陈就学、[印尼]伊万·塞蒂亚万著,鲁虎、吴光权等译	机械工业出版社	2022
品牌突围:新兴市场品牌如何走向世界	[美]尼尔马利亚·库马尔、[荷]扬-本尼迪克特·斯廷坎普著,扈喜林译	中国财富出版社	2013
品牌相关性:将对手排除在竞争之外	[美]戴维·阿克著,金珮璐译	中国人民大学出版社	2014

书名	作者	出版社	出版年份
启示录(第二版)	[美]马丁·卡根著,朱月俊、高博译	中国人民大学出版社	2019
浅薄:你是互联网的奴隶还是主宰者	[美]尼古拉斯·卡尔著,刘纯毅译	中信出版集团	2015
人工智能营销	贺爱忠、聂光昆主编	机械工业出版社	2023
人性的弱点	[美]戴尔·卡耐基著,亦言译	译林出版社	2017
任正非传	孙力科著	浙江人民出版社	2017
任正非:商业的本质	孙力科著	北京联合出版公司	2017
商业模式创新	郭斌、王真著	中信出版集团	2022
好文案一句话就够了	[日]川上徹也著,涂绮芳译	北京联合出版公司	2018
华为传:发展历程与八大战略行动	[法]樊尚·迪克雷著,张绚译	民主与建设出版社	2020
引爆点	[加拿大]马尔科姆·格拉德威尔著,钱清、覃爱冬译	中信出版集团	2020
科学的广告	[美]克劳德·霍普金斯著,邱凯生译	企业管理出版社	2023
科学发现的逻辑后记	[英]卡尔·波普尔著,李本正、刘国柱译	中国美术学院出版社	2014
内容营销:数字营销新时代	窦文宇著	北京大学出版社	2021
品牌的起源	[美]艾·里斯、[美]劳拉·里斯著,寿雯译	机械工业出版社	2023
品牌帝国:跨学科视角下的美国品牌形象理论演进	聂晓梅著	清华大学出版社	2015
大连接:社会网络是如何形成的以及对人类现实行为的影响	[美]尼古拉斯·克里斯塔基斯、[美]詹姆斯·富勒著,简学译	北京联合出版公司	2017

书名	作者	出版社	出版年份
定价圣经(白金版)	[美]罗伯特·J.多兰、[美]赫尔曼·西蒙著,董俊英译	中信出版社	2010
定价制胜:科学定价助力净利润倍增	[德]赫尔曼·西蒙、[德]杨一安著,蒙卉薇、孙雨熙译	机械工业出版社	2023
动机与人格	[美]亚伯拉罕·马斯洛著,杨佳慧译	浙江人民出版社	2022
疯传:让你的产品、思想、行为像病毒一样入侵(经典平装版)	[美]乔纳·伯杰著,乔迪、王晋译	电子工业出版社	2020
感官品牌:隐藏在购买背后的感官秘密	[美]马丁·林斯特龙著,赵萌萌译	中国财政经济出版社	2016
管理学中的伟大思想:经典理论的开发历程	[美]肯·G.史密斯、[美]迈克尔·A.希特主编,徐飞、路琳、苏依依译	北京大学出版社	2016
影响力(全新升级版)	[美]罗伯特·西奥迪尼著,闾佳译	北京联合出版公司	2021

人力资源管理专业荐读书单

书名	作者	出版社	出版年份
习得性无助	［美］马丁·塞利格曼著，李倩译	中国人民大学出版社	2020
动机心理学：克服成瘾、拖延与懒惰的快乐原则	［美］罗曼·格尔佩林著，张思怡译	天津科学技术出版社	2020
心理学与生活：第20版（中文版）	［美］理查德·格里格著，王垒等译	人民邮电出版社	2023
阿德勒心理学	［奥］阿德勒著，康源、盛宁译	台海出版社	2018
人力资源数字化转型：策略、方法、实践	刘洪波著	清华大学出版社	2022
幸福的种子	彭凯平著	生活书店出版有限公司	2024
吾心可鉴：澎湃的福流	彭凯平著	清华大学出版社	2016
活出心花怒放的人生	彭凯平、闫伟著	中信出版集团	2020
设计你的工作和人生：如何成长、改变，在工作中找到快乐和新的自由	［美］比尔·博内特、［美］戴夫·伊万斯著，徐娟、徐娥译	中信出版集团	2021
向好而生：积极心理学的10大发现	［英］夏洛特·斯泰尔著，丁敏译	人民邮电出版社	2020
积极心理学	［美］C.R.斯奈德、［美］沙恩·洛佩斯著，王彦、席居哲、王艳梅译	人民邮电出版社	2013
最重要的事，只有一件	［美］加里·凯勒、［美］杰伊·帕帕森著，张宝文译	中信出版集团	2015
为什么精英都是时间控	［日］桦泽紫苑著，郭勇译	湖南文艺出版社	2018
反时间管理：如何创造更多可用时间	［美］里奇·诺顿著，杜长美译	中译出版社	2023

书名	作者	出版社	出版年份
麦肯锡情绪管理法	[日]大岛祥誉著,朱悦玮译	北京时代华文书局	2020
情绪管理:管理情绪,而不是被情绪管理	[美]朱莉·卡塔拉诺、[美]亚伦·卡明著,李兰杰、李亮译	中国青年出版社	2020
心理学与人力资源管理(第7版)	[美]韦恩·卡西欧、[美]赫尔曼·阿吉斯著,孙健敏、穆桂斌、黄小勇译	中国人民大学出版社	2017
战略人力资源管理架构	张小峰、吴婷婷著	中国人民大学出版社	2024
我在世界500强做人力资源总监	黄渊明著	化学工业出版社	2024
放大心灵:具身、行为与认知延展	[英]安迪·克拉克著,李艳鸽、胡水周译	商务印书馆	2022
华为数据之道	华为公司数据管理部著	机械工业出版社	2020
模型思维	[美]斯科特·佩奇著,贾拥民译	浙江人民出版社	2019
无价:洞悉大众心理玩转价格游戏(经典版)	[美]威廉·庞德斯通著,闾佳译	浙江人民出版社	2013
内在动机:自主掌控人生的力量	[美]爱德华·L.德西、[美]理查德·弗拉斯特著,王正林译	机械工业出版社	2020
非暴力沟通(第2版)	[美]马歇尔·卢森堡著,刘轶译	华夏出版社	2021
关键对话:如何高效能沟通(原书第3版)	[美]约瑟夫·格雷尼、[美]科里·帕特森、[美]罗恩·麦克米兰等著,毕崇毅、薛香玲译	机械工业出版社	2022

书名	作者	出版社	出版年份
改变未来的机器:人工智能时代的生存之道	[阿根廷]安德烈斯·奥本海默著,徐延才、陈虹宇、曹宇萌译	机械工业出版社	2020
人机共生	[美]托马斯·达文波特、[美]茱莉娅·柯尔比著,李盼译	浙江人民出版社	2018
被算法操控的生活:重新定义精准广告、大数据和AI	[瑞典]大卫·萨普特著,易文波译	湖南科学技术出版社	2020
HR的分析力:人力资源数据分析实践指南	[美]奈杰尔·古恩诺、[美]乔纳森·费拉尔、[美]谢丽·芬泽著,王军宏译	人民邮电出版社	2019
用数据提升人力资源管理效能:实战案例版(第2版)	任康磊著	人民邮电出版社	2022
人才盘点:创建人才驱动型组织(第2版)	李常仓、赵实著	机械工业出版社	2018
统计学思维:如何利用数据分析提高企业绩效	[日]西内启著,方舒译	机械工业出版社	2022
人力数据分析:运用数据思维,创造最佳绩效	[美]迈克·韦斯特著,吴鑫、艾亦菲译	电子工业出版社	2022
用数据讲故事:有效促进沟通和绩效提升的路径图	[美]南希·杜阿尔特著,王菲菲译	电子工业出版社	2021
首席数据官管理手册:建立并运行组织的数据供应链	[德]马丁·特瑞德著,马欢等译	机械工业出版社	2022
华为数字化转型之道	华为企业架构与变革管理部著	机械工业出版社	2022
干法	[日]稻盛和夫著,曹岫云译	机械工业出版社	2019
权力与影响力(珍藏版)	[美]约翰·P.科特著,李亚、王璐、赵伟译	机械工业出版社	2013
组织的逻辑	丛龙峰著	机械工业出版社	2021

书名	作者	出版社	出版年份
自控力:斯坦福大学广受欢迎的心理学课程	[美]凯利·麦格尼格尔著,王岑卉译	北京联合出版公司	2021
人力资源数字化转型:HRSSC的搭建、迭代与运营	崔晓燕、周扬扬著	人民邮电出版社	2022
人力资源数据分析:人工智能时代的人力资源管理	[英]伯纳德·马尔著,胡明、黄心璇、周桂芳译	机械工业出版社	2019
当HR遇见AI:用人工智能重新定义人力资源管理	王崇良、黄秋钧著	人民邮电出版社	2022
人力资源量化管理与数据分析(第2版)	任康磊著	人民邮电出版社	2022
千脑智能	[美]杰夫·霍金斯著,廖璐、熊宇轩、马雷译	浙江教育出版社	2022
长期主义生存法则:企业如何实现可持续发展	[德]赫尔穆特·科尔曼、[德]苏明月著,《家庭企业》杂志主编	北京大学出版社	2022
职场心理健康:提升职场幸福感的实用指南	[英]吉尔·哈森、[英]唐娜·巴特勒著,杨文彪、李屹译	电子工业出版社	2021
OKR工作法:谷歌、领英等顶级公司的高绩效秘籍	[美]克里斯蒂娜·沃特克著,明道团队译	中信出版集团	2017
像间谍一样观察	[美]杰克·谢弗、[美]马文·卡林斯著,谭永乐译	中信出版集团	2019
组织与管理研究的实证方法(第三版)	陈晓萍、沈伟主编	北京大学出版社	2018
终身成长	[美]卡罗尔·德韦克著,楚祎楠译	江西人民出版社	2017
这才是心理学:看穿伪科学的批判性思维(第11版)	[加拿大]基思·斯坦诺维奇著,窦东徽、刘肖岑译	人民邮电出版社	2021
说谎者的扑克牌:华尔街的投资游戏(畅销版)	[美]迈克尔·刘易斯著,孙忠译	中信出版集团	2018

书名	作者	出版社	出版年份
人工智能的神话或悲歌	赵汀阳著	商务印书馆	2022
思考的框架	[加拿大]沙恩·帕里什著，尚书译	中信出版集团	2023
大数据与人力资源：Facebook如何做人才战略规划	[美]罗斯·斯帕克曼著，谢淑清译	浙江大学出版社	2019
人才数据分析指南：理念、方法与实战技巧	[巴基]纳迪姆·可汗、[英]戴夫·米尔纳著，北森人才管理研究院译	中信出版集团	2021
HR＋数字化：人力资源管理认知升级与系统创新	马海刚著	中国人民大学出版社	2022
人力资源数字化管理（中级）	汪鑫主编	复旦大学出版社	2022
积极心理学	[美]史蒂夫·鲍姆加德纳、[美]玛丽·克罗瑟斯著，王彦、席居哲等译	上海人民出版社	2021
韧性成长：终身进益的16个心智升级模型	文娅、仲佳伟著	中信出版集团	2021
乌合之众	[法]古斯塔夫·勒庞著，陆泉枝译	上海译文出版社	2019
峭壁边缘：拯救世界金融之路	[美]亨利·保尔森著，乔江涛、梁卿、谭永乐等译	中信出版集团	2010

国际商务专业荐读书单

书名	作者	出版社	出版年份
地缘看世界:欧亚腹地的政治博弈	温骏轩著	中信出版集团	2021
灰度思考	[英]凯文·达顿著,吴晓真译	湖南文艺出版社	2023
蛋糕经济学:如何实现企业商业价值和社会责任的双赢	[英]亚历克斯·爱德蒙斯著,闫佳译	中国人民大学出版社	2022
生成式 AI:人工智能的未来	[美]詹姆斯·斯金纳著,张雅琪译	中信出版集团	2023
变量 6:宏观世界奇遇记	何帆著	新星出版社	2024
平台战略:正在席卷全球的商业模式革命	陈威如、余卓轩著	中信出版社	2013
全球产业链重塑:中国的选择	徐奇渊、东艳等著	中国人民大学出版社	2022
21 世纪货币政策	[美]本·伯南克著,冯毅译	中信出版集团	2022
从 0 到 1:开启商业与未来的秘密	[美]彼得·蒂尔、[美]布莱克·马斯特斯著,高玉芳译	中信出版集团	2015
一网打尽:贝佐斯与亚马逊时代	[美]布拉德·斯通著,李晶、李静译	中信出版社	2014
思考,快与慢	[美]丹尼尔·卡尼曼著,胡晓姣、李爱民、何梦莹译	中信出版社	2012
原则:应对变化中的世界秩序	[美]瑞·达利欧著,崔苹苹、刘波译	中信出版集团	2022
影响力(全新升级版)	[美]罗伯特·西奥迪尼著,闫佳译	北京联合出版公司	2021
卓有成效的管理者(55 周年新译本)	[美]彼得·德鲁克著,辛弘译	机械工业出版社	2022

书名	作者	出版社	出版年份
"一带一路":引领包容性全球化	刘卫东著	商务印书馆	2017
国际人力资源管理(第六版)	赵曙明著	南京大学出版社	2021
国际市场营销学(原书第17版)	[美]菲利普·R.凯特奥拉、[美]玛丽·C.吉利、[美]约翰·L.格雷厄姆等著,赵银德、沈辉、钱晨译	机械工业出版社	2017
国际企业管理:文化、战略与行为(原书第10版)	[美]乔纳森·P.多、[美]弗雷德·卢森斯著,周路路、赵曙明等译	机械工业出版社	2022
数字贸易学	马述忠、濮方清、潘钢健等著	高等教育出版社	2022
国际经济学:理论与政策(第十一版)	[美]保罗·R.克鲁格曼、[美]茅瑞斯·奥伯斯法尔德、[美]马克·J.梅里兹著,丁凯、黄剑、黄都等译	中国人民大学出版社	2021
国际商务(第13版)	[美]查尔斯·希尔、[美]托马斯·霍特著,杜颖译	中国人民大学出版社	2024
跨文化管理(第4版)	陈晓萍著	清华大学出版社	2022
战略管理:竞争与全球化(概念)(原书第12版)	[美]迈克尔·A.希特、[美]R.杜安·爱尔兰、[美]罗伯特·E.霍斯基森著,焦豪等译	机械工业出版社	2018
空间经济学:城市、区域与国际贸易	[日]藤田昌久、[美]保罗·R.克鲁格曼、[英]安东尼·J.维纳布尔斯著,梁琦主译	中国人民大学出版社	2013
地理上的经济学	[日]宫路秀作著,吴小米译	浙江大学出版社	2020
采购与供应链管理:一个实践者的角度(第4版)	刘宝红著	机械工业出版社	2024

书名	作者	出版社	出版年份
博弈论	［法］朱·弗登博格、［法］让·梯若尔著，黄涛、郭凯、龚鹏等译	中国人民大学出版社	2015
全球化的裂解与再融合	朱云汉著	中信出版集团	2021
全球化与国家竞争：新兴七国比较研究	温铁军、刘健芝、黄钰书等著	东方出版社	2021
贸易打造的世界：1400年至今的社会、文化与世界经济（第4版）	［美］彭慕兰、［美］史蒂文·托皮克著，黄中宪译	上海人民出版社	2022
全球通史：从史前到21世纪（第7版新校本）	［美］斯塔夫里阿诺斯著，吴象婴、梁赤民译，《全球通史》编辑小组校译	北京大学出版社	2020
世界秩序	［美］亨利·基辛格著，胡利平、林华、曹爱菊译	中信出版集团	2023
图解国际法	［日］加藤信行、［日］植木俊哉、［日］森川幸一等编著，张诗霁译	社会科学文献出版社、南京大学出版社	2021
中国经济史的大分流与现代化：一种跨国比较视野	马德斌著，徐毅、袁为鹏、乔士容译	浙江大学出版社	2020
大开眼界	［加拿大］马尔科姆·格拉德威尔著，李巧云、顾淑馨译	中信出版集团	2020
统计分析：从小数据到大数据	丁亚军著	电子工业出版社	2020
亚马逊跨境品牌流量闭环：全阶广告、社交短视频与合伙人制度	郭振中编著	电子工业出版社	2021
资本全球化：一部国际货币体系史（原书第3版）	［美］巴里·埃森格林著，麻勇爱译	机械工业出版社	2020

书名	作者	出版社	出版年份
全球化之旅:隐形冠军之父的传奇人生	[德]赫尔曼·西蒙著,胡旭东译	机械工业出版社	2021
繁荣与停滞:日本经济发展和转型	[日]伊藤隆敏、[日]星岳雄著,郭金兴译	中信出版集团	2022
趋势2030:重塑未来世界的八大趋势	[西]莫洛·F.纪廉著,曹博文译	中信出版集团	2022
美国大萧条(修订本)	[美]穆雷·N.罗斯巴德著,谢华育译	海南出版社	2020
智能时代:5G、IoT构建超级智能新机遇	吴军著	中信出版集团	2020
管理者的数字化转型:数字大时代的21个小故事	邓斌著	人民邮电出版社	2023
从绿到金:打造企业增长与生态发展的共生模式	[美]丹尼尔·埃斯蒂、[美]安德鲁·温斯顿著,张天鸽、梁雪梅译	中信出版集团	2020
想象的全球化	[阿根廷]内斯托尔·加西亚·坎克里尼著,陈金梅译	南京大学出版社	2022
新发展格局:国内大循环为主体　国内国际双循环相互促进	王昌林著	中信出版集团	2021
全球贸易和国家利益冲突	[美]拉尔夫·戈莫里、[美]威廉·鲍莫尔著,文爽、乔羽译	中信出版集团	2018
图说国富论	[英]亚当·斯密著,孙善春、李春长译	中国华侨出版社	2021
优势谈判	[英]罗杰·道森著,迩东晨译	北京联合出版公司	2022
定力:变局时代管理的底层逻辑	宫玉振著	中信出版集团	2023
跨境电商:平台规则＋采购物流＋通关合规全案	农家庆著	清华大学出版社	2020

书名	作者	出版社	出版年份
世界是平的：21 世纪简史（内容升级和扩充版）	［美］托马斯·弗里德曼著，何帆、肖莹莹、郝正非译	湖南科学技术出版社	2015
大国博弈 2050	王鸿刚著	中信出版集团	2021

旅游与城乡规划学院
School of Tourism and
Urban-Rural Planning

旅游与城乡规划学院

学院介绍

　　旅游与城乡规划学院是旅游管理人才培养的领先之地。其前身为1986年成立的杭州商学院餐旅企业管理专业,是全国最早创办旅游管理专业的院系之一,是拥有从本科、硕士、博士到博士后流动站的完整旅游管理人才培养体系的学科性学院。旅游管理专业入选国家级一流本科专业建设点,酒店管理专业入选浙江省一流本科专业建设点。拥有11门省级一流课程(含省级虚拟仿真实验教学课程)。

　　这是酒店管理国际交流的先行之地。学院国际交流与合作特色鲜明,与亚太旅游协会(PATA)、日本熊本大学、法国南特大学、英国普利茅斯大学、法国雷恩高等商学院、BHMS瑞士工商酒店管理学院等院校建立了长期稳定的合作关系。与法国南特大学共同创立"文化、旅游与服务创新"国际科研合作平台。

　　这是旅游经管学术研究成果的丰硕之地。学院85％以上专业教师具有博士学位,近65％教师有国外留学或任教经历,拥有省部级人才6人,在全国同类院校中位居前列。近5年来,学院承担国家级、省部级科研项目近50项,在国内外重要学术期刊上发表论文100余篇,多次获得省部级奖励,多项研究成果获得省部级及以上领导肯定性批示。

　　这是城乡规划融合发展的新兴之地。从2004年增设资源环境与城乡规划专业,到2017年更名为城乡规划专业,2019年获得城乡规划学一级学科硕士学位点,学院积极探索旅游与城乡规划融合发展的道路,形成了旅游管理与城乡规划"交叉互融"、旅游规划与运营"相辅相成"的专业优势,在全域旅游规划、乡村振兴规划、旅游景区规划、旅游产业规划等方面为政府、社会长期提供大量咨询服务。学院积极投身乡村振兴建设,与日本熊本大学共建"中日乡村振兴联合研究中心",组织带领学生深入乡村进行实地调研工作,参加浙江省大学生乡村振兴创意大赛等赛事并获得佳绩。

专业介绍

旅游管理专业(授予管理学学士学位)

●国家级一流本科专业建设点

●2024年软科中国大学专业排名浙江省第一、全国第十八(18/261),评级A

●浙江省优势特色学科(工商管理一级学科)

●获联合国世界旅游组织(现为联合国旅游组织)的旅游教育质量认证(UNWTO-TedQual)

●旅游休闲管理学科上榜软科世界一流学科排名,位居全球第101—150名

本专业是国内最早设立的旅游管理专业之一,是浙江省高校本专业中唯一拥有从本科、硕士、博士到博士后流动站的完整人才培养体系的。专业以"立足地方,面向未来"为导向,培养践行社会主义核心价值观,掌握现代旅游管理的基础理论、专门知识和专业技能,具有理想信念、行业能力、专业洞见、创新精神、社会责任和国际视野,能够在旅游各类公私部门进行旅游开发、策划、运营与管理工作的区域认知嵌入的管理型旅游专业人才。本专业教师规模处于全国同类专业前列,师资力量雄厚,90%以上教师具有高级职称或博士学位以及海外留学或访学经历。专业培养围绕产品设计、运营管理、市场营销、客户关系管理等旅游的全流程链条,形成了特色鲜明的教学体系。依托浙江省旅游业产业优势,与业界共建了"实习+实训+实验"新型实践教学体系。注重学生的国际化培养,设置多门双语课程,并与英国普利茅斯大学、法国南特大学、BHMS瑞士工商酒店管理学院等对口交流,学生可优先实行"3+1"培养模式或攻读硕士学位。

酒店管理专业(授予管理学学士学位)

●浙江省一流本科专业建设点

●2024年软科中国大学专业排名浙江省第一、全国第四(4/126),评级A+

●浙江省重点高校中唯一的酒店管理本科专业,国际化特色突出,具备国内与国际生双重培养体系

本专业设立于 2014 年,是浙江省重点高校中唯一的酒店管理本科专业,招收国际留学生和本科生,已经建立国际酒店管理专业本、硕两个办学层次。酒店管理专业致力于培养具备国际素养的复合型接待业人才,与多家知名企业集团如四季酒店、凯宾斯基酒店、安缦酒店集团等建立了强大的实习基地群,与开元集团和浙江省旅游投资集团共建省级实习基地开展服务实训与管理实践。本专业教师规模处于全国同类专业前列,90%以上具有高级职称或博士学位以及海外经历,70%以上教师具备双语教学能力。学生曾多次在国际、国内 A 类大赛中获得金奖、一等奖等优异成绩。专业国际化特色明显,与 BHMS 瑞士工商酒店管理学院、英国普利茅斯大学、法国南特大学、法国雷恩高等商学院等进行对口交流,符合条件者可优先进入交流学校实行"3+1"培养模式或攻读硕士学位。

城乡规划专业(授予工学学士学位)

●浙江省重点学科

●2024 年软科中国大学专业排名浙江省第三,全国第四十五(45/120),评级 B+

●拥有从本科到硕士的人才培养体系

本专业由 2004 年设立的资源环境与城乡规划管理专业发展而来,立足浙江,面向全国,以具有宽广国际视野、综合实践能力、前沿创新思维的"强技术、精规划、善管理"的复合型城乡规划专业人才为培养目标。本专业设有三个课程选修方向,分别为规划技术类、规划设计类、规划管理类,培养的学生具备城乡规划设计与规划管理等方面的专业知识和技能实践能力,具有团队精神、创新思维和可持续发展理念,能在城乡规划设计、城乡规划管理等部门从事设计与管理工作,能开展各层次城乡设计与各专项规划,并能参与城乡社会与经济发展规划、区域规划、居住区规划等方面工作,成为拥有综合设计能力和职业规划师基本素质的高级应用型专业人才。本专业教师综合实力强,90%以上的教师拥有博士学位,超过 60%的教师具有国外访学或留学经历。城乡规划专业与日本熊本大学、日本佐贺大学建立合作关系,已先后选送 30 多名优秀本科毕业生前往日本名校继续深造。

旅游管理专业荐读书单

书名	作者	出版社	出版年份
乡村旅游创意管理	孙永龙编著	清华大学出版社	2023
亚运营销在中国	徐风云著	广东旅游出版社	2023
中外旅游数字化经典案例研究	邹统钎主编	旅游教育出版社	2023
数字经济与旅游业"虚拟""实体"聚集:作用机理及实证检验	杨勇著	上海交通大学出版社	2023
世界著名旅游景点赏析(第二版)	魏向东、黄泰主编	苏州大学出版社	2023
智慧旅游导论	邓宁主编	华中科技大学出版社	2023
中国旅游碳排放与旅游经济发展研究	何彪著	中国旅游出版社	2023
2022—2023年中国旅游景区发展报告	中华人民共和国文化和旅游部资源开发司编	中国旅游出版社	2023
文化与旅游深度融合视域下文化旅游品牌的建构	冯会明、冯悦著	旅游教育出版社	2023
中国乡村旅游高质量发展:居民参与、社区治理与多样化视角	王金伟等著	旅游教育出版社	2023
旅游大数据分析	李云、王亚丽、陈亮主编	旅游教育出版社	2023
行在·杭州	杭州市文化广电旅游局编	红旗出版社	2023
丝绸之路经济带文化旅游与城市经济协调发展研究	刘洋著	中国经济出版社	2023
美丽乡村与乡村旅游协同发展研究	李晓琴等著	科学出版社	2023

书名	作者	出版社	出版年份
酒店数字化营销	刘晓琳、孙赫编著	中国旅游出版社	2023
旅游线路设计:理论与实务	常直杨、李俊楼主编	南京大学出版社	2023
旅游学概论:理论与创新	张春琳、王远坤主编	华中科技大学出版社	2023
数字文旅时代导游人才培养"浙旅模式"	周国忠主编	旅游教育出版社	2023
2022年国内旅游宣传推广优秀案例	文化和旅游部资源开发司编	中国旅游出版社	2023
旅游经济学精要	周春波主编	中国财政经济出版社	2023
酒店人力资源管理实务	方向阳、张磊玲主编	中国人民大学出版社	2023
旅游目的地服务与管理	祝招玲主编	清华大学出版社	2023
乡村旅游的文化赋能研究:基于产业升级视角	杨晓玭著	旅游教育出版社	2023
旅游市场营销:项目与方法	刘勋、吴卫东主编	华中科技大学出版社	2023
旅游文化创意产品开发理论与实践	徐姗姗著	云南美术出版社	2023
乡村旅游与文化产业融合发展探究	孙春华著	吉林出版集团股份有限公司	2023
假如旅游都那么有趣	"10秒钟教室"编委会编著,红狗文化绘	中国广播影视出版社	2023
中国旅游评论:2023	中国旅游研究院主编	旅游教育出版社	2023
中国式乡村旅游理论研究与实践探索	徐虹、史佳林主编	中国旅游出版社	2023
传统村落旅游活化的可持续路径模型研究	高璟著	北京大学出版社	2024

书名	作者	出版社	出版年份
旅游规划与开发理论及实践	周丽著	东南大学出版社	2023
数字旅游学	李力等著	清华大学出版社	2023
酒店市场营销(第三版)	陈学清、徐勇编著	清华大学出版社	2023
国家森林公园旅游效率:测度、演化及机理	朱磊著	合肥工业大学出版社	2023
中国文化与旅游产业发展大数据报告(2023)	钟栎娜、邹统钎、信宏业主编	社会科学文献出版社	2023
非物质文化遗产旅游文创产品设计研究	陆丽芳著	中国纺织出版社有限公司	2023
乡村旅游发展理论、实践与案例	陈慧英著	华中科技大学出版社	2024
美丽乡村建设旅游规划:实践与案例	李俊、庄军编著	华中科技大学出版社	2024
中国服务,旅游产品创意案例(第四季)	中国旅游协会编著	五洲传播出版社	2024
旅游发展视野下的多维实证研究	卢世菊著	武汉大学出版社	2024
乡村振兴视域下乡村旅游发展的探索与实践	王珊、彭璐璐著	中国书籍出版社	2024
旅游接待英语(英汉对照)	张丹子、胡曙中编	上海外语教育出版社	1987
旅游政策与法规(第二版)	马萍、赵小莹主编	高等教育出版社	2022
中国出境旅游发展年度报告(2023)	中国旅游研究院著	旅游教育出版社	2023
文化旅游发展理论与实务基础	《文化旅游发展理论与实务基础》编写组编	旅游教育出版社	2019
乡村文化和旅游带头人支持项目典型案例选编	文化和旅游部四川培训基地、四川省旅游培训中心编	中国旅游出版社	2023

书名	作者	出版社	出版年份
走进绿水青山　感受诗与远方:十八大以来文化和旅游改革发展案例选	中央文化和旅游管理干部学院编著	中国旅游出版社	2021
旅游景观设计	李宏、石金莲、徐荣林编著	经济科学出版社	2018
旅游消费者行为(双语版)	史达主编	华中科技大学出版社	2023
旅游美学	张苏榕主编	江苏大学出版社	2020
旅游地理	胡敏主编	东北林业大学出版社	2021
旅游景区运营管理(第二版)	郭亚军编著	清华大学出版社	2022
变革时代:2013—2022年的中国饭店业	张润钢著	旅游教育出版社	2023
旅游文化	王毓梅主编	西南财经大学出版社	2022
智慧酒店理论与实务(第2版)	郑红、颜苗苗编著	旅游教育出版社	2023
旅游景区服务与管理案例(第2版)	王昆欣主编	旅游教育出版社	2022
旅游礼仪(第2版)	雷晶、江艳刚主编	武汉理工大学出版社	2017
旅游企业社会责任	[印度]利皮卡·考尔·谷连妮、[印度]赛耶帝·阿曼德·里兹万主编,陆春华、余忠稳译	商务印书馆	2019
旅游企业运营与管理	严荣主编	西南财经大学出版社	2021
旅游企业财务管理(微课版)	田晓华主编	清华大学出版社	2023
旅游企业跨国经营管理案例集	王金伟编著	旅游教育出版社	2020
旅游企业财务分析	张玉凤著	经济管理出版社	2021

书名	作者	出版社	出版年份
旅游企业法律风险防范指引	盈科律师事务所编，王振林著	法律出版社	2021
我国旅游企业诚信评价体系研究	姚延波著	南开大学出版社	2017
旅游企业体验营销案例评析	安贺新、汪榕编著	化学工业出版社	2014
旅游企业质量管理的运用与研究	陈慧泽著	东北师范大学出版社	2018
中国旅游企业社会责任报告现状与研究	尹美群、张继东著	旅游教育出版社	2015
旅行社经营管理理论与实务	余洁编著	清华大学出版社	2022
旅游企业标准化建设指南	北京市质量技术监督局、北京市旅游发展委员会编著	中国旅游出版社	2015
社交媒体在中国中小旅游企业中的应用	尚云峰著	中国水利水电出版社	2018
旅游创业启示录:互联网＋时代的厦门旅游企业创业实践	卢雪英主编	旅游教育出版社	2017
旅游企业管理理论与实践研究	陈雪钧著	华中科技大学出版社	2017
旅游景区新媒体营销策略:基于旅游景区与旅游者的双重视角	郭峦著	经济管理出版社	2020
文化和旅游企业纾困帮扶政策汇编	本书编写组编	中国旅游出版社	2022
旅游企业人力资源管理	杨云、朱宏编著	中山大学出版社	2022
旅游产品策划与营销	唐伟、杨添天主编	中国金融出版社	2023
旅游管理学学科地图	李昕著	北京大学出版社	2019
旅游管理案例集	吕宁、崔莉编著	旅游教育出版社	2017

书名	作者	出版社	出版年份
智慧旅游管理与实务	张华、李凌主编	北京理工大学出版社	2017
旅游管理创新理论	汉思著	吉林文史出版社	2019
旅游管理是什么:大众休闲时代的变迁与治理	汤利华著	中国旅游出版社	2019
旅游管理案例精选精析	郭伟、田春霞、宋娜编著	燕山大学出版社	2018
旅游营销实战研究	何小鹏著	社会科学文献出版社	2022
改革开放四十年与邓小平旅游管理创新思想研究	凌常荣著	中国社会科学出版社	2018
重塑旅游营销:后疫情时代旅行社门店获客新攻略	孙志强著	中华工商联合出版社	2022
基于多源信息的旅游产品设计方法与应用研究	于超著	辽宁人民出版社	2022
中国服务,旅游产品创意案例(第三季)	中国旅游协会编著	五洲传播出版社	2023
直播赋能乡村旅游:商业逻辑、IP打造和实战方法	李彬著	厦门大学出版社	2023
乡村旅游产品实务:乡村旅游案例百则	干永福、李卫宁主编	中国旅游出版社	2018
互联网+旅游营销	赵蕾著	电子工业出版社	2022
旅游电子商务:理论与实践	张睿主编	华中科技大学出版社	2022
旅游大数据	邓宁、牛宇、段锐编著	旅游教育出版社	2022
旅游管理与旅游文化传播	张莉杰著	延边大学出版社	2020
当代乡村旅游管理与规划设计研究	韦飞著	北京工业大学出版社	2019

书名	作者	出版社	出版年份
智慧旅游背景下旅游管理新方向	郝彦革、杨新春、金雪梅著	吉林人民出版社	2021
旅游管理理论与实践研究	金辉著	吉林出版集团股份有限公司	2022
旅游管理信息系统(第四版)	查良松、陆均良、罗仕伟主编	高等教育出版社	2021
旅游者:休闲阶层新论	[美]Dean MacCannell 著,张晓萍等译	广西师范大学出版社	2008
旅游管理专业学生必读(第二版)	冯明义、苏艳玲主编	西南财经大学出版社	2021
旅游学研究方法	陈楠、袁箐编著	华中科技大学出版社	2022

酒店管理专业荐读书单

书名	作者	出版社	出版年份
认知盈余	[美]克莱·舍基著,胡泳、哈丽丝译	中国人民大学出版社	2012
组织与管理研究的实证方法(第4版)	陈晓萍、沈伟主编	北京大学出版社	2023
习惯购买的力量	[日]松村清著,玲玲译	东方出版社	2019
饭店与旅游服务业市场营销(第三版)	[美]罗纳德·A.奈基尔著,李天元主译	中国旅游出版社	2002
旅游大数据	邓宁、牛宇、段锐编著	旅游教育出版社	2022
酒店网络营销实务:酒店·宾馆·客栈·民宿营销管理	刘昭晖编著	清华大学出版社	2022
数字化酒店:技术赋能＋运营变革＋营销升级＋管理转型	李勇、钱晔著	人民邮电出版社	2021
大数据管理:对酒店业实施数据分析	[美]凯莉·麦奎尔著,张荣、孟唤译	人民邮电出版社	2018
民宿管理与运营	龙飞、虞虎编著	旅游教育出版社	2022
文化民宿	安蓉泉等著	浙江工商大学出版社	2019
落脚乡村与民宿经济:莫干山特色文化重构	邵颖萍著	江苏凤凰教育出版社	2019
民宿中国行:杭州	《民宿中国行》编写组编著	中国科学技术出版社	2019
数字化的力量	郭为著	机械工业出版社	2022
服务创新(第2版)	蔺雷、吴贵生著	清华大学出版社	2007

书名	作者	出版社	出版年份
服务创新:跨域复合的商业模式变革	欧素华、叶毓君著	华泰文化	2018
最极致的服务最赚钱	[英]李奥纳多·英格雷利、[英]麦卡·所罗门著,陈琇玲译	经济新潮社	2018
B2B品牌管理	[美]菲利普·科特勒、[德]弗沃德著,楼尊译	格致出版社	2021
数学之美(第三版)	吴军编著	人民邮电出版社	2020
移动互联网时代的颠覆性创新	章利勇编著	人民邮电出版社	2014
颠覆性创新	[美]克莱顿·克里斯坦森著,崔传刚译	中信出版集团	2019
创新者的基因(珍藏版)	[美]杰夫·戴尔、[美]赫尔·葛瑞格森、[美]克莱顿·克里斯坦森著,曾佳宁译	中信出版集团	2020
如何做出正确决定	[美]乔纳·莱勒著,丁丹译	中信出版集团	2018
怪诞行为学:可预测的非理性	[美]丹·艾瑞里著,赵德亮、夏蓓洁译	中信出版集团	2017
感官营销	[瑞典]贝蒂尔·霍特、[瑞典]尼可拉斯·布劳依斯,[瑞典]马库斯·范迪克著,朱国玮译	格致出版社	2014
感官营销	[美]阿莱德哈娜·科瑞斯纳编,王月盈译	东方出版社	2011
管理学原理(英文版·第10版)	[美]斯蒂芬·罗宾斯、[美]玛丽·库尔特、[美]戴维·德森佐著	中国人民大学出版社	2020

书名	作者	出版社	出版年份
饭店与旅游业发展趋势分析	［美］马文·塞特龙、［美］佛瑞德·德米科、［美］欧文·戴维斯著，张凌云、李天元译	南开大学出版社	2008
酒店资产管理原理与实务	［美］格瑞格·登顿、［美］洛丽·E.罗列、［美］A.J.辛格著，杨杰主译	中国旅游出版社	2012
数字媒体技术与应用	徐立萍、孙红、程海燕编著	电子工业出版社	2023
毫无保留：一句承诺成就万豪传奇	［美］小比尔·马里奥特、［美］凯蒂·安·布朗著，陈磊译	浙江人民出版社	2016
金钥匙服务学：卓越服务，非凡体验	［美］霍莉·斯蒂尔、［美］琳·艾文斯著，王向宁等译	旅游教育出版社	2012
酒店数字化营销	孙健、王海燕、李伟主编	旅游教育出版社	2022

城乡规划专业荐读书单

书名	作者	出版社	出版年份
城市环境行为学	贺慧著	中国建筑工业出版社	2020
抢街：大城市的重生之路	[美]珍妮特·萨迪-汗、[美]赛斯·所罗门诺著，宋平、徐可译	电子工业出版社	2018
国土空间规划理论研究进展	自然资源部国土空间规划局、自然资源部国土空间规划研究中心编	中国地图出版社	2023
从公园绿地到公共健康：基于小微公园绿地的关联路径研究	郭庭鸿、蔡贤云著	中国建筑工业出版社	2022
国土空间规划原理	吴志强著	同济大学出版社	2022
地瓜社区：共享空间营造法	周子书、唐燕著	清华大学出版社	2022
跨越边界的社区：北京"浙江村"的生活史（修订版）	项飙著	生活书店出版有限公司	2018
城市规划大数据理论与方法	龙瀛、毛其智著	中国建筑工业出版社	2019
国土空间规划 GIS 技术应用教程	黄焕春、贾琦、朱柏藏等著	东南大学出版社	2021
中国当代城乡规划思潮	张京祥、罗震东著	东南大学出版社	2013
城市社会学	《城市社会学》编写组编	高等教育出版社	2022
农民的政治（修订版）	赵树凯著	商务印书馆	2018
乡土中国	费孝通著	生活·读书·新知三联书店	2021
西方美学史	朱光潜著	广西师范大学出版社	2021

书名	作者	出版社	出版年份
人生美学	张应杭著	浙江大学出版社	2004
中国古典园林分析	彭一刚著	中国建筑工业出版社	1986
城记	王军著	生活·读书·新知三联书店	2003
采访本上的城市(增订本)	王军著	生活·读书·新知三联书店	2016
区域分析与区域规划(第三版)	崔功豪、魏清泉、刘科伟等编著	高等教育出版社	2018
城市地理学	[美]理查德·P.格林、[美]詹姆斯·B.皮克著,中国地理学会城市地理专业委员会译	商务印书馆	2011
村镇规划(第4版)	金兆森、陆伟刚、李晓琴等编著	东南大学出版社	2019
社区规划	黄怡著	中国建筑工业出版社	2021
城市交通与道路系统规划(2013版)	文国玮著	清华大学出版社	2013
创新的空间:产业集群与区域发展(修订版)	王缉慈等著	科学出版社	2019
健康城市建设方法与实践案例	宫鹏、杨军主编	清华大学出版社	2022
都市圈规划:理论·方法·实例	顾朝林、俞滨洋、薛俊菲主编	中国建筑工业出版社	2007
城市化转型与土地陷阱	华生著	东方出版社	2014
叛逆的城市:从城市权利到城市革命	[美]戴维·哈维著,叶齐茂、倪晓晖译	商务印书馆	2014

书名	作者	出版社	出版年份
设计结合自然	[美]伊恩·伦诺克斯·麦克哈格著,芮经纬译	天津大学出版社	2006
系统方法在城市和区域规划中的应用	[英]J.布赖恩·麦克洛克林著,王凤武译	中国建筑工业出版社	2016
韧性城市规划:理论与实践	翟国方、何仲禹、顾福妹著	中国建材工业出版社	2021
问城:现代城市规划的理论和大师们	[日]金村创平著,陈浩、庄东帆译	中国建筑工业出版社	2018
人居环境科学导论	吴良镛著	中国建筑工业出版社	2001
国土空间规划原理	黄焕春、王世臻主编	东南大学出版社	2021
中国城市建设史(第四版)	董鉴泓著	中国建筑工业出版社	2020
交往与空间	[丹麦]扬·盖尔著,何人可译	中国建筑工业出版社	2002
网络社会的崛起	[美]曼纽尔·卡斯特著,夏铸九等译	社会科学文献出版社	2006
明日的田园城市	[英]埃比尼泽·霍华德著,金经元译	商务印书馆	2011
城市经济学(第8版)	[美]阿瑟·奥莎利文著,周京奎译	北京大学出版社	2015
现代城市规划(原书第10版)	[美]拉维著,张春香译	电子工业出版社	2019
解读《街道的美学》	胡一可、丁梦月编著	江苏凤凰科学技术出版社	2016
城市设计(修订版)	[美]埃德蒙·N.培根著,黄富厢、朱琪译	中国建筑工业出版社	2003

书名	作者	出版社	出版年份
街道与城镇的形成(修订版)	［美］迈克尔·索斯沃斯、［美］伊万·本-约瑟夫著,李凌虹译	江苏凤凰科学技术出版社	2018
看不见的城市	［意］伊塔洛·卡尔维诺著,张密译	译林出版社	2023
城市的胜利	［美］爱德华·格莱泽著,刘润泉译	上海社会科学院出版社	2012
明日之城市	［法］勒·柯布西耶著,李浩译	中国建筑工业出版社	2009
城市发展史:起源、演变与前景	［美］刘易斯·芒福德著,宋俊岭、宋一然译	上海三联书店	2018
美国大城市的死与生	［加拿大］简·雅各布斯著,金衡山译	译林出版社	2022
城市意象(最新校订版)	［美］凯文·林奇著,方益萍、何晓军译	华夏出版社	2017
人性场所:城市开放空间设计导则(第2版)	［美］克莱尔·库珀·马库斯、［美］卡罗琳·弗朗西斯著,俞孔坚、王志芳、孙鹏等译	北京科学技术出版社	2020
理想国	［古希腊］柏拉图著,郭斌和、张竹明译	商务印书馆	2020

会计学院
School of Accounting

会计学院

学院介绍

　　会计学院是全国首批国家级"管理型财会人才培养模式创新实验区"。学院有会计学、财务管理、审计学 3 个本科专业,会计学、会计专业学位(MPAcc)、审计专业学位(MAud)3 个硕士点,会计学博士点和博士后流动站,是浙江省属高校中最早具有本科、硕士、博士、博士后流动站四层次财会人才培养体系的学校。从 2013 年开始,学院开始招收会计学专业海外本科生和海外博士研究生。

　　学院现设有会计系、财务系、审计系、国际会计系(ACCA)、MPAcc 中心、中国民营企业内部控制研究中心(中国会计学会设立)、浙江省全部政府性资金审计理论研究中心(浙江省审计学会设立)、管理会计研究中心等教学科研机构。师资力量雄厚,国家百千万人才工程入选 1 人,享受政府特殊津贴 1 人,"财政部会计名家培养工程"入选 1 人,财政部青年领军人才入选 2 人,财政部国际化高端会计人才入选 1 人。学生毕业考研率高,近 3 年超过 38% 的毕业生继续深造学习,其中 75% 以上的学生被国内外知名高校录取。

专业介绍

会计学专业(授予管理学学士学位)

●国家级特色专业

●国家级综合改革试点专业

●国家级一流本科专业建设点

本专业拥有浙江省属高校最早的博士点,具有完整的由博士后、博士、学术硕士、专业硕士以及本科构成的学科体系,是2007年国家首批管理型财会人才培养模式创新实验区专业之一。2009年会计学科被评为浙江省A类重点学科(涵盖会计、财务与审计3个专业)。会计学专业瞄准人才培养目标,围绕国家一流专业建设目标,基于新文科的学科交叉、融合拓展的建设理念,在智财融合、思政引领、科教融合、产教融合、科创育人等方面开展了一系列生动的改革实践,形成了特色鲜明的管理型财会人才培养新模式,成果获2021年浙江省教学成果一等奖和2023年国家级教学成果二等奖。

财务管理专业(授予管理学学士学位)

●国家首批管理型财会人才培养模式创新实验区专业
●国家级一流本科专业建设点

本专业自1997年开始招收本科生,2007年招收专业方向博士生。本专业拥有从博士后、博士、学术硕士到本科的完整学科平台,以培养能胜任大中型单位财务管理工作的财务总监(CFO)等高级管理人才为己任。本专业面向国内资本市场,依托学院秉承"家国情怀、责任担当、诚信为本"的价值理念,以"国际视野、战略思维、数智素养"为特色导向,培养具备"基于高质量发展的专业胜任力、基于数智素养的财务创新力、基于价值创造的战略决策力和基于合作共赢的组织领导力"的"四力驱动"卓越财务管理人才。

审计学专业(授予管理学学士学位)

●国家首批管理型财会人才培养模式创新实验区专业
●国家级一流本科专业建设点

本专业自 2006 年开始招收本科生,2011 年取得全国首批审计硕士专业学位授予权,成为全国首批、浙江最早获得此学位授予权的 32 所高校之一;2017 年开始招收审计方向博士生,是浙江省最早拥有从本科到博士完整审计人才培养体系的单位。2023 年"基于'四力驱动、智财融合'的新时代管理型财会人才培养创新与实践"获得国家级教学成果奖二等奖。连续 3 年,审计学专业在软科中国大学专业评级中均为 A+,专业排名和整体实力位于全国同类高校前列。

会计学专业荐读书单

书名	作者	出版社	出版年份
新经济　新模式　新会计	黄世忠、叶丰滢、陈朝琳等著	中国财政经济出版社	2020
人月神话（纪念典藏版）	［美］小弗雷德里克·P.布鲁克斯著，UMLChina译	清华大学出版社	2023
会计的没落与复兴	［美］巴鲁克·列夫、［美］谷丰著，方军雄译	北京大学出版社	2018
全球化逆潮	［美］约瑟夫·E.斯蒂格利茨著，李杨、唐克、章添香等译	机械工业出版社	2019
管理会计公告（2009—2019）	美国管理会计师协会（IMA）发布，上海国家会计学院译	经济科学出版社	2020
财务共享服务	陈虎、孙彦丛主编	东北财经大学出版社	2022
定价战略与战术：通向利润增长之路（第五版）	［美］汤姆·纳格、［美］约瑟夫·查莱、陈兆丰著，龚强、陈兆丰译	华夏出版社	2019
财务会计理论（第7版）	［加拿大］威廉·R.斯科特著，陈汉文、鲁威朝、黄轩昊等译	中国人民大学出版社	2018
数学之美（第三版）	吴军著	人民邮电出版社	2020
气候经济与人类未来：比尔·盖茨给世界的解决方案	［美］比尔·盖茨著，陈召强译	中信出版集团	2021
经济学的思维方式（第13版）	［美］保罗·海恩、［美］彼得·勃特克、［美］大卫·普雷契特科著，鲁冬旭译	浙江文艺出版社	2023
一切皆契约	聂辉华著	上海三联书店	2021

书名	作者	出版社	出版年份
小岛经济学	［美］彼得·希夫、［美］安德鲁·希夫著，胡晓姣、吕靖纬、陈志超译	中信出版集团	2017
Python与大数据分析应用	朱荣主编	清华大学出版社	2021
财务报表分析（第三版）	王化成主编	北京大学出版社	2023
魔鬼经济学	［美］史蒂芬·列维特、［美］史蒂芬·都伯纳著，王晓鹂译	中信出版集团	2021
"错误"的行为：行为经济学的形成（第2版）	［美］理查德·塞勒著，王晋译	中信出版集团	2018
思考，快与慢	［美］丹尼尔·卡尼曼著，胡晓姣、李爱民、何梦莹译	中信出版社	2012
大衰退年代：宏观经济学的另一半与全球化的宿命	［美］辜朝明著，杨培雷译	上海财经大学出版社	2019
文明、现代化、价值投资与中国	李录著	中信出版集团	2020
一本书读懂财报	肖星著	浙江大学出版社	2022
蛋糕经济学：如何实现企业商业价值和社会责任的双赢	［英］亚历克斯·爱德蒙斯著，间佳译	中国人民大学出版社	2022
写作是门手艺	刘军强著	广西师范大学出版社	2020
影响力（全新升级版）	［美］罗伯特·西奥迪尼著，间佳译	北京联合出版公司	2021
分析与思考：黄奇帆的复旦经济课	黄奇帆著	上海人民出版社出版	2020
结构性改革	黄奇帆著	中信出版集团	2020
习惯的力量	［美］查尔斯·都希格著，吴奕俊、陈丽丽、曹烨译	中信出版集团	2017
掌控习惯：如何养成好习惯并戒除坏习惯	［美］詹姆斯·克利尔著，迩东晨译	北京联合出版公司	2023

书名	作者	出版社	出版年份
心流：最优体验心理学	[美]米哈里·契克森米哈赖著，张定绮译	中信出版集团	2017
弱传播	邹振东著	国家行政学院出版社	2018
大衰退：宏观经济学的圣杯	[美]辜朝明著，喻海翔译	东方出版社	2016
富国陷阱：发达国家为何踢开梯子？	[英]张夏准著，蔡佳译	社会科学文献出版社	2020
奖励的恶果	[美]艾尔菲·科恩著，冯杨译	山西人民出版社	2016
财务报表分析（第6版·立体化数字教材版）	张新民、钱爱民编著	中国人民大学出版社	2023
会计规则的由来	周华著	中国人民大学出版社	2023
企业剩余索取权：分享安排与剩余计量	谢德仁著	上海人民出版社	2001
普林斯顿经济学研究指南：从课题选择、论文发表到学术生涯管理	[美]迈克尔·S.魏斯巴赫著，阎佳译	世界图书出版公司	2023
企业会计准则原文、应用指南案例详解：准则原文＋应用指南＋典型案例（2024年版）	企业会计准则编审委员会编著	人民邮电出版社	2024
财务会计与资本市场实证研究：重点文献导读（第二版）	陆正飞、姜国华、张然主编	中国人民大学出版社	2013
证券投资实证研究：重点文献导读（第二版）	陆正飞、姜国华、张然主编	中国人民大学出版社	2013
会计职业道德（立体化数字教材版）	韩洪灵、陈汉文主编	中国人民大学出版社	2021
中国会计通史	郭道扬著	中国财政经济出版社	2023

书名	作者	出版社	出版年份
会计史研究:历史·现时·未来(第3卷)	郭道扬著	中国财政经济出版社	2008
公司法的经济结构(中译本第二版)	[美]费兰克·伊斯特布鲁克、[美]丹尼尔·费希尔著,罗培新、张建伟译	北京大学出版社	2014
企业理论:现代观点	杨瑞龙主编	中国人民大学出版社	2005
业财一体化:从应用路径到顶层战略规划	张能鲲、张军著	机械工业出版社	2023
ERP原理·设计·实施(第6版)	罗鸿编著	电子工业出版社	2023
稻盛和夫的实学:经营与会计	[日]稻盛和夫著,曹岫云译	东方出版社	2018
光阴似箭:从工业革命到信息革命	[英]弗里曼、[英]卢桑著,沈宏亮主译	中国人民大学出版社	2007

财务管理专业荐读书单

书名	作者	出版社	出版年份
公司理财（原书第13版）	[美]斯蒂芬·A.罗斯、[美]伦道夫·W.威斯特菲尔德、[美]杰弗利·F.杰富等著，吴世农、沈艺峰、王志强等译	机械工业出版社	2024
财务软件应用（第三版）	丁淑芹、王先鹿主编	东北财经大学出版社	2023
企业AI之旅	[德]拉尔夫·T.克罗伊策、[德]玛丽·西伦贝格著，郜牧寒译	中国原子能出版社、中国科学技术出版社	2024
企业数据资源会计	陈宗智、孙胡晓、孙常娜等著	人民邮电出版社	2024
大数据分析与应用：中级	阿里云计算有限公司主编	高等教育出版社	2021
大数据分析与应用：初级	阿里云计算有限公司主编	高等教育出版社	2021
智能财务分析可视化	牛艳芳主编	高等教育出版社	2021
资本市场数字化转型前沿探索与实践（全二册）	资本市场学院主编	中国财政经济出版社	2023
财务管理案例分析	魏来、董路成、汤向玲主编	立信会计出版社	2023
Cases in Financial Management	[美]Ivan Brick、Harvey A Poniachek 著	World Scientific Publishing	2022
跨国公司财务管理案例	何瑛编著	北京邮电大学出版社	2023
财务管理案例（第四版）	裘益政、柴斌锋主编	东北财经大学出版社	2022
智能管理会计：从 Excel 到 Power BI 的业务与财务分析	张震著	电子工业出版社	2021
云会计与智能财务共享	陈建宇主编	浙江工商大学出版社	2023

书名	作者	出版社	出版年份
Python金融大数据挖掘与分析全流程详解	王宇韬、房宇亮、肖金鑫编著	机械工业出版社	2019
数据、模型与决策：基于电子表格的建模和案例研究方法（原书第6版）	[美]弗雷德里克·S.希利尔、[美]马克·S.希利尔著，李勇建、徐芳超等译	机械工业出版社	2022
下一代财务：数字化与智能化	张庆龙著	中国财政经济出版社	2021
数字财务	彭娟、陈虎、王泽霞等著	清华大学出版社	2020
跨国公司财务（第二版）	徐晓云编著	中国人民大学出版社	2018
跨国公司财务管理（第六版）	王允平、陈燕主编	首都经济贸易大学出版社	2023
管理会计（原书第17版）	[美]雷·H.加里森、[美]埃里克·W.诺琳、[美]彼得·C.布鲁尔著，王满译	机械工业出版社	2024
管理会计应用指引：2019年版	中华人民共和国财政部制定	立信会计出版社	2019
行为科学统计精要（第10版）	[美]弗雷德里克·J.格雷维特、[美]拉里·B.瓦尔诺、[美]洛丽·安·B.福尔扎诺等著，刘红云、骆方译	中国人民大学出版社	2024
文明的逻辑：人类与风险的博弈	陈志武著	中信出版集团	2022
卓有成效的管理者	[美]彼得·德鲁克著，刘澜译	机械工业出版社	2023
高效能人士的七个习惯（30周年纪念版）	[美]史蒂芬·柯维著，高新勇、王亦兵、葛雪蕾译	中国青年出版社	2020
贫穷的本质：我们为什么摆脱不了贫穷	[印度]阿比吉特·班纳吉、[法]埃斯特·迪弗洛著，景芳译	中信出版社	2013
生命是什么	[奥]埃尔温·薛定谔著，肖梦译	天津人民出版社	2020

书名	作者	出版社	出版年份
从报表看企业:数字背后的秘密(第5版)	张新民著	中国人民大学出版社	2024
财务是个真实的谎言	钟文庆著	机械工业出版社	2014
财务管理学(第9版·立体化数字教材版)	王化成、刘俊彦、荆新主编	中国人民大学出版社	2021
财务分析习题与案例(第10版)	张先治、陈友邦、秦志敏主编	东北财经大学出版社	2022
公司财务理论(修订版)	[美]威廉·L.麦金森著,刘明辉、薛清梅主译	东北财经大学出版社	2019
资本市场的混沌与秩序:一个关于商业循环、价格和市场变动的新观点(第二版)	[美]彼得斯著,王小东译	经济科学出版社	1999
如何阅读一本书	[美]莫提默·J.艾德勒、[美]查尔斯·范多伦著,郝明义、朱衣译	商务印书馆	2019
语言学的邀请	[美]塞缪尔·早川、[美]艾伦·早川著,柳之元译	北京大学出版社	2015
名人传	[法]罗曼·罗兰著,傅雷译	人民文学出版社	2022
经济逻辑	[美]马克·史库森著,苏娜译	中国友谊出版公司	2021
经济学的邀请	[澳]雅尼斯·瓦鲁法克斯著,赵洱崀、刘力纬译	北京大学出版社	2015
财务报告与分析(第三版)	陆正飞编著	北京大学出版社	2020
管理会计研究(第一卷)	[美]克里斯托弗·S.查普曼、[美]安东尼·G.霍普伍德、[美]迈克尔·D.希尔兹主编,王立彦、吕长江、刘志远等译	中国人民大学出版社	2009
管理会计(第三版)	胡国柳、徐强国主编	高等教育出版社	2022

书名	作者	出版社	出版年份
管理会计应用指引详解与实务（最新版）	胡玉明主编	经济科学出版社	2019
钱商	[加拿大]阿瑟·黑利著，陆谷孙、张增健、翟象俊译	南海出版公司	2015
公司进化论：伟大的企业如何持续创新（珍藏版）	[美]杰弗里·摩尔著，陈劲译	机械工业出版社	2014
哲学的邀请	[西班牙]费尔南多·萨瓦特尔著，林经纬译	北京大学出版社	2014
人生论	[俄]列夫·托尔斯泰著，许海燕译	商务印书馆	2023
稻盛和夫给年轻人的忠告	德群编著	中华工商联合出版社	2021
社会学的邀请	[美]乔恩·威特著，林聚任等译	北京大学出版社	2014

审计学专业荐读书单

书名	作者	出版社	出版年份
审计(第4版·立体化数字教材版)	陈汉文主编	中国人民大学出版社	2019
内部控制(第5版)	方红星、池国华主编	东北财经大学出版社	2022
审计理论与实务	陈汉文、韩洪灵主编	中国人民大学出版社	2019
财务审计实务指南	亚东著	人民邮电出版社	2021
数字化审计实务指南	程广华著	人民邮电出版社	2021
现代审计学(第二版)	张龙平、李璐主编	北京大学出版社	2017
完善审计制度研究	审计署审计科研所编著	中国时代经济出版社	2016
内部审计工作法	谭丽丽、罗志国等编著	机械工业出版社	2017
风险导向内部审计实务指南	付淑威著	人民邮电出版社	2022
经济责任审计操作案例分析	高雅青、李三喜主编	中国市场出版社	2020
内部审计实务操作:从入门到实战	惠增强编著	人民邮电出版社	2022
审计全流程实操:从入门到精通(第2版)	么秀杰编著	中国铁道出版社有限公司	2021
审计的逻辑	李洪著	经济科学出版社	2021
审计学:一种整合方法(英文版·第16版)	[美]阿尔文·阿伦斯、[美]兰德尔·埃尔德、[美]马克·比利斯等著	中国人民大学出版社	2021
舞弊审计实务指南	胡顺淙著	人民邮电出版社	2021
内部审计思维与沟通	袁小勇、林云忠主编	人民邮电出版社	2022

书名	作者	出版社	出版年份
审计案例与实训	李晓慧编著	中国人民大学出版社	2022
审计简史	[英]德里克·马修斯著,周华、莫彩华译	中国人民大学出版社	2020
内部审计情景案例	刘红生、袁小勇主编	人民邮电出版社	2022
合规审计实务指南	唐鹏展著	人民邮电出版社	2022
国有企业经济责任审计实务指南	于维严、赵志新主编	人民邮电出版社	2022
金融机构审计实务指南	金融机构审计编审委员会主编	人民邮电出版社	2021
增值型内部审计	周平、荣欣主编	人民邮电出版社	2022
内部审计(微课版)	袁小勇、王茂林主编	人民邮电出版社	2023
审计学原理学习指导书(第三版)	李雪主编	立信会计出版社	2023
审计法的理论与制度实现:以《审计法》的修正为背景	胡智强著	北京大学出版社	2022
内部审计工作指南	郭长水、纪新伟主编	人民邮电出版社	2022
内部审计思维与沟通	袁小勇、林云忠主编	人民邮电出版社	2022
行政事业单位审计常见问题 200 案例(第二版)	许太谊主编	中国市场出版社	2022
信息系统审计:理论与实务案例	黄作明、马小勇编著	清华大学出版社	2023
企业内部控制基本规范操作指南(图解版)	侯其锋主编	人民邮电出版社	2016
风险导向审计实务	大信会计师事务所(特殊普通合伙)编	经济科学出版社	2023
农村审计	广东省财政厅编	华南理工大学出版社	2009
审计机器人开发与应用实训:基于来也 UiBot	程平主编	电子工业出版社	2022

书名	作者	出版社	出版年份
政府审计学（第2版）	张庆龙主编	中国人民大学出版社	2021
IT 审计：用 SQL＋Python 提升工作效率	涂佳兵著	电子工业出版社	2022
大数据审计	陈伟编著	中国人民大学出版社	2021
财务舞弊识别与审计失败防范	黄世忠、叶钦华、叶凡等著	中国财政经济出版社	2022
大数据审计分析	樊斌主编	高等教育出版社	2018
企业内部控制	杨有红著	北京大学出版社	2019
内部控制与风险管理（第3版）	池国华、朱荣主编	中国人民大学出版社	2022
内部控制与风险管理：理论、实务与案例（第3版）	李晓慧、何玉润编著	中国人民大学出版社	2022
内部控制学（第4版）	池国华主编	北京大学出版社	2022
经济责任审计操作案例分析	高雅青、李三喜主编	中国市场出版社	2020
资源环境审计常用定性表述及适用法规向导（2020年版）	审计署自然资源和生态环境审计司、审计署法规司编著	中国时代经济出版社	2021
中央部门预算执行审计常用定性表述及适用法规向导（2023年版）	审计署行政事业审计司、审计署法规司编著	中国时代经济出版社	2024
税收和非税收入征管审计常用定性表述及适用法规向导（试行）	审计署税收征管审计司、审计署法规司编著	中国时代经济出版社	2022
证券期货领域审计常用定性表述及适用法规向导（试行）	审计署金融审计司、审计署法规司编著	中国时代经济出版社	2022

书名	作者	出版社	出版年份
教科文卫审计常用定性表述及适用法规向导(试行)	审计署教科文卫审计司、审计署法规司编著	中国时代经济出版社	2021
乡村振兴相关政策和资金审计常用定性表述及适用法规向导(试行)	审计署农业农村审计司、审计署法规司编著	中国时代经济出版社	2021
国外贷援款项目审计常用定性表述及适用法规向导(2020 年版)	审计署涉外审计司、审计署法规司编著	中国时代经济出版社	2021
社会保障资金审计常用定性表述及适用法规向导(2020 年版)	审计署社会保障审计司、审计署法规司编著	中国时代经济出版社	2021
浙江省社会组织发展蓝皮书	郁建兴、江宇主编	商务印书馆	2022
数字时代的政府变革	郁建兴等著	商务印书馆	2023
社会组织管理(第二版)	郁建兴、王名主编	科学出版社	2023
审计案例与实务	郑艳秋、李明主编	机械工业出版社	2023
中华人民共和国现行审计法规与审计准则及政策解读(2023 年版)	《中华人民共和国现行审计法规与审计准则及政策解读》编委会	立信会计出版社	2023
审计整改常见问题清单与案例解析	胡卫东主编	中国时代经济出版社	2023
固定资产投资审计常用定性表述及适用法规向导(2020 年版)	审计署固定资产投资审计司、审计署法规司编著	中国时代经济出版社	2021
企业审计常用定性表述及适用法规向导(2021 年版)	审计署企业审计司、审计署法规司编著	中国时代经济出版社	2022
中国特色社会主义国家审计理论研究	蔡春等著	立信会计出版社	2022
环境审计:理论方法与应用	黄溶冰著	经济科学出版社	2023

书名	作者	出版社	出版年份
内部审计(第四版)	王宝庆、张庆龙主编	东北财经大学出版社	2023
完善审计制度研究	审计署审计科研所编著	中国时代经济出版社	2016
中国审计研究报告:2018	中国审计学会编	中国时代经济出版社	2019
中国审计研究报告:2019	审计署审计科研所编	中国时代经济出版社	2020
审计知识读本	《审计知识读本》编写组编	中国时代经济出版社	2020
审计理论与实务	田高良、王龙主编	中国人民大学出版社	2020

统计与数学学院
School of Statistics and
Mathematics

统计与数学学院

学院介绍

统计与数学学院具有悠久的办学历史,最早可追溯至 1945 年学校开设的统计科。1980 年招收首届商业计划统计专业本科生,1984 年成立计统财会系,1987 年单独建立计划统计系,1994 年成立统计与投资系,1997 年建立统计系,2001 年设立学院。

经过几代统计人赓续接力,学院各项事业取得了可喜的成绩。统计学 2023 年获批二级学科博士点,2011 年获批一级学科博士点,2016 年入选浙江省一流学科 A 类,2017 年入选浙江省重点建设高校优势特色学科,2022 年被教育部发展规划司确定为优先发展学科,2023 年入选浙江省登峰学科。统计学在教育部第三轮学科评估中进入全国排名前 10%,第四轮为 A－,第五轮学科评估继续保持好成绩,稳居浙江省第 1 位。

专业介绍

经济统计学专业(授予经济学学士学位)

● 国家级一流本科专业建设点、国家级特色专业
● 浙江省"十二五""十三五"优势专业
● 全国排名并列第七,浙江省第一(根据教育部第四轮学科评估)
● 拥有从本科、硕士、博士到博士后的完整人才培养体系

本专业拥有国家级教学团队、国家级大学生校外实践教育基地、2011 协同创新中心、浙江省哲学社会科学实验室等高层次人才培养平台。立足我校"大商科"办学特色,顺应大数据时代要求,经济统计学专业旨在培养具有系统的统计学理论知识,扎实的经济学、管理学与数学基础,品学兼优、双创思维与国际视野兼备的高层

次统计人才。毕业生能熟练运用现代信息技术,擅长统计设计与调查、建模分析与可视化展示,解决中国经济运行与改革实践中的统计问题。

应用统计学专业(授予理学学士学位)

● 国家级一流本科专业建设点

● 全国排名前 1‰(根据邱均平、武书连大学专业排名)

● 拥有从本科、硕士、博士到博士后的完整人才培养体系

本专业以社会对数据人才的需求为驱动,结合学校"大商科"的办学定位和统计学科优势,旨在培养统计学、计算机科学和经济学"三位一体"的宽口径高层次复合型"数据工程"人才。本专业注重培养学生的统计思维能力、数据深度挖掘能力、综合分析能力及创新创业能力,毕业生能利用统计学和计算机科学解决社会经济领域和企业经营管理中的实际问题。

数学与应用数学专业(授予理学学士学位)

● 浙江省重点学科计算数学的重要支撑专业

● 拥有计算科学硕士点

● 校级优势(特色)专业

本专业定位于"数学+应用"多学科综合的宽口径应用创新复合型人才教育,培养既具有扎实的数学基础与一定的经济理论基础,又具有较高金融数据挖掘与计算机 AI 应用能力的突显"大商科"特色的高级人才。本专业以实际问题为着眼点,剖析其背后的理论基础,构造解决问题的算法和实现技术,强调学生创新和解决实际问题的能力的培养,特别是在经济、金融等领域的建模与数据分析能力。本专业毕业生"知数学、懂建模、会编程",能在证券、投资、保险等金融经济部门和政府企事业单位从事建模、数据分析系统设计工作,也可在教育和科研部门从事相关研究和教学工作,并具备出国深造或进一步攻读数学、经济、金融、统计、计算机等相关学科的更高一级学位的能力。

数据科学与大数据技术专业(授予理学学士学位)

●国家于 2016 年设置的新专业,学院于 2018 年新增本专业

●浙江省优势特色学科、浙江省一流学科(A 类)

　　本专业融合"大商科"特色,依靠统计学科优势,以大数据为研究对象,掌握统计学、数学、计算机科学的基本理论,是研究如何从数据中获取新知识和新价值的新兴专业。本专业旨在培养社会急需的具备大数据处理及分析能力的高级复合型人才,使其能满足大数据采集、清洗、存储、挖掘、分析、可视化算法等创新要求,能胜任数据标注、管理、应用等全生命周期产业体系的多种岗位工作,并具备进一步攻读更高一级学位的能力。本专业由统计与数学学院和原计算机与信息工程学院合作共建,师资力量完备,学科竞赛、实践基地等方面资源共享。

经济统计学专业荐读书单

书名	作者	出版社	出版年份
R语言入门与实践	[美]格罗勒芒德著,冯凌秉译	人民邮电出版社	2016
R语言数据分析与可视化从入门到精通	程乾、刘永、高博编著	北京大学出版社	2020
R语言深度学习	[美]弗朗索瓦·肖莱、[美]J.J.阿莱尔著,黄倩、何明、陈希亮等译	机械工业出版社	2021
中国重点经济领域统计分析	许宪春主编	北京大学出版社	2018
基石还是累卵:经济统计学之于实证研究	邱东著	科学出版社	2021
商务统计学基础:从不确定性到人工智能	王汉生、王菲菲著	北京大学出版社	2023
读书笔记:我在豆瓣这十年	高敏雪著	经济科学出版社	2022
三种文化:21世纪的自然科学、社会科学和人文学科	[美]杰罗姆·凯根著,王加丰、宋严萍译	格致出版社	2014
概率论和统计学:不确定性的科学	[美]约翰·塔巴克著,杨静译	商务印书馆	2007
数据挖掘:概念与技术	[美]韩家炜、[加拿大]坎伯、[加拿大]裴健著,范明、孟小峰译	机械工业出版社	2012
Python中文自然语言处理基础与实战	肖刚、张良均主编	人民邮电出版社	2022
结构方程模型及其应用	易丹辉、李静萍编著	北京大学出版社	2019
中国政府统计重点领域解读	许宪春主编	清华大学出版社	2019
透视中国政府统计数据:理解与应用	许宪春著	社会科学文献出版社	2023

书名	作者	出版社	出版年份
不平等测度(第三版)	［英］弗兰克・A.考威尔著，徐雷、屈沙、杜素珍等译	格致出版社	2019
绿色经济核算	向书坚、郑瑞坤编著	中国环境出版社	2016
综合评价基本理论与前沿问题研究	苏为华等著	科学出版社	2021
超越 GDP：对经济表现和社会进步衡量标准的探索	李冻菊著	经济科学出版社	2022
国际比较机理挖掘：ICP 何以可能	邱东著	科学出版社	2022
商务与经济统计学	［美］道格拉斯・A.林德、［美］威廉・G.马夏尔、［美］塞缪尔・A.沃森著，王维国主译	东北财经大学出版社	2017
统计使人豁达	邱东著	中国统计出版社	2014
统计学的道	李金昌著	中国统计出版社	2022
统计与真理：怎样运用偶然性	［美］C.R.劳著，李竹渝译	科学出版社	2004
社会研究中的基础统计学	［美］杰克・莱文、［美］詹姆斯・艾伦・福克斯、［美］大卫・R.福德著，王卫东等译	中国人民大学出版社	2022
深入浅出统计学	［美］道恩・格里菲思著，李芳译	电子工业出版社	2018
简单统计学	［美］加里・史密斯著，刘清山译	江西人民出版社	2018
统计学图鉴	［日］栗原伸一、［日］丸山敦史著，侯振龙译	人民邮电出版社	2021
吸猫统计学	［俄罗斯］弗拉基米尔・萨维利耶夫著，关俊博译	广东经济出版社	2023

书名	作者	出版社	出版年份
统计会犯错:如何避免数据分析中的统计陷阱	[美]亚历克斯·莱因哈特著,刘乐平译	人民邮电出版社	2016
妙趣横生的统计学:培养大数据时代的统计思维	[美]杰弗里·班尼特、[美]威廉·L.布里格斯、[美]马里奥·F.崔奥拉著,胡晖、徐斌译	人民邮电出版社	2016
别说你懂统计学	[英]安东尼·鲁本著,胡小锐译	中信出版集团	2020
赤裸裸的统计学:除去大数据的枯燥外衣,呈现真实的数字之美	[美]查尔斯·惠伦著,曹槟译	中信出版集团	2013
知识产权产品资本测度手册	经济合作与发展组织(OECD)编,中国科学技术发展战略研究院译	科学技术文献出版社	2016
应用时间序列分析实验教程:基于 Stata 软件	张昭时编著	浙江工商大学出版社	2020
浙江省海洋经济发展评估与应用研究	陈骥、赖瑛、罗刚飞著	浙江工商大学出版社	2020
不确定性经济周期理论研究	章上峰、宋马林等著	经济科学出版社	2019
学术期刊评价——指标创新与方法研究	俞立平著	武汉大学出版社	2023
统计数据质量诊断与管理研究	程开明著	浙江工商大学出版社	2010
长三角城市体系特征测度与演进解析	程开明、庄燕杰著	浙江工商大学出版社	2015
我国跨境电子商务政策效应的统计研究	苏为华、张崇辉、王玉颖著	浙江工商大学出版社	2020

书名	作者	出版社	出版年份
国民经济核算	向书坚、徐映梅、郑瑞坤编著	北京大学出版社	2019
多元统计分析	陈钰芬、陈骥主编	清华大学出版社	2020
浙江省研发资本化及驱动经济增长的贡献测度	徐蔼婷、李金昌、祝瑜晗著	浙江工商大学出版社	2020
中国 R & D 固定资本形成核算研究:基于部门行业和区域的视角	朱发仓著	经济科学出版社	2019
模糊综合评价方法拓展及应用研究	张崇辉、苏为华著	科学出版社	2023
政府资产中土地资源核算问题研究	朱贺著	经济科学出版社	2023

应用统计学专业荐读书单

书名	作者	出版社	出版年份
数理统计学简史	陈希孺著	哈尔滨工业大学出版社	2021
实用多元统计分析	[美]理查德·A.约翰逊、迪安·W.威克恩著,陆璇、叶俊译	清华大学出版社	2008
统计与真理:怎样运用偶然性	[美]C.R.劳著,李竹渝译	科学出版社	2004
统计学习方法(第2版)	李航著	清华大学出版社	2019
统计学(第5版)	李金昌、苏为华编著	机械工业出版社	2019
应用多元分析(第四版)	王学民编著	上海财经大学出版社	2014
试验设计与分析	陈魁编著	清华大学出版社	2005
非参数统计	王星、褚挺进编著	清华大学出版社	2014
女士品茶:20世纪统计怎样变革了科学	[美]萨尔斯伯格著,邱东等译	中国统计出版社	2004
贝叶斯数据分析(英文版)	[美]Anderw Gelman、[美]John B. Carlin、[美]Hal S. Stern等著	世界图书出版公司	2020
白话统计	冯国双著	电子工业出版社	2018
别怕,统计学其实很简单	徐苑琳、李倩星编著	北京大学出版社	2019
数理统计学讲义	陈家鼎、孙山泽、李东风等编著	高等教育出版社	2006
概率论基础学习指导书	李贤平、陈子毅编著	高等教育出版社	2011
基础统计学(第14版)	[美]Mario F. Triola著,钱辰江、潘文昊译	电子工业出版社	2024
统计学:从数据到结论(第5版)	吴喜之、吕晓玲编著	中国统计出版社	2021

书名	作者	出版社	出版年份
统计学:基本概念和方法	〔美〕埃维森、〔美〕格根著,吴喜之、程博、柳林旭等译	高等教育出版社、施普林格出版社	2000
概率论与数理统计	陈希孺编著	中国科学技术大学出版社	2009
统计学(第二版)	张东光主编	科学出版社	2020
统计学图鉴	〔日〕栗原伸一、〔日〕丸山敦史著,侯振龙译	人民邮电出版社	2021
统计学习要素:机器学习中的数据挖掘、推断与预测(第2版)	〔美〕特雷弗·哈斯蒂、〔美〕罗伯特·提布施拉尼、〔美〕杰罗姆·弗雷曼著,张军平译	清华大学出版社	2021
Tukey 统计学讲义:探索性数据分析(英文)	〔美〕约翰·图基著	世界图书出版公司	2023
Tukey 统计学讲义:数据分析与回归(英文)	〔美〕弗雷德里克·莫斯特勒、〔美〕约翰·图基著	世界图书出版公司	2023
Mind on Statistics	〔美〕Robert Heckard、〔美〕Jessica Utts 著	Cengage	2021
The book of Why	〔美〕Judea Pearl,〔美〕Dana Mackenzie 著	Penguin Books Ltd	2020
Analysis of multivariate and high-dimensional data	Inge Koch	Cambridge University Press	2013

数学与应用数学专业荐读书单

书名	作者	出版社	出版年份
数学之美(第三版)	吴军著	人民邮电出版社	2020
数学与生活	[日]远山启著,吕砚山、李诵雪、马杰译	人民邮电出版社	2010
数学思想概论:数学中的演绎推理(第3辑)	史宁中著	东北师范大学出版社	2015
基础拓扑学(修订版)	[英]阿姆斯特朗著,孙以丰译	人民邮电出版社	2019
数学史概论	李文林著	高等教育出版社	2021
古今数学思想(全三册)	[美]莫里斯·克莱因著,张理京、张锦炎、江泽涵译	上海科学技术出版社	2013
什么是数学:对思想和方法的基本研究	[美]R.柯朗、[美]H.罗宾著,左平、张饴慈译	复旦大学出版社	2020
陶哲轩教你学数学	[澳]陶哲轩著,李馨译	人民邮电出版社	2020
怎样解题:数学思维的新方法	[美]G·波利亚著,涂泓、冯承天译	上海科技教育出版社	2018
魔鬼数学:大数据时代,数学思维的力量	[美]乔丹·艾伦伯格著,胡小锐译	中信出版集团	2015
一个数学家的辩白(双语版)	[英]戈弗雷·哈代著,何生译	人民邮电出版社	2020
惰者集:数感与数学	[日]小平邦彦著,尤斌斌译	人民邮电出版社	2017
从一到无穷大:科学中的事实和臆测(纪念版)	[美]乔治·伽莫夫著,暴永宁译	科学出版社	2021
数学:它的内容,方法和意义(第一卷)	[俄]A.D.亚历山大洛夫等著,孙小礼、赵孟养、裴光明译	科学出版社	2001
数学:它的内容,方法和意义(第二卷)	[俄]A.D.亚历山大洛夫著,秦元勋、王光寅译	科学出版社	2001
数学:它的内容,方法和意义(第三卷)	[俄]A.D.亚历山大洛夫等著,王元、万哲先译	科学出版社	2001

书名	作者	出版社	出版年份
上通数学,下达课堂:当代中国数学教育名家访谈	曹一鸣、刘祖希主编	华东师范大学出版社	2021
数学的精神、思想和方法	[日]米山国藏著,毛正中、吴素华译	华东师范大学出版社	2019
数学符号史	徐品方、张红著	科学出版社	2006
像数学家一样思考	[德]克里斯蒂安·黑塞著,何秉桦、黄建纶译	海南出版社	2018
数学史	[英]J.F.斯科特著,侯德润、张兰译	译林出版社	2014
思考的乐趣:Matrix67数学笔记	顾森著	人民邮电出版社	2021
黎曼猜想漫谈:一场攀登数学高峰的天才盛宴	卢昌海著	清华大学出版社	2016
希尔伯特:数学界的亚历山大	[美]康斯坦丝·瑞德著,袁向东、李文林译	上海科学技术出版社	2018
库朗:一位数学家的双城记	[美]康斯坦丝·瑞德著,胡复译	东方出版中心	2002
泛函分析(英文版·第2版)	[美]沃尔特·鲁丁著	机械工业出版社	2020
数学与人文	丘成桐、杨乐主编	高等教育出版社	2022
逻辑人生:哥德尔传	[美]约翰·L.卡斯蒂、[奥]维尔纳·德波利著,刘晓力、叶闯译	上海科技教育出版社	2023
天遇:混沌与稳定性的起源	[罗]弗洛林·迪亚库、[美]菲利普·霍尔姆斯著,王兰宇译	上海科技教育出版社	2005
对称	[德]赫尔曼·外尔著,曾怡译	重庆出版社	2020
数论中未解决的问题(第2版)	[加拿大]R.K.盖伊著,张明尧译	科学出版社	2003
几何基础(第2版)	梁灿彬、周彬著	科学出版社	2009

书名	作者	出版社	出版年份
数学天书中的证明(第6版)	［德］艾格纳、［德］齐格勒著，冯荣权、宋春伟、宗传明等译	高等教育出版社	2022
数学简史:确定性的消失	［美］莫里斯·克莱因著,李宏魁译	中信出版集团	2019
数学在19世纪的发展(第一卷　中文校订版)	［德］菲利克斯·克莱因著,齐民友译	高等教育出版社	2023

数据科学与大数据技术专业荐读书单

书名	作者	出版社	出版年份
算法笔记	胡凡、曾磊主编	机械工业出版社	2016
计算机组成原理	［英］艾伦·克莱门茨著，沈立、王苏峰、肖晓强译	机械工业出版社	2017
计算机网络：自顶向下方法（原书第8版）	［美］詹姆斯·F.库罗斯、［美］基思·W.罗斯著，陈鸣译	机械工业出版社	2018
数据结构与算法分析C语言描述（原书第2版）	［美］马克·艾伦·维斯著，冯舜玺译	机械工业出版社	2019
数据库系统概论（第5版）	王珊、萨师煊编著	高等教育出版社	2014
大数据导论：数据思维、数据能力和数据伦理	林子雨编著	人民邮电出版社	2020
神经网络与深度学习	邱锡鹏著	机械工业出版社	2020
统计学的世界（第8版）	［美］戴维·穆尔、［美］威廉·诺茨著，郑磊译	中信出版集团	2017
Spark快速大数据分析	［美］卡劳、［美］肯维尼斯科、［美］温德尔等著，王道远译	人民邮电出版社	2015
Flink基础教程	［美］埃伦·弗里德曼、［希］科斯塔斯·宙马斯著，王绍翾译	人民邮电出版社	2018
深入云计算：Hadoop源代码分析（修订版）	张鑫著	中国铁道出版社	2014
机器学习	周志华著	清华大学出版社	2016
Data Science For Business	［美］福斯特·普罗沃斯特、［美］汤姆·福赛特著	O'Reilly Media	2013
数据科学入门	［美］乔尔·格鲁斯著，岳冰、高蓉、韩波译	人民邮电出版社	2021

书名	作者	出版社	出版年份
分布式系统应用设计	［美］布兰登·伯恩斯著，赵军平、王天青译	中国电力出版社	2019
Hadoop 权威指南：大数据的存储与分析（第 4 版）	［美］汤姆·怀特著，王海、华东、刘喻等译	清华大学出版社	2017
数理统计（第二版）	韦来生编著	科学出版社	2015
概率论与数理统计	李贤平、沈崇圣、陈子毅编著	复旦大学出版社	2003
概率论与数理统计教程（第 3 版）	茆诗松、程依明、濮晓龙编著	高等教育出版社	2019
互联网大厂推荐算法实战	赵传霖著	人民邮电出版社	2024
线性代数及其应用（原书第 5 版）	［美］戴维·C. 雷、［美］史蒂文·R. 雷、［美］朱迪·J. 麦克唐纳著，刘深泉、张万芹、陈玉珍等译	机械工业出版社	2018
浪潮之巅（第四版）	吴军著	人民邮电出版社	2019
C＋＋Primer 中文版（第 5 版）	［美］李普曼、［美］拉乔伊、［美］默著，王刚、杨巨峰译	电子工业出版社	2013
数学之美（第三版）	吴军著	人民邮电出版社	2020
PyTorch 与深度学习实战	胡小春、刘双星主编	人民邮电出版社	2023
机器学习	周志华著	清华大学出版社	2016
Python 编程：从入门到实践（第 3 版）	［美］埃里克·马瑟斯著，袁国忠译	人民邮电出版社	2023
Python 3 网络爬虫开发实战（第 2 版）	崔庆才著	人民邮电出版社	2021
大数据技术原理与应用：概念、存储、处理、分析与应用（第 3 版）	林子雨编著	人民邮电出版社	2020
数据库系统概论（第 5 版）	王珊、萨师煊编著	高等教育出版社	2018

书名	作者	出版社	出版年份
大数据之路:阿里巴巴大数据实践	阿里巴巴数据技术及产品部著	电子工业出版社	2017
Apache Kylin 权威指南(第2版)	Apache Kylin 核心团队著	机械工业出版社	2019
Spark 快速大数据分析(第2版)	[美]朱尔斯·S.达米吉、[美]布鲁克·韦尼希、[印]泰瑟加塔·达斯等著,王道远译	人民邮电出版社	2021
快学 Scala(第2版)	[美]凯.S.霍斯特曼著,高宇翔译	电子工业出版社	2017
精通数据科学:从线性回归到深度学习	唐亘著	人民邮电出版社	2018
数据科学导引	欧高炎、朱占星、董彬等著	高等教育出版社	2017
深度学习进阶:自然语言处理	[日]斋藤康毅著,陆宇杰译	人民邮电出版社	2020
神经网络与深度学习	邱锡鹏著	机械工业出版社	2020
大数据导论	黄源、龙颖、吴文灵主编	人民邮电出版社	2023
Python 网络爬虫权威指南(第2版)	[美]瑞安·米切尔著,神烦小宝译	人民邮电出版社	2019
Spark 权威指南	[美]比尔·尚贝尔、[美]马特·扎哈里亚著,张岩峰、王方京、陈晶晶译	中国电力出版社	2020
分布式系统应用设计	[美]布兰登·伯恩斯著,赵军平、王天青译	中国电力出版社	2019
Hive 编程指南	[美]卡普廖洛、[美]万普勒、[美]卢森格林著,曹坤译	人民邮电出版社	2013
计算机网络:自顶向下方法	[美]詹姆斯·F.库罗斯、[美]基思·W.罗斯著	机械工业出版社	2022

书名	作者	出版社	出版年份
深入浅出 Docker	［英］奈吉尔·波尔顿著，李瑞丰、刘康译	人民邮电出版社	2019
Python 数据科学手册	［美］杰克·万托布拉斯著，陶俊杰、陈小莉译	人民邮电出版社	2018
EASY RL 强化学习教程	王琦、杨毅远、江季编著	人民邮电出版社	2022
统计学习方法	李航著	清华大学出版社	2019
概率论与数理统计教程（第3版）	刘建亚、吴臻主编	高等教育出版社	2020
大学数学教程：概率论与数理统计	杨超、朱祥和主编	复旦大学出版社	2020
概率论与数理统计（第二版）	冯建中、杨先山主编	科学出版社	2022
统计学（第四版）	朱建平、黄良文主编	中国统计出版社	2022
Python 金融大数据分析（第2版）	［德］伊夫·希尔皮斯科著，姚军译	人民邮电出版社	2020
利用 Python 进行数据分析（原书第3版）	［美］韦斯·麦金尼著，陈松译	机械工业出版社	2023
机器学习方法	李航编著	清华大学出版社	2022
机器学习理论导引	周志华、王魏、高尉等著	机械工业出版社	2020
动手学深度学习（PyTorch 版）	［美］阿斯顿·张、［美］扎卡里·C.立顿、李沐等著，何孝霆、瑞潮儿·胡译	人民邮电出版社	2023
PyTorch 与深度学习实战	胡小春、刘双星主编	人民邮电出版社	2023
机器学习实战：基于 Scikit-Learn、Keras 和 TensorFlow	［法］奥雷利安·杰龙著，宋能辉、李娴译	机械工业出版社	2024
流畅的 Python	［巴西］卢西亚诺·拉马略著，安道译	人民邮电出版社	2023
互联网大厂推荐算法实战	赵传霖著	人民邮电出版社	2024

经济学院
School of Economics

经济学院

学院介绍

　　经济学院前身是 1978 年成立的物价系,2001 年改设经济学院。学院秉持"诚、毅、勤、朴"校训和"鉴古洞今、经世济民"办学理念,努力朝着建设国内知名经济学院的目标迈进。

　　学院现拥有理论经济学和应用经济学两大学科。应用经济学是浙江省"十三五"A 类一流学科,2004 年获得一级硕士学位授予权,2011 年获得一级博士学位授予权,2019 年获批博士后流动站。2019 年经济学、国际经济与贸易两个专业获批首批国家级一流本科专业建设点。2023 年获批浙江省"十四五"基础学科拔尖学生培养基地。

　　学院积极开展科学研究,重点研究方向为商贸流通经济学、行为与实验经济学、环境与能源经济学、数字经济与产业发展、国际贸易与世界经济、劳动与人口经济学、城市与区域经济学。

专业介绍

数字经济专业(授予经济学学士学位)

● 应用经济学在教育部学科评估中获 B+

● 具有从本科、硕士、博士到博士后的完整培养体系数字经济专业顺应数字经济新兴业态发展潮流,适应国家及地方数字经济发展需要,培养能够利用数字技术来分析解决经济问题,参与企业数字化运营管理,掌握产业数字化规划和建设能力,适应地方经济新业态建设和社会发展所需要的宽口径、复合型、高素质、应用型产业数字化专业人才。学院在培养过程中注重数字技术与经济管理交叉融合,使学生既掌握现代经济学理论和方法,又熟悉数字经济的发展规律与内在逻辑,了解中国数字经济运行现状与改革实践,能运用大数据、人工智能等现代信息技术和数量分析方法解决数字经济发展中的各类问题。

经济学专业(授予经济学学士学位)

● 国家级一流本科专业建设点
● 浙江省重点建设专业、浙江省"十二五"特色专业、浙江省一流学科 A 类资助
● 应用经济学在教育部学科评估中获 B+
● 具有从本科、硕士、博士到博士后的完整培养体系

经济学专业培养具备扎实的现代西方经济学理论基础,系统掌握马克思政治经济学原理,熟练运用现代经济分析方法,具有深入观察和独立解决实际问题的能力,以及不断向经济学相关领域扩展交叉的能力、持续钻研能力的开拓创新型复合人才;培养广泛适用于综合经济管理部门、政府政策研究部门、咨询公司、金融机构和企事业部门等,从事经济分析、预测、规划和管理工作的专业化、国际化高级人才。

国际经济与贸易专业(授予经济学学士学位)

● 国家级一流本科专业建设点
● 浙江省重点建设专业、浙江省"十二五""十三五"优势专业、浙江省一流学科 A 类资助
● 应用经济学在教育部学科评估中获 B+
● 具有从本科、硕士、博士到博士后的完整培养体系

本专业为学校"新文科"人才培养体系核心组成部分之一,旨在培养德智体美全面发展的,适应社会主义市场经济需要的复合型、创新型高级国际经贸人才。培养学生具备经济、管理、法律及相关学科的知识和专业能力,掌握国际贸易理论和国际经济规则,具有国际视野和创新创业精神,具备解决国际贸易实际问题的能力,适应数字贸易发展对复合型人才的要求,能在政府部门和涉外企事业单位从事国际经贸业务及相关的管理、研究和实践工作。专业下设国际经贸理论拓展、进出口贸易实践、跨国投资与经营、数字贸易等符合社会发展和人才需求的培养方向。

数字经济专业荐读书单

书名	作者	出版社	出版年份
平台经济学	刘小鲁主编	中国人民大学出版社	2023
数字经济概论	李三希主编	中国人民大学出版社	2023
第三次观念飞跃:世界冲突的根源与解决之道	[美]琳达·扎格泽博斯基著,孙天译	广西师范大学出版社	2023
元宇宙教程	杨东、周鑫、袁勇著	人民出版社	2023
区块链赋能共同富裕和美好生活新路径	王宇航、王栋等著	人民出版社	2023
数字产业化:新基建激发数字经济发展新动能	刘权、李立雪、孙小越著	人民邮电出版社	2023
算力经济:从超级计算到云计算	[加拿大]张福波、张云泉著	机械工业出版社	2023
生成式AI:人工智能的未来	[美]詹姆斯·斯金纳著,张雅琪译	中信出版集团	2023
未来发展:从数智经济到共享社会	邵春堡著	中信出版集团	2023
平台经济通识	黄益平、黄卓主编	北京大学出版社	2023
大模型时代:ChatGPT开启通用人工智能浪潮	龙志勇、黄雯著	中译出版社	2023
全球数据冲击:信息过载时代的战略模糊欺骗与意外	[美]罗伯特·曼德尔著,黄欣荣、张魏欣译	中国工人出版社	2023
融合:产业数字化转型的十大关键技术	山金孝、李琦著	中译出版社	2023
WEB 3.0时代:互联网的新未来	汪弘彬著	中译出版社	2023

书名	作者	出版社	出版年份
数字经济及其治理	杨燕青、葛劲峰、马绍之著	中译出版社	2023
云端革命:新技术融合引爆未来经济繁荣	[美]马克·P.米尔斯著,丁林棚等译	中译出版社	2023
点对万物:以太坊与未来数字金融	[美]卡米拉·鲁索著,吴绪瑶译	中译出版社	2022
价值共生:数字化时代的组织管理	陈春花著	人民邮电出版社	2021
管理者的数字化转型:数字大时代的 21 个小故事	邓斌著	人民邮电出版社	2023
数字金融革命:中国经验及启示	黄益平、[美]杜大伟主编	北京大学出版社	2023
数字经济大变局	龚葵、李志男、张微著	世界图书出版有限公司	2023
数字经济规范发展与市场治理	刘诚著	社会科学文献出版社	2023
华为数字化转型之道	华为企业架构与变革管理部著	机械工业出版社	2022
数智革新:中国企业的转型升级	杨国安著	中信出版集团	2021
虚拟数字人 3.0:人"人"共生的元宇宙大时代	陈龙强、张丽锦著	中译出版社	2022
算法的力量:人类如何共同生存?	[英]杰米·萨斯坎德著,李大白译	北京日报出版社	2022
元宇宙超入门	方军著	机械工业出版社	2022
从连接到激活:数字化与中国产业新循环	戚德志著	中信出版集团	2022
为什么是德国:德国社会经济的韧性	[英]约翰·肯普夫纳著,胡文菁译	浙江人民出版社	2023
齿轮与怪物	[英]黛安·科伊尔著,[澳]田恬译	中译出版社	2022

书名	作者	出版社	出版年份
小米创业思考	雷军口述,徐洁云整理	中信出版集团	2022
数字经济:底层逻辑与现实变革	杨虎涛著	社会科学文献出版社	2023
聚变:数字化转型的支点与实践	新华三技术有限公司编著	机械工业出版社	2022
消亡:传统企业数字化转型	[美]奈杰尔·瓦兹著,罗赞、杜芳译	中国广播影视出版社	2022
一本书读懂 Web 3.0:区块链、NFT、元宇宙和 DAO	a15a、0xAres 著	电子工业出版社	2022
数字政府:开辟国家治理现代化新境界	王伟玲著	人民邮电出版社	2022
数字化黄金圈:企业数字化蓝图与行动指南	陈其伟、左少燕、李圆著	人民邮电出版社	2022
数智经济生态圈	丁荣余、卜安洵著	人民邮电出版社	2022
数字经济的逻辑	赵刚著	人民邮电出版社	2022
精益数据方法论:数据驱动的数字化转型	史凯著	机械工业出版社	2022
机器之心	[美]雷·库兹韦尔著,胡晓姣、张温卓玛、吴纯洁译	中信出版集团	2016
终极算法:机器学习和人工智能如何重塑世界	[美]佩德罗·多明戈斯著,黄芳萍译	中信出版集团	2017
机器人伦理学导引	[希]施皮罗斯·G. 查夫斯塔著,尚新建、杜丽燕译	北京大学出版社	2022
WEB 3.0:赋能数字经济新时代	杜雨、张孜铭著	中译出版社	2022
物联网:无线通信、物理层、网络层与底层驱动	[美]丹尼尔·周著,李晶、孙茜译	清华大学出版社	2021
巴拉巴西网络科学	[美]艾伯特-拉斯洛·巴拉巴西著,沈华伟、黄俊铭译	河南科学技术出版社	2020

书名	作者	出版社	出版年份
机器神话(上卷):技术发展与人文进步	[美]刘易斯·芒福德著,宋俊岭译	上海三联书店	2017
机器神话(下卷):权力五边形	[美]刘易斯·芒福德著,宋俊岭译	上海三联书店	2017
复杂	[美]梅拉妮·米歇尔著,唐璐译	湖南科学技术出版社	2018
人有人的用处——控制论和社会	[美]N.维纳著,陈步译	北京大学出版社	2010
人工智能哲学十五讲	徐英瑾著	北京大学出版社	2021
人工智能经济学:生活、工作方式与社会变革	[日]马奈木俊介著,何勤、李雅宁译	经济管理出版社	2022
数字思维:科学将如何重新定义人类、思维和智能?	[葡]阿林多·奥利维拉著,胡小锐译	中信出版集团	2020
人工智能:现代方法(第4版)	[美]斯图尔特·罗素、[美]彼得·诺维格著,张博雅、陈坤、田超等译	人民邮电出版社	2022
数字营销——新时代市场营销学	王永贵、项典典主编	高等教育出版社	2023
数据思维:从数据分析到商业价值	王汉生编著	中国人民大学出版社	2017
区块链革命:比特币底层技术如何改变货币、商业和世界	[加拿大]唐塔普斯科特、[加拿大]亚力克斯·塔普斯科特著,凯尔、孙铭、周沁园译	中信出版集团	2016
数字化生存:技术图像时代的传播图景	周海宁著	中国社会科学出版社	2022
失控:全人类的最终命运和结局	[美]凯文·凯利著,张行舟、陈新武、王钦等译	电子工业出版社	2016
第三次浪潮	[美]阿尔文·托夫勒著,黄明坚译	中信出版集团	2018

书名	作者	出版社	出版年份
软技能:跑赢个人价值的通胀	[英]艾玛·苏·普林斯著,杜肖瑞译	湖南文艺出版社	2022
雪崩	[美]尼尔·斯蒂芬森著,郭泽译	四川科学技术出版社	2018
数字经济:内涵与路径	黄奇帆、朱岩、邵平著	中信出版集团	2022
元宇宙与数字经济	朱嘉明著	中译出版社	2022
云网融合:算力时代的数字信息基础设施	李正茂、雷波、孙震强等著	中信出版集团	2022
数字经济:影响未来的新技术、新模式、新产业	汤潇著	人民邮电出版社	2019
中国数字经济政策全景图	何伟、孙克、胡燕妮等著	人民邮电出版社	2021
数字上的中国	黄奇帆、陈春花、吴声等著	中信出版集团	2021
中国数字经济高质量发展报告(2022)	李扬主编	社会科学文献出版社	2022
《"十四五"数字经济发展规划》学习问答	国家发展和改革委员会编	人民出版社	2022
芯片战争:世界最关键技术的争夺战	[美]克里斯·米勒著,蔡树军译	浙江人民出版社	2023
光刻巨人:ASML崛起之路	[荷]瑞尼·雷吉梅克著,金捷幡译	人民邮电出版社	2020
先进制造:美国的新创新政策	[美]威廉姆·邦维利安、[美]彼得·辛格著,沈开艳等译	上海社会科学院出版社	2023
一本书读懂数字经济	李晓雨、杨欣著	清华大学出版社	2021
沸腾十五年:中国互联网1995—2009(修订版)	林军著	电子工业出版社	2021
无限供给:数字时代的新经济	周春生、扈秀海著	中信出版集团	2020
互联网经济学与竞争政策	于立主编	商务印书馆	2020
数字经济概论	戚聿东、肖旭编著	中国人民大学出版社	2022

书名	作者	出版社	出版年份
数字战略	魏江、杨洋、邬爱其等著	浙江大学出版社	2022
数字资本主义	[日]森健、[日]日户浩之著，野村综研(大连)科技有限公司译	复旦大学出版社	2020
在线:数据改变商业本质＋计算重塑经济未来	王坚著	中信出版集团	2018
产业数字人才研究与发展报告(2023)	人瑞人才、德勤中国著	社会科学文献出版社	2023
数字战略大未来	[印度]莫汉·苏布拉马尼亚姆著，林丹明、徐宗玲译	中译出版社	2023
方舟:数字经济创新史	赵小兵著	中信出版集团	2020
平台幻觉:科技巨头时代的赢家与输家	[美]乔纳森·尼著，王喆斐译	中译出版社	2023
沸腾新十年:移动互联网丛林里的勇敢穿越者	林军、胡喆著	电子工业出版社	2021
数字乡村:数字经济时代的农业农村发展新范式	郭顺义、杨子真等编著	人民邮电出版社	2021
技术陷阱:从工业革命到 AI 时代，技术创新下的资本、劳动与权力	[瑞典]卡尔·贝内迪克特·弗雷著，贺笑译	民主与建设出版社	2021
数字经济概论:理论、实践与战略	中国信息通信研究院著	人民邮电出版社	2022
数字经济学	孙毅著	机械工业出版社	2021
信息规则:网络经济的策略指导	[美]卡尔·夏皮罗、[美]哈尔·R.范里安著，孟昭莉、牛露晴译	中国人民大学出版社	2017
大合流:信息技术和新全球化	[瑞士]理查德·鲍德温著，李志远、刘晓捷、罗长远译	格致出版社、上海人民出版社	2020

书名	作者	出版社	出版年份
数字宏观:数字时代的宏观经济管理变革	陈昌盛、许伟著	中信出版集团	2022
战略与路径:黄奇帆的十二堂经济课	黄奇帆著	上海人民出版社	2022
智慧城市:将数字创新引入城市	[瑞士]奥利弗·加斯曼、[瑞士]乔纳斯·玻姆、[瑞士]马克西米利安·帕尔米著,周振华、陈昉昊等译	格致出版社、上海人民出版社	2022
软技能2:软件开发者职业生涯指南	[美]约翰·Z.森梅兹著,王小刚译	人民邮电出版社	2020
软技能:代码之外的生存指南(第2版)	[美]约翰·Z.森梅兹著,王小刚、王伯扬译	人民邮电出版社	2022
数智化:数字政府、数字经济与数字社会大融合	张建锋、肖利华、许诗军著	电子工业出版社	2022
数字时代的政府变革	郁建兴等著	商务印书馆	2023
自动不平等:高科技如何锁定、管制和惩罚穷人	[美]弗吉尼亚·尤班克斯著,李明倩译	商务印书馆	2021
数字素养:从算法社会到网络3.0	於兴中著	上海人民出版社	2022
对机器人征税:如何使数字经济适应AI?	[瑞士]泽维尔·奥伯森著,王桦宇、孙伯龙译	上海人民出版社	2022
无形经济的崛起	[英]乔纳森·哈斯克尔、[英]斯蒂安·韦斯特莱克著,谢欣译	中信出版集团	2020
计算社会学:数据时代的社会研究	[美]马修·萨尔加尼克著,赵红梅、赵婷译	中信出版集团	2019
计算社会学:ABM应用	[意]弗拉米尼奥·斯夸佐尼著,唐俊译	社会科学文献出版社	2022
数字社会学	[澳]狄波拉·勒普顿著,王明玉译	上海人民出版社	2022

经济学专业荐读书单

书名	作者	出版社	出版年份
交通时空大数据分析挖掘与可视化(Python 版)	余庆、李玮峰编著	清华大学出版社	2022
深度学习与交通大数据实战	张金雷、杨立兴、高自友编著	清华大学出版社	2022
Origin 科技绘图与数据分析	丁金滨编著	清华大学出版社	2023
扩散模型:生成式 AI 模型的理论、应用与代码实践	杨灵、张至隆、张文清等编著	电子工业出版社	2023
MATLAB 语言及编程实践	马寨璞、石长灿、井爱芹编著	电子工业出版社	2022
现代经济增长导论(全二册)	[美]达龙·阿西莫格鲁著,唐志军、徐浩庆、谌莹译	中信出版集团	2019
后现代的状况:对文化变迁之缘起的探究	[美]戴维·哈维著,阎嘉译	商务印书馆	2013
资本的限度	[英]大卫·哈维著,张寅译	中信出版集团	2017
资本之谜:人人需要知道的资本主义真相	[美]大卫·哈维著,陈静译	电子工业出版社	2011
长江三角洲区域一体化发展	周毅仁、刘波著	辽宁人民出版社	2023
中国式现代化的经济探索历程(第三卷):突破与跨越	赵付科著	江西高校出版社	2024
饥饿:全球食物分配体系崩坏现场	[阿根廷]马丁·卡帕罗斯著,侯健、夏婷婷译	广西师范大学出版社	2024
机构变迁与政策调适:20 世纪 40 年代粮食问题研究(全 2 册)	王荣华著	社会科学文献出版社	2024
全国农村固定观察点调查数据汇编:2016—2020 年	农业农村部农村经济研究中心、全国农村固定观察点办公室编	中国农业出版社	2023

书名	作者	出版社	出版年份
R语言及其在统计分析中的应用	熊刚强、曾华、王嘉佳编著	科学出版社	2024
碳中和经济学	中金公司研究部、中金研究院著	中信出版集团	2021
全球通胀与衰退	滕泰、张海冰著	中译出版社	2022
在城望乡:田野中国五讲	曹东勃著	上海人民出版社	2020
华北的小农经济与社会变迁	黄宗智著	广西师范大学出版社	2023
单向度的人:发达工业社会意识形态研究	[美]赫伯特·马尔库塞著,刘继译	上海译文出版社	2016
新教伦理与资本主义精神	[德]马克斯·韦伯著,阎克文译	上海人民出版社	2018
中国法律思想史(第二版)	郭建主编	复旦大学出版社	2018
社会心理学	[美]埃略特·阿伦森、[美]莫西·D.威尔逊、[美]塞缪尔·R.萨默斯著,侯玉波、曹毅等译	人民邮电出版社	2023
经济发展理论	[美]约瑟夫·熊彼特著,何畏、易家祥等译	商务印书馆	2020
现代劳动经济学:理论与公共政策(第十三版)	[美]罗纳德·G.伊兰伯格、[美]罗伯特·S.史密斯著,刘昕译	中国人民大学出版社	2021
区域与城市经济学	踪家峰著	上海财经大学出版社	2021
城市治理研究前沿:理论、方法与实践	沈体雁、劳昕等编译	中国社会科学出版社	2020
宗教与资本主义的兴起	[英]R.H.托尼著,赵月瑟、夏镇平译	上海译文出版社	2023

书名	作者	出版社	出版年份
权势转移:近代中国的思想与社会(修订版)	罗志田著	生活·读书·新知三联书店	2024
中国城市大趋势:未来10年的超级新格局	凯风著	清华大学出版社	2022
中华帝国晚期的性、法律与社会	[美]苏成捷著,谢美裕、尤陈俊译	广西师范大学出版社	2023
全球化与国家竞争:新兴七国比较研究	温铁军、刘健芝、黄钰书等著	东方出版社	2021
乡土中国	费孝通著	天津人民出版社	2022
就业、利息和货币通论(重译本)	[英]约翰·梅纳德·凯恩斯著,高鸿业译	商务印书馆	2021
美国的不平等:人力资本政策的角色	[美]詹姆斯·J.赫克曼、[美]艾伦·B.克鲁格著,奚秀岩译	中国人民大学出版社	2020
时间序列分析——基于R(第2版)	王燕编著	中国人民大学出版社	2020
劳动和人力资源经济学:经济体制与公共政策(第二版)	陆铭、梁文泉著	格致出版社、上海三联书店、上海人民出版社	2017
我国土地制度与社会经济协调发展研究	黄祖辉等著	经济科学出版社	2010
中国产业集群的演化与发展	张晓波、阮建青著	浙江大学出版社	2011
解读苏南	温铁军等著	苏州大学出版社	2011
精通计量:因果之道	[美]乔舒亚·安格里斯特、[美]约恩-斯特芬·皮施克著,郎金焕译	格致出版社	2021
人类之旅:财富与不平等的起源	[以]奥戴德·盖勒著,余江译	中信出版集团	2022

书名	作者	出版社	出版年份
随机实地实验:理论、方法和在中国的运用	陆方文著	科学出版社	2020
实地实验:设计、分析与解释	[美]艾伦·格伯、[美]唐纳德·格林著,王思琦译	中国人民大学出版社	2018
基本无害的计量经济学:实证研究者指南	[美]乔舒亚·安格里斯特、[美]约恩-斯特芬·皮施克著,郎金焕、李井奎译	格致出版社、上海人民出版社	2021
逃离不平等:健康、财富及不平等的起源	[美]安格斯·迪顿著,崔传刚译	中信出版社	2014
世界经济千年史(精校本)	[英]安格斯·麦迪森著,伍晓鹰、许宪春、叶燕斐等译	北京大学出版社	2022
博弈论教程(第四版)	王则柯、李杰、欧瑞秋等编著	中国人民大学出版社	2021
贝克尔经济学讲义(第二版)	[美]加里·S.贝克尔著,贾拥民译	格致出版社、上海人民出版社	2021
大转型:我们时代的政治与经济起源	[英]卡尔·波兰尼著,冯钢、刘阳译	当代世界出版社	2020
启蒙经济:英国经济史新论	[美]乔尔·莫克尔著,曾鑫、熊跃根译	中信出版集团	2020
利维坦	[英]霍布斯著,黎思复、黎廷弼译	商务印书馆	2020
人性论(全二册)	[英]休谟著,关文运译	商务印书馆	2020
论法的精神	[法]孟德斯鸠著,许明龙译	商务印书馆	2012
原因与结果的经济学	[日]中室牧子、[日]津川友介著,程雨枫译	民主与建设出版社	2019
大侦探经济学:现代经济学中的因果推断革命	李井奎著	中信出版集团	2021

书名	作者	出版社	出版年份
实验经济学方法手册	［加拿大］纪尧姆·弗雷谢特、［美］安德鲁·肖特主编，魏立佳、彭妍译	社会科学文献出版社	2022
《资本论》的读法	杨照著	海南出版社	2022
以利为利:财政关系与地方政府行为	周飞舟著	上海三联书店	2012
社会研究方法(第2版)	谭祖雪、周炎炎编著	清华大学出版社	2020
中国文化地理概述(第五版)	胡兆量、韩茂莉、阿尔斯朗等编著	北京大学出版社	2023
空间经济学:城市、区域与国际贸易	［日］藤田昌久、［美］保罗·R.克鲁格曼、［英］安东尼·J.维纳布尔斯著,梁琦主译	中国人民大学出版社	2013
财产权利与制度变迁:产权学派与新制度学派译文集	［美］罗纳德·H.科斯等著,刘守英等译	格致出版社、上海三联出版社、上海人民出版社	2014
以自由看待发展	［印度］阿马蒂亚·森著,任赜、于真译	中国人民大学出版社	2024

国际经济与贸易专业荐读书单

书名	作者	出版社	出版年份
全球经济中的创新与增长	[美]G. M. 格罗斯曼、E. 赫尔普曼著,何帆、牛勇平、唐迪译	中国人民大学出版社	2003
全球化博弈	[西班牙]圭拉姆·德拉德赫萨著,董凌云译	北京大学出版社	2009
全球化的悖论	[美]丹尼·罗德里克著,廖丽华译	中国人民大学出版社	2011
加工贸易与中国企业生产率:企业异质性理论和实证研究	余淼杰著	北京大学出版社	2013
战略性贸易政策与新国际经济学	[美]保罗·克鲁格曼主编,海闻等译	中国人民大学出版社	2000
高级国际贸易:理论与实证	[美]罗伯特·C.芬斯特拉著,唐宜红译	中国人民大学出版社	2013
政治经济学及赋税原理	[英]大卫·李嘉图著,郭大力、王亚南译	商务印书馆	2021
国富论	[英]亚当·斯密著,富强译	新世界出版社	2011
集体行动的逻辑:公共物品与集团理论	[美]曼瑟·奥尔森著,陈郁、郭宇峰、李崇新译	格致出版社、上海人民出版社	2018
大国的兴衰(上):1500—2000年的经济变革与军事冲突	[英]保罗·肯尼迪著,王保存、王章辉、余昌楷译	中信出版集团	2013
大国的兴衰(下):1500—2000年的经济变革与军事冲突	[英]保罗·肯尼迪著,王保存、王章辉、余昌楷译	中信出版集团	2013
创业管理:外贸企业视角	叶绍义、陈华、郭天宝主编	东北财经大学出版社	2012
中国出口之谜:解码全球价值链	邢予青著	生活·读书·新知三联书店	2022
国际贸易实务(第四版)	胡丹婷、徐志远、卓骏等编著	机械工业出版社	2023

书名	作者	出版社	出版年份
分析与思考:黄奇帆的复旦经济课	黄奇帆著	上海人民出版社	2020
企业的性质:起源、演变与发展	[美]奥利弗·E.威廉姆森、[美]西德尼·G.温特编,姚海鑫、邢源源译	商务印书馆	2020
不完全合同、产权和企业理论	[美]奥利弗·哈特等著,费方域、蒋士成译	格致出版社、上海三联书店、上海人民出版社	2016
经济增长的秘密	[以]埃尔赫南·赫尔普曼著,王世华、吴筱译	中国人民大学出版社	2020
经济社会的起源(第十三版)	[美]罗伯特·L.海尔布罗纳、[美]威廉·米尔博格著,李陈华、许敏兰译	格致出版社、上海三联书店、上海人民出版社	2012
人类行为的经济分析	[美]加里·S.贝克尔著,王业宇、陈琪译	格致出版社、上海三联书店、上海人民出版社	2015
贸易打造的世界:1400年至今的社会、文化与世界经济(第4版)	[美]彭慕兰、[美]史蒂文·托皮克著,黄中宪译	上海人民出版社	2022
中国经济改革进程(第2版)	吴敬琏著	中国大百科全书出版社	2023
21世纪货币政策	[美]本·伯南克著,冯毅译	中信出版集团	2022
中国对外贸易的奇迹:40年开放强国之路	余淼杰著	格致出版社、上海人民出版社	2018
宏观经济数据分析手册	李奇霖著	上海财经大学出版社	2021
文明的逻辑:人类与风险的博弈	陈志武著	中信出版集团	2022

书名	作者	出版社	出版年份
看得见的手:美国企业的管理革命	[美]小艾尔弗雷德·D.钱德勒著,重武译	商务印书馆	1987
大合流:信息技术和新全球化	[瑞士]理查德·鲍德温著,李志远、刘晓捷、罗长远译	上海人民出版社	2020
不平等的真相:全球化与反全球化	[以]埃尔赫南·赫尔普曼著,李增刚、董丽娃译	中国人民大学出版社	2022
交易成本经济学:契约关系治理的理论与实践	[美]奥利弗·E.威廉姆森著,陈耿宣、陈桓亘、贾钦民等译	中国人民大学出版社	2022
"一带一路":引领包容性全球化	刘卫东著	商务印书馆	2017
全球产业链重塑:中国的选择	徐奇渊、东艳等著	中国人民大学出版社	2022
中国与全球产业链:理论与实证	崔晓敏著	上海三联书店	2021
全球价值链和国际发展:理论框架、研究发现和政策分析	[美]加里·杰里菲等著,曹文、李可译	上海人民出版社	2018
中国制造迈向全球价值链中高端研究:路径与方略	肖兴志著	商务印书馆	2021
全球贸易中的中国角色	[美]罗伯特·芬斯特拉、魏尚进主编,鞠建东、余森杰主译	北京大学出版社	2013
跨境电商:阿里巴巴速卖通宝典(第2版)	速卖通大学编著	电子工业出版社	2015
权力与繁荣	[美]曼瑟·奥尔森著,苏长和、嵇飞译	上海人民出版社	2018
新卖桔者言(增订版)	张五常著	中信出版集团	2019

金融学院（浙商资产管理学院）

School of Finance（School of Zheshang Asset Management）

金融学院(浙商资产管理学院)

学院介绍

　　金融学院(浙商资产管理学院)人才培养体系完整,拥有四个本科专业(金融学、保险学、投资学、金融工程)、三个硕士点(金融学、金融硕士、保险硕士)、一个应用经济学博士点(金融学)、一个应用经济学博士后流动站;办学形式丰富,目前已开展国际金融专业海外留学生(含本科生与研究生)、特许金融分析师(CFA)、投资学(资产管理创新班)、国际交换生、双学位等多个项目;学科平台完备,拥有浙江省一流学科(A类)、国家级一流本科专业建设点(金融学、投资学、金融工程专业)、浙江省一流本科专业建设点(保险学专业),并成立了浙江金融改革发展研究院、地方金融创新监管研究中心。

　　学院加强成果转化和应用,致力为政府重大决策提供科学参考。

专业介绍

金融学专业(授予经济学学士学位)

●浙江省属高校最早拥有金融学博士点的专业

●学科排名全国前20%

●金融学类专业排名全国33/485,进入前7%

●国家级一流本科专业建设点

●金融学(CFA方向)是中国大陆第8个、省内第1个获CFA协会国际认证的本科项目

●拥有从本科、硕士到博士的完整的人才培养体系

本专业是首批国家级一流本科专业建设点，浙江省"十二五"和"十三五"优势专业。结合学校经济、管理、法律等学科优势，本专业紧密联系国内外金融理论与实践发展，既重视人文情怀又强调专业素养，既突出实践能力又看重创新精神，既瞄准国际趋势又注重中国国情，着力将学生培养成为适应经济社会发展需要，具有强烈社会责任感和良好道德修养，掌握丰富扎实的经济金融理论基础，拥有较强的金融数据分析能力和金融业务技能，具有国际化视野的应用型、复合型、创新型金融人才。

投资学专业(授予经济学学士学位)

● 国家级一流本科专业建设点

培养适应经济社会发展需要，具有强烈社会责任感和良好道德修养，掌握丰富扎实的金融投资与产业投资基本理论和方法，拥有较强的投资策划、投资决策、投资策略设计、量化投资能力，具有创新精神和国际化视野，能在证券公司、期货公司、基金管理公司、商业银行、金融科技公司等机构和经济管理部门从事投资管理类相关工作的应用型、复合型、创新型人才。2023年设立投资学(资产管理创新班)，聚焦资产管理方向，人才培养以厚植理论基础、强化数字赋能、提高创新能力、注重实践教学和拓展国际视野为主要特色，在夯实资产管理和投资学理论基础上，创新产、教、学、研一体的人才培养模式。

金融工程专业(授予经济学学士学位)

● 国家级一流本科专业建设点

依托我校金融学科深厚积淀，强化数理分析、量化应用和数字化实现三大能力的塑造，培养具有强烈社会责任感和良好道德修养，掌握金融工程理论知识，拥有扎实的计算机编程和金融大数据分析能力，具备金融产品设计、量化交易和风险管理"全周期、全链路、全天候"开发技能，具有数字化前沿思维，了解人工智能、区块链等尖端金融科技的应用型、复合型、创新型人才。

保险学专业(授予经济学学士学位)

●浙江省一流本科专业建设点

　　本专业旨在顺应长三角和浙江省经济社会及保险业发展需要,培养具有强烈社会责任感和良好道德修养,掌握经济学、管理学、金融学基本理论和保险学基本知识,拥有保险数据分析能力、精算与风险管理能力,具备保险产品营销、核保、理赔、投资等专业实务技能,具有开拓创新精神和国际化视野的保险经营人才与保险精算人才。

金融学专业荐读书单

书名	作者	出版社	出版年份
周期:投资机会、风险、态度与市场周期	[美]霍华德·马克斯著,刘建位译	中信出版集团	2019
国际金融周期、跨境资本流动与政策效果	梁锶著	经济科学出版社	2023
国际金融规则:现状、挑战与演进	乔依德等著	中译出版社	2023
基本有用的计量经济学	赵西亮著	北京大学出版社	2017
计量经济学及 Stata 应用	陈强编著	高等教育出版社	2015
高级计量经济学及 Stata 应用(第 2 版)	陈强编著	高等教育出版社	2014
大衰退:宏观经济学的圣杯	[美]辜朝明著,喻海翔译	东方出版社	2016
公司治理:基本原理及中国特色	姜付秀主编	中国人民大学出版社	2023
金融经济学二十五讲:中国视角	徐高著	中国人民大学出版社	2019
宏观经济学二十五讲:中国视角	徐高著	中国人民大学出版社	2019
宏观经济数据分析手册	李奇霖著	上海财经大学出版社	2021
稳定不稳定的经济:一种金融不稳定视角(中文修订版)	[美]海曼·P.明斯基著,石宝峰、张慧卉译	清华大学出版社	2015
信用创造、货币供求与经济结构	李斌、伍戈著	中国金融出版社	2015
中央银行与货币供给(第二版)	盛松成、翟春著	中国金融出版社	2016

书名	作者	出版社	出版年份
结构性改革：中国经济的问题与对策	黄奇帆著	中信出版集团	2020
黑天鹅（升级版）	[美]纳西姆·尼古拉斯·塔勒布著，万丹、刘宁译	中信出版社	2011
债务危机	[美]瑞·达利欧著，赵灿、熊建伟、刘波译	中信出版集团	2019
通胀螺旋——中国货币经济全面崩溃的十年 1939—1949	张嘉璈著，于杰译	中信出版集团	2018
美国货币史（1867—1960）	[美]米尔顿·弗里德曼、[美]安娜·J.施瓦茨著，巴曙松、王劲松译	北京大学出版社	2009
伟大的博弈（1653—2019 年）（第三版）	[美]约翰·S.戈登著，祁斌译	中信出版集团	2019
文明、现代化、价值投资与中国	李录著	中信出版集团	2020
央地关系：寓活力与秩序	吕冰洋著	商务印书馆	2022
21 世纪货币政策	[美]本·伯南克著，冯毅译	中信出版集团	2022
城乡中国（修订版）	周其仁著	中信出版集团	2017
分析与思考：黄奇帆的复旦经济课	黄奇帆著	上海人民出版社	2020
一切皆契约	聂辉华著	上海三联书店	2021
人地之间：中国增长模式下的城乡土地改革	陶然著	辽宁人民出版社	2022
历代经济变革得失	吴晓波著	浙江大学出版社	2013
权力结构、政治激励和经济增长	章奇、刘明兴著	格致出版社、上海三联书店、上海人民出版社	2016
渐行渐远的红利：寻找中国新平衡	彭文生著	社会科学文献出版社	2013

书名	作者	出版社	出版年份
价值	张磊著	浙江教育出版社	2020
资本的规则	张巍著	中国法制出版社	2017
资本的规则Ⅱ	张巍著	中国法制出版社	2019
转型中的地方政府:官员激励与治理	周黎安著	格致出版社	2017
空间的力量:地理、政治与城市发展(第2版)	陆铭著	格致出版社	2017
大国大城:当代中国的统一、发展与平衡	陆铭著	上海人民出版社	2016
解读中国经济	林毅夫著	北京大学出版社	2012
制内市场:中国国家主导型政治经济学	郑永年、黄彦杰著,邱道隆译	浙江人民出版社	2020
王剑讲银行业:基本逻辑与分析方法	王剑著	机械工业出版社	2021
原则:应对变化中的世界秩序	[美]瑞·达利欧著,崔苹苹、刘波译	中信出版集团	2020
置身事内:中国政府与经济发展	兰小欢著	上海人民出版社	2021
金融的逻辑(上、下)	陈志武著	中信出版集团	2020
谷物交易商:芝加哥期货交易所的故事	[美]威廉·费里斯著,王学勤校译	中国财政经济出版社	2022
高盛帝国(第2版)	[美]查尔斯·埃利斯著,卢青、张玲、束宇译	中信出版集团	2015
摩根财团:美国一代银行王朝和现代金融业的崛起(1838~1990)	[美]罗恩·彻诺著,金立群译	文汇出版社	2017
美国金融体系:起源、转型与创新	[美]凯文·R.布莱恩、[美]玛丽·普维著,李酣译	中信出版集团	2020

书名	作者	出版社	出版年份
宽客人生:从物理学家到数量金融大师的传奇	[美]伊曼纽尔·德曼著,韩冰洁等译	机械工业出版社	2022
状态空间方法的时间序列分析	[英]詹姆斯·杜宾、[荷]塞姆·库普曼著,郇志坚、徐晓莉译	中国金融出版社	2022
机器学习与资产定价	[美]Stefan Nagel 著,王熙,石川译	电子工业出版社	2022
两次全球大危机的比较研究	刘鹤主编	中国经济出版社	2013
这次不一样:八百年金融危机史	[美]卡门·M.莱因哈特、[美]肯尼斯·S.罗格夫著,綦相、刘晓锋、刘丽娜译	机械工业出版社	2019
现代金融创新史:从大萧条到美丽新世界	辛乔利著	社会科学文献出版社	2019
中国资本市场变革	肖钢著	中信出版集团	2020
费希尔·布莱克与革命性金融思想	[美]佩里·梅林著,白当伟译	机械工业出版社	2014
市场主导:金融如何改造社会	[美]杰拉德·戴维斯著,杨建玫、娄钰译	浙江大学出版社	2022
美联储	[美]威廉·格雷德著,耿丹译	中国友谊出版公司	2013
量化风险管理:概念、技术和工具	[英]亚历山大·J.麦克尼尔、[德]吕迪格·弗雷、[瑞士]保罗·艾布奇茨著,卜永强译	电子工业出版社	2020
套利危机与金融新秩序:利差交易崛起	[美]蒂姆·李、[美]杰米·李、[美]凯文·科迪伦著,王玮译	机械工业出版社	2021
非理性繁荣(第三版)	[美]罗伯特·J.希勒著,李心丹等译	中国人民大学出版社	2016
交易员、枪炮与金钱(原书第3版)	[澳]萨蒂亚吉特·达斯著,张振华译	机械工业出版社	2021

书名	作者	出版社	出版年份
微观金融学及其数学基础（第 3 版）	邵宇、刁羽编著	复旦大学出版社	2019
数量金融（第 1 卷·原书第 2 版）	［英］保罗·威尔莫特著，郑振龙、陈蓉、史若燃译	机械工业出版社	2015
数量金融（第 2 卷·原书第 2 版）	［英］保罗·威尔莫特著，郑振龙、陈蓉、陈焕华译	机械工业出版社	2015
数量金融（第 3 卷·原书第 2 版）	［英］保罗·威尔莫特著，郑振龙、陈蓉、刘杨树译	机械工业出版社	2015
资产管理：因子投资的系统性解析	［美］洪崇理著，隆娟洁译	中国发展出版社	2017
战胜一切市场的人	［美］爱德华·O. 索普著，陈铭杰、程羽悠、刘允升等译	中信出版集团	2019
量化金融常见问题解答	［美］保罗·威尔莫特著，林华等译	中信出版集团	2020
因子投资：方法与实践	石川、刘洋溢、连祥斌著	电子工业出版社	2020
肥尾效应	［美］纳西姆·尼古拉斯·塔勒布著，戴国晨译	中信出版集团	2022
有效资产管理	［美］威廉 J. 伯恩斯坦著，王红夏、张皓晨译	机械工业出版社	2018
高频交易（原书第 2 版）	［美］艾琳·奥尔德里奇著，顾律君、丁鹏译	机械工业出版社	2018
简单有趣的金融数学	［美］唐纳德·G. 萨利著，李玲芳、陈实译	机械工业出版社	2021
Python 金融大数据分析	［德］伊夫·希尔皮斯科著，姚军译	人民邮电出版社	2020
金融机器学习和数据科学实践	［印度］哈里姆·塔特萨特、［印度］萨赫勒·普瑞、［美］布拉德·卢卡博著，杜春晓译	中国电力出版社	2022

书名	作者	出版社	出版年份
金融 AI 算法：人工智能在金融领域的前沿应用指南	[德]克里斯蒂安·L.迪尼、[英]彼得·W.米德尔顿、[希]康斯坦丁诺斯·西奥菲拉托斯等主编，武鑫、张帅、张笑译	中国人民大学出版社	2021
预期收益：投资者获利指南	[芬]安蒂·伊尔曼恩著，钱磊译	格致出版社	2018
打开量化投资的黑箱	[美]里什·纳兰著，上官丽英、王思洋、王锦炎译	机械工业出版社	2016
投资最重要的事（第3版）	[美]霍华德·马克斯著，李莉、石继志译	中信出版集团	2019
动态经济用的资产定价	[英]奥特格著	世界图书出版公司	2013
主动投资组合管理：创造高收益并控制风险的量化投资方法	[美]理查德 C.格林诺德、[美]雷诺德 N.卡恩著，李腾、杨柯敏、刘震译	机械工业出版社	2014
面向资产管理者的机器学习	[西]马科斯·M.洛佩斯·德普拉多著，冯鑫、张大庆、王飞跃译	机械工业出版社	2022
基本无害的计量经济学：实证研究者指南	[美]乔舒亚·安格里斯特、[美]约恩-斯特芬·皮施克著，郎金焕、李井奎译	格致出版社	2021
精通计量：因果之道	[美]乔舒亚·安格里斯特、[美]约恩-斯特芬·皮施克著，郎金焕译	格致出版社	2021
随机漫步的傻瓜：发现市场和人生中的隐藏机遇（第4版）	[美]纳西姆·尼古拉斯·塔勒布著，盛逢时译	中信出版集团	2019
门口的野蛮人 I：史上最强悍的资本收购（珍藏版）	[美]布赖恩·伯勒、[美]约翰·希利亚尔著，张振华译	机械工业出版社	2018
交易的世界：金钱、权力与大宗商品交易商	[英]哈维尔·布拉斯、[英]杰克·法尔奇著，岳玉庆译	中信出版集团	2022

书名	作者	出版社	出版年份
价格的发现：复杂约束市场中的拍卖设计	［美］保罗·米尔格罗姆著，韩朝华译	中信出版集团	2020
金融人工智能：用 Python 实现 AI 量化交易	［德］伊夫·希尔皮斯科著，石磊磊、余宇新、李煜鑫译	人民邮电出版社	2022
一个村庄里的中国	熊培云著	新星出版社	2011
非对称风险：风险共担，应对现实世界中的不确定性	［美］纳西姆·尼古拉斯·塔勒布著，周洛华译	中信出版集团	2019
"错误"的行为：行为经济学的形成（第2版）	［美］理查德·塞勒著，王晋译	中信出版集团	2018
反脆弱（第2版）	［美］纳西姆·尼古拉斯·塔勒布著，雨珂译	中信出版集团	2020
贫穷的本质：我们为什么摆脱不了贫穷（第2版）	［印度］阿比吉特·班纳吉、［法］埃斯特·迪弗洛著，景芳译	中信出版集团	2018
探路之役：1978—1992年的中国经济改革	萧冬连著	社会科学文献出版社	2019
数字宏观：数字时代的宏观经济管理变革	陈昌盛、许伟著	中信出版集团	2022
中国近代经济史：1937—1949（上中下）	刘克祥主编	人民出版社	2021
筚路维艰：中国社会主义路径的五次选择	萧冬连著	社会科学文献出版社	2014
乡土中国	费孝通著	生活·读书·新知三联书店	2020
吴晓波企业史：激荡·跌荡·浩荡（全6册）	吴晓波著	中信出版集团	2017

投资学专业荐读书单

书名	作者	出版社	出版年份
巴菲特幕后智囊:查理·芒格传	[美]珍妮特·洛尔著,邱舒然译	中国人民大学出版社	2021
行为金融与投资心理学	[美]约翰·R.诺夫辛格著,郑磊、郑扬洋译	机械工业出版社	2019
投资者的敌人	朱宁著	中信出版集团	2014
大而不倒	[美]安德鲁·罗斯·索尔金著,巴曙松、陈剑等译	四川人民出版社	2018
灭火:美国金融危机及其教训	[美]本·伯南克、[美]蒂莫西·盖特纳、[美]亨利·保尔森著,冯毅译	中信出版集团	2019
21世纪货币政策	[美]本·伯南克著,冯毅译	中信出版集团	2022
大国大城:当代中国的统一、发展与平衡	陆铭著	上海人民出版社	2016
转型时期的特殊金融安排:中国金融资产管理公司运行实践的新制度经济学分析	张士学著	经济科学出版社	2007
动荡时代	[日]白川方明著,裴桂芬、尹凤宝译	中信出版集团	2021
并购之王:投行老狐狸深度披露企业并购内幕(珍藏版)	[美]丹尼斯·J.罗伯茨著,唐京燕、秦丹萍译	机械工业出版社	2022
资本回报——穿越资本周期的投资:一个资产管理人的报告(2002—2015)	[英]爱德华·钱塞勒编著,陆猛译	中国金融出版社	2017
积极型资产配置指南:经济周期分析与六阶段投资时钟	[美]马丁·J.普林格著,王颖、王晨、李校杰译	机械工业出版社	2018

书名	作者	出版社	出版年份
苏世民:我的经验与教训	[美]苏世民著,赵灿译	中信出版集团	2020
中国资产管理:法律和监管的路径	郭强主编	中国政法大学出版社	2015
特殊机会投资之道:金融资产管理公司法律实务精要	中国东方资产管理股份有限公司编	北京大学出版社	2018
资本之王:全球私募之王黑石集团成长史(经典版)	[美]戴维·凯里、[美]约翰·莫里斯著,巴曙松、陈剑译	浙江人民出版社	2016
格雷厄姆成长股投资策略	[美]弗雷德里克·K.马丁、[美]尼克·汉森、[美]斯科特·林克等著,周立秋译	机械工业出版社	2020
格雷厄姆经典投资策略	[美]珍妮特·洛著,李曼译	机械工业出版社	2019
股市趋势技术分析(原书第10版)	[美]罗伯特 D.爱德华兹、[美]约翰·迈吉、[美]W.H.C.巴塞蒂著,万娟、郭烨、姚立倩等译	机械工业出版社	2017
金融的本质:伯南克四讲美联储	[美]本·伯南克著,巴曙松、陈剑译	中信出版集团	2017
估值的力量	梁宇峰、顾倩、侯恬著	中信出版集团	2023
财富的起源	[英]埃里克·拜因霍克著,俸绪娴、刘玮琦、尤娜译	浙江人民出版社	2019
共同基金常识(4周年纪念版)	[美]约翰·博格著,巴曙松、吴博译	北京联合出版公司	2017
机构投资的创新之路	[美]大卫·F.史文森著,张磊等译	中国人民大学出版社	2021
国家为什么会失败	[美]德隆·阿西莫格鲁、[美]詹姆斯·A.罗宾逊著,李增刚译	湖南科学技术出版社	2015
现代投资组合理论与投资分析(原书第9版)	[美]埃德温 J.埃尔顿、[美]马丁 J.格鲁伯、[美]斯蒂芬 J.布朗等著,王勇、隋鹏达译	机械工业出版社	2017

书名	作者	出版社	出版年份
价值	张磊著	浙江教育出版社	2020
财务报表分析与证券估值(原书第5版)	[美]斯蒂芬 H. 佩因曼著，朱丹、屈腾龙译	机械工业出版社	2017
置身事内:中国政府与经济发展	兰小欢著	上海人民出版社	2021
激荡三十年:中国企业1978—2008	吴晓波著	中信出版集团	2014
一本书读懂财报	肖星著	浙江大学出版社	2022
金融的逻辑(上、下)	陈志武著	中信出版集团	2020
荀玉根讲策略:少即是多	荀玉根著	机械工业出版社	2021
王剑讲银行业:基本逻辑与分析方法	王剑主编	机械工业出版社	2021
谷物交易商:芝加哥期货交易所的故事	[美]威廉·费里斯著，王学勤译	中国财政经济出版社	2022
高盛帝国(第2版)	[美]查尔斯·埃利斯著，卢青、张玲、束宇译	中信出版集团	2015
摩根财团:美国一代银行王朝和现代金融业的崛起(1838—1990)	[美]罗恩·彻诺著，金立群译	文汇出版社	2017
美国金融体系:起源、转型与创新	[美]凯文·R. 布莱恩、[美]玛丽·普维著，李酣译	中信出版集团	2022
机器学习与资产定价	[美]Stefan Nagel 著，王熙、石川译	电子工业出版社	2022
两次全球大危机的比较研究	刘鹤主编	中国经济出版社	2013
这次不一样:八百年金融危机史	[美]卡门·M. 莱因哈特、[美]肯尼斯·S. 罗格夫著，綦相、刘晓锋、刘丽娜译	机械工业出版社	2020
现代金融创新史:从大萧条到美丽新世界	辛乔利著	社会科学文献出版社	2019

书名	作者	出版社	出版年份
中国资本市场变革	肖钢著	中信出版集团	2020
市场主导:金融如何改造社会	[美]杰拉德·戴维斯著,杨建玫、娄钰译	浙江大学出版社	2022
美联储	[美]威廉·格雷德著,耿丹译	中国友谊出版公司	2013
有效资产管理	[美]威廉J.伯恩斯坦著,王红夏、张皓晨译	机械工业出版社	2018
高频交易	[美]艾琳·奥尔德里奇著,顾律君、丁鹏译	机械工业出版社	2018
量化风险管理:概念、技术和工具	[英]亚历山大·J.麦克尼尔、[德]吕迪格·弗雷、[瑞士]保罗·艾布奇茨著,卜永强译	电子工业出版社	2020
套利危机与金融新秩序:利差交易崛起	[美]蒂姆·李、[美]杰米·李、[美]凯文·科迪伦著,王玮译	机械工业出版社	2021
非理性繁荣	[美]罗伯特·J.希勒著,李心丹、俞红海、陈莹等译	中国人民大学出版社	2016
交易员、枪炮与金钱(原书第3版)	[澳]萨蒂亚吉特·达斯著,张振华译	机械工业出版社	2021
微观金融学及其数学基础(第3版)	邵宇、刁羽编著	复旦大学出版社	2019
预期收益:投资者获利指南	[芬]安蒂·伊尔曼恩著,钱磊译	格致出版社	2018
打开量化投资的黑箱	[美]里什·纳兰著,上官丽英、王思洋、王锦炎译	机械工业出版社	2016
投资最重要的事(第3版)	[美]霍华德·马克斯著,李莉、石继志译	中信出版集团	2019
动态经济用的资产定价	[英]奥特格著	世界图书出版公司	2013

书名	作者	出版社	出版年份
主动投资组合管理:创造高收益并控制风险的量化投资方法	[美]理查德 C. 格林诺德、[美]雷诺德 N. 卡恩著,李腾、杨柯敏、刘震译	机械工业出版社	2014
资产管理:因子投资的系统性解析	[美]洪崇理著,隆娟洁译	中国发展出版社	2017
战胜一切市场的人:从拉斯维加斯到华尔街	[美]爱德华·O. 索普著,陈铭杰、程羽悠、刘允升等译	中信出版集团	2019
量化金融常见问题解答(原书第二版)	[英]保罗·威尔莫特著,林华等译	中信出版集团	2020
因子投资:方法与实践	石川、刘洋溢、连祥斌著	电子工业出版社	2020
随机漫步的傻瓜(第4版)	[美]纳西姆·尼古拉斯·塔勒布著,盛逢时译	中信出版集团	2019
门口的野蛮人 I:史上最强悍的资本收购(珍藏版)	[美]布赖恩·伯勒、[美]约翰·希利亚尔著,张振华译	机械工业出版社	2018
交易的世界:金钱、权力与大宗商品交易商	[英]哈维尔·布拉斯、[英]杰克·法尔奇著,岳玉庆译	中信出版集团	2022
价格的发现:复杂约束市场中的拍卖设计	[美]保罗·米尔格罗姆著,韩朝华译	中信出版集团	2020
金融人工智能:用 Python 实现 AI 量化交易	[德]伊夫·希尔皮斯科著,石磊磊、余宇新、李煜鑫译	人民邮电出版社	2022
简单有趣的金融数学	[美]唐纳德·G. 萨利著,李玲芳、陈实译	机械工业出版社	2021
Python 金融大数据分析(第2版)	[德]伊夫·希尔皮斯科著,姚军译	人民邮电出版社	2020

书名	作者	出版社	出版年份
金融机器学习和数据科学实践	［印度］哈里姆·塔特萨特、［印度］萨赫勒·普瑞、［美］布拉德·卢卡博著,杜春晓译	中国电力出版社	2022
金融 AI 算法：人工智能在金融领域的前沿应用指南	［德］克里斯蒂安·L.迪尼、［英］彼得·W.米德尔顿、［希］康斯坦丁诺斯·西奥菲拉托斯等主编,武鑫、张帅、张笑译	中国人民大学出版社	2021
精通计量：因果之道	［美］乔舒亚·安格里斯特、［美］约恩-斯特芬·皮施克著,郎金焕译	格致出版社	2021
"错误"的行为：行为经济学的形成(第 2 版)	［美］理查德·塞勒著,王晋译	中信出版集团	2018
反脆弱(第 2 版)	［美］纳西姆·尼古拉斯·塔勒布著,雨珂译	中信出版集团	2020
面向资产管理者的机器学习	［西］马科斯·M.洛佩斯·德普拉多著,冯鑫、张大庆、王飞跃译	机械工业出版社	2022
基本无害的计量经济学：实证研究者指南	［美］乔舒亚·安格里斯特、［美］约恩-斯特芬·皮施克著,郎金焕、李井奎译	格致出版社	2021
乡土中国	费孝通著	生活·读书·新知三联书店	2020
筚路维艰：中国社会主义路径的五次选择	萧冬连著	社会科学文献出版社	2014

金融工程专业荐读书单

书名	作者	出版社	出版年份
金融随机分析	[美]史蒂文·E. 施里夫著，陈启宏、陈迪华译	上海财经大学出版社	2015
大空头	[美]迈克尔·刘易斯著，何正云译	中信出版集团	2015
期权波动率与定价:高级交易策略与技巧	[美]谢尔登·纳坦恩伯格著,大连商品交易所译	机械工业出版社	2018
高盛帝国(第2版)	[美]查尔斯·埃利斯著,卢青、张玲、束宇译	中信出版集团	2015
摩根财团:美国一代银行王朝和现代金融业的崛起	[美]罗恩·彻诺著,金立群校译	文汇出版社	2017
美国金融体系:起源、转型与创新	[美]凯文·R. 布莱恩、[美]玛丽·普维著,李酣译	中信出版集团	2022
宽客人生:从物理学家到数量金融大师的传奇	[美]伊曼纽尔·德曼著,韩冰洁等译	机械工业出版社	2022
状态空间方法的时间序列分析(第二版)	[英]詹姆斯·杜宾、[荷]塞姆·库普曼著,郁志坚、徐晓莉译	中国金融出版社	2022
机器学习与资产定价	[美]Stefan Nagel 著,王熙、石川译	电子工业出版社	2022
中国资本市场变革	肖钢著	中信出版集团	2020
费希尔·布莱克与革命性金融思想	[美]佩里·梅林著,白当伟译	机械工业出版社	2014
市场主导:金融如何改造社会	[美]杰拉德·戴维斯著,杨建玫、娄钰译	浙江大学出版社	2022
美联储	[美]威廉·格雷德著,耿丹译	中国友谊出版公司	2013
谷物交易商:芝加哥期货交易所的故事	[美]威廉·费里斯著,王学勤译	中国财政经济出版社	2022

书名	作者	出版社	出版年份
数量金融(原书第 2 版·第 1 卷)	[英]保罗·威尔莫特著,郑振龙、陈蓉、史若燃译	机械工业出版社	2015
数量金融(原书第 2 版·第 2 卷)	[英]保罗·威尔莫特著,郑振龙、陈蓉、陈焕华译	机械工业出版社	2015
数量金融(原书第 2 版·第 3 卷)	[英]保罗·威尔莫特著,郑振龙、陈蓉、刘杨树译	机械工业出版社	2015
战胜一切市场的人:从拉斯维加斯到华尔街	[美]爱德华·O.索普著,陈铭杰、程羽悠、刘允升等译	中信出版集团	2019
两次全球大危机的比较研究	刘鹤主编	中国经济出版社	2013
这次不一样:八百年金融危机史	[美]卡门·M.莱因哈特、[美]肯尼斯·S.罗格夫著,綦相、刘晓锋、刘丽娜译	机械工业出版社	2019
现代金融创新史:从大萧条到美丽新世界	辛乔利著	社会科学文献出版社	2019
量化风险管理:概念、技术和工具(修订版)	[英]亚历山大·J.麦克尼尔、[德]吕迪格·弗雷、[瑞士]保罗·艾布奇茨著,卜永强译	电子工业出版社	2020
套利危机与金融新秩序:利差交易崛起	[美]蒂姆·李、[美]杰米·李、[美]凯文·科迪伦著,王玮译	机械工业出版社	2021
非理性繁荣(第三版)	[美]罗伯特·J.希勒著,李心丹等译	中国人民大学出版社	2016
交易员、枪炮与金钱:亲历金融衍生品世界	[澳]萨蒂亚吉特·达斯著,张振华译	机械工业出版社	2021
微观金融学及其数学基础(第 3 版)	邵宇、刁羽编著	复旦大学出版社	2019
量化金融常见问题解答	[美]保罗·威尔莫特著,林华等译	中信出版集团	2020
因子投资:方法与实践	石川、刘洋溢、连祥斌著	电子工业出版社	2020

书名	作者	出版社	出版年份
肥尾效应：前渐进论、认识论和应用	［美］纳西姆·尼古拉斯·塔勒布著,戴国晨译	中信出版集团	2022
有效资产管理	［美］威廉 J. 伯恩斯坦著,王红夏、张皓晨译	机械工业出版社	2018
高频交易（原书第 2 版）	［美］艾琳·奥尔德里奇著,顾律君、丁鹏译	机械工业出版社	2018
Python 金融大数据分析（第 2 版）	［德］伊夫·希尔皮斯科著,姚军译	人民邮电出版社	2020
金融机器学习和数据科学实践	［印度］哈里姆·塔特萨特、［印度］萨赫勒·普瑞、［美］布拉德·卢卡博著,杜春晓译	中国电力出版社	2022
金融 AI 算法：人工智能在金融领域的前沿应用指南	［德］克里斯蒂安·L.迪尼、［英］彼得·W.米德尔顿、［希］康斯坦丁诺斯·西奥菲拉托斯等主编,武鑫、张帅、张笑译	中国人民大学出版社	2021
预期收益：投资者获利指南	［芬］安蒂·伊尔曼恩著,钱磊译	格致出版社	2018
打开量化投资的黑箱（原书第 2 版）	［美］里什·纳兰著,上官丽英、王思洋、王锦炎译	机械工业出版社	2016
投资最重要的事（第 3 版）	［美］霍华德·马克斯著,李莉、石继志译	中信出版集团	2019
动态经济用的资产定价（影印版）	［英］奥特格著	世界图书出版公司	2013
主动投资组合管理：创造高收益并控制风险的量化投资方法	［美］理查德 C. 格林诺德、［美］雷诺德 N. 卡恩著,李腾、杨柯敏、刘震译	机械工业出版社	2014
资产管理：因子投资的系统性解析	［美］洪崇理著,隆娟洁译	中国发展出版社	2017

书名	作者	出版社	出版年份
基本无害的计量经济学:实证研究者指南	[美]乔舒亚·安格里斯特、[美]约恩-斯特芬·皮施克著,郎金焕、李井奎译	格致出版社	2021
精通计量:因果之道	[美]乔舒亚·安格里斯特、[美]约恩-斯特芬·皮施克著,郎金焕译	格致出版社	2021
随机漫步的傻瓜(第4版)	[美]纳西姆·尼古拉斯·塔勒布著,盛逢时译	中信出版集团	2019
门口的野蛮人 I:史上最强悍的资本收购(珍藏版)	[美]布赖恩·伯勒、[美]约翰·希利亚尔著,张振华译	机械工业出版社	2018
交易的世界:金钱、权力与大宗商品交易商	[英]哈维尔·布拉斯、[英]杰克·法尔奇著,岳玉庆译	中信出版集团	2022
价格的发现:复杂约束市场中的拍卖设计	[美]保罗·米尔格罗姆著,韩朝华译	中信出版集团	2020
金融人工智能:用 Python 实现 AI 量化交易	[德]伊夫·希尔皮斯科著,石磊磊、余宇新、李煜鑫译	人民邮电出版社	2022
简单有趣的金融数学	[美]唐纳德·G. 萨利著,李玲芳、陈实译	机械工业出版社	2021
一个村庄里的中国	熊培云著	新星出版社	2011
非对称风险:风险共担,应对现实世界中的不确定性	[美]纳西姆·尼古拉斯·塔勒布著,周洛华	中信出版集团	2019
"错误"的行为:行为经济学的形成(第2版)	[美]理查德·塞勒著,王晋译	中信出版集团	2018
反脆弱(第2版)	[美]纳西姆·尼古拉斯·塔勒布著,雨珂译	中信出版集团	2020
贫穷的本质:我们为什么摆脱不了贫穷(第2版)	[印度]阿比吉特·班纳吉,[法]埃斯特·迪弗洛著,景芳译	中信出版集团	2018
探路之役:1978—1992年的中国经济改革	萧冬连著	社会科学文献出版社	2019

书名	作者	出版社	出版年份
数字宏观:数字时代的宏观经济管理变革	陈昌盛、许伟著	中信出版集团	2022
面向资产管理者的机器学习	[西]马科斯·M.洛佩斯·德普拉多著,冯鑫、张大庆、王飞跃译	机械工业出版社	2022
乡土中国	费孝通著	人民出版社	2020
筚路维艰:中国社会主义路径的五次选择	萧冬连著	社会科学文献出版社	2014

保险学专业荐读书单

书名	作者	出版社	出版年份
蛤蟆先生去看心理医生	［英］罗伯特·戴博德著，陈赢译	天津人民出版社	2022
牛奶可乐经济学（全3册）	［美］罗伯特·弗兰克著，闫佳译	北京联合出版公司	2017
行为金融学新进展（Ⅱ）	［美］罗伯特·J·希勒等著，贺京同译	中国人民大学出版社	2017
动物精神：人类心理如何驱动经济、影响全球资本市场	［美］乔治·阿克洛夫、［美］罗伯特·席勒著，黄志强、徐卫宇、金岚译	中信出版集团	2016
价值	张磊著	浙江教育出版社	2020
漫步华尔街（原书第12版）	［美］伯顿·G.马尔基尔著，张伟译	机械工业出版社	2022
枪炮、病菌与钢铁：人类社会的命运	［美］贾雷德·戴蒙德著，王道还、廖月娟译	中信出版集团	2022
非理性繁荣（第三版）	［美］罗伯特·J.希勒著，李心丹等译	中国人民大学出版社	2016
金融的本质：伯南克四讲美联储	［美］本·伯南克著，巴曙松、陈剑译	中信出版集团	2014
被讨厌的勇气："自我启发之父"阿德勒的哲学课	［日］岸见一郎、古贺史健著，渠海霞译	机械工业出版社	2020
通往自由之路：格隆疫情三年投研札记	格隆著	上海财经大学出版社	2022
金融的逻辑2：通往自由之路	陈志武著	上海三联书店	2018
人地之间：中国增长模式下的城乡土地改革	陶然著	辽宁人民出版社	2022
浪潮之巅：第四版（全二册）	吴军著	人民邮电出版社	2019

书名	作者	出版社	出版年份
金钱心理学：财富、人性和幸福的永恒真相	［美］摩根·豪泽尔著，李青宗译	民主与建设出版社	2023
巴芒演义：可复制的价值投资	唐朝著	中国经济出版社	2020
你的第一本保险指南	槽叔著	中信出版集团	2018
小岛经济学	［美］彼得·D.希夫、［美］安德鲁·J.希夫著，胡晓姣、吕靖纬、陈志超译	中信出版集团	2017
解读中国经济	林毅夫著	北京大学出版社	2018
宏观经济数据分析手册	李奇霖著	上海财经大学出版社	2021
保险的未来	王和著	中信出版集团	2019
金融周期	［英］彼得·奥本海默著，黄秋怡译	中信出版集团	2022
稀缺：我们是如何陷入贫穷与忙碌的(经典版)	［美］塞德希尔·穆来纳森、［美］埃尔德·沙菲尔著，魏薇、龙志勇译	浙江人民出版社	2018
置身事内：中国政府与经济发展	兰小欢著	上海人民出版社	2021
保险业系统性风险：根源、传染与监督	朱衡著	西南财经大学出版社	2020
中国保险资金运用的法律限制研究	乔石著	光明日报出版社	2021
中国普惠型商业医疗保险发展研究	张璐莹、陈文著	复旦大学出版社	2021
再保险最优策略及相关技术研究	曹玉松著	武汉大学出版社	2021
国际保险中介市场发展及监管体系研究	中国保险行业协会编著	中国财政经济出版社	2022
法律政策全书·社会保险	中国法制出版社主编	中国法制出版社	2023

书名	作者	出版社	出版年份
保险资金参与"一带一路"基础设施建设投资分析	刘树枫等著	经济科学出版社	2023
私人财富管理顾问：人身保险与财富传承、婚姻继承	王秀全、王恒妮主编	中国法制出版社	2023
互联网保险——框架与实践	陈辉著	中国经济出版社	2022
基本养老保险对中国城镇居民消费的影响研究	朱波著	经济科学出版社	2023
中国社会个体化对居民商业保险购买行为的影响研究	高立飞著	经济科学出版社	2023
科技创新驱动农业保险服务质量提升路径研究	晋颖、付正、韦彩霞著	四川大学出版社	2023
社会养老保险财务平衡自动调整机制研究	周渭兵著	中国财政经济出版社	2023
养老保险流动性损失：交易费用的研究视角	马云超著	河北人民出版社	2023
基于保障视角的城乡居民大病保险制度研究	唐芸霞著	天津人民出版社	2022
人寿与健康保险（第13版）	［美］肯尼思·布莱克、［美］哈罗德·斯基博著，孙祁祥、郑伟等译	经济科学出版社	2003
普惠保险推进社会治理现代化研究	阎语、何丽新著	厦门大学出版社	2023
保险与行为经济学	［美］霍华德·C.坤鲁斯、［美］马克·V.保利、［美］斯泰西·麦克莫罗著，贺京同、贺坤等译	中国人民大学出版社	2022
风险管理与保险原理（第14版）	［美］乔治·E.瑞达、［美］迈克尔·J.麦克纳马拉、［美］威廉·H.拉伯尔著，刘春江、张百彤译	中国人民大学出版社	2023
保险科技：框架与实践	陈辉、鲁阳著	中国经济出版社	2022

书名	作者	出版社	出版年份
养老金改革:原则与政策选择	[英]尼古拉斯·巴尔、[美]彼得·戴蒙德著,欧阳葵译	中国人民大学出版社	2024
美国金融体系:起源、转型与创新	[美]凯文·R.布莱恩、[美]玛丽·普维著,李酣译	中信出版集团	2022
宽客人生:从物理学家到数量金融大师的传奇	[美]伊曼纽尔·德曼著,韩冰洁等译	机械工业出版社	2022
状态空间方法的时间序列分析	[英]詹姆斯·杜宾、[荷]塞姆·库普曼著,郇志坚、徐晓莉译	中国金融出版社	2022
机器学习与资产定价	[美]Stefan Nagel著,王熙、石川译	电子工业出版社	2022
这次不一样:八百年金融危机史	[美]卡门·M.莱因哈特、[美]肯尼斯·S.罗格夫著,綦相、刘晓锋、刘丽娜译	机械工业出版社	2019
现代金融创新史:从大萧条到美丽新世界	辛乔利著	社会科学文献出版社	2019
中国资本市场变革	肖钢著	中信出版集团	2020
费希尔·布莱克与革命性金融思想	[美]佩里·梅林著,白当伟译	机械工业出版社	2014
市场主导:金融如何改造社会	[美]杰拉德·戴维斯著,杨建玫、娄钰译	浙江大学出版社	2022
美联储	[美]威廉·格雷德著,耿丹译	中国友谊出版公司	2013
谷物交易商:芝加哥期货交易所的故事	[美]威廉·费里斯著,王学勤译	中国财政经济出版社	2022
高盛帝国(第2版)	[美]查尔斯·埃利斯著,卢青、张玲、束宇译	中信出版集团	2015
摩根财团:美国一代银行王朝和现代金融业的崛起	[美]罗恩·彻诺著,金立群译	文汇出版社	2017

书名	作者	出版社	出版年份
非理性繁荣（第三版）	［美］罗伯特·J.希勒著，李心丹等译	中国人民大学出版社	2016
交易员、枪炮与金钱：亲历金融衍生品世界（原书第3版）	［澳］萨蒂亚吉特·达斯著，张振华译	机械工业出版社	2021
微观金融学及其数学基础（第三版）	邵宇、刁羽编著	复旦大学出版社	2019
数量金融（原书第2版·第1卷）	［英］保罗·威尔莫特著，郑振龙、陈蓉、史若燃译	机械工业出版社	2015
数量金融（原书第2版·第2卷）	［英］保罗·威尔莫特著，郑振龙、陈蓉、陈焕华译	机械工业出版社	2015
数量金融（原书第2版·第3卷）	［英］保罗·威尔莫特著，郑振龙、陈蓉、刘杨树译	机械工业出版社	2015
两次全球大危机的比较研究	刘鹤度主编	中国经济出版社	2013
资产管理：因子投资的系统性解析	［美］洪崇理，隆娟洁译	中国发展出版社	2017
战胜一切市场的人：从拉斯维加斯到华尔街	［美］爱德华·O.索普著，陈铭杰、程羽悠、刘允升等译	中信出版集团	2019
量化金融常见问题解答	［美］保罗·威尔莫特著，林华等译	中信出版集团	2020
因子投资：方法与实践	石川、刘洋溢、连祥斌著	电子工业出版社	2020
肥尾效应：前渐进论、认识论和应用	［美］纳西姆·尼古拉斯·塔勒布著，戴国晨译	中信出版集团	2022
有效资产管理	［美］威廉J.伯恩斯坦著，王红夏、张皓晨译	机械工业出版社	2018
高频交易（原书第2版）	［美］艾琳·奥尔德里奇著，顾律君、丁鹏译	机械工业出版社	2018

书名	作者	出版社	出版年份
量化风险管理：概念、技术和工具	[英]亚历山大·J.麦克尼尔、[德]吕迪格·弗雷、[瑞士]保罗·艾布奇茨著，卜永强译	电子工业出版社	2020
套利危机与金融新秩序：利差交易崛起	[美]蒂姆·李、[美]杰米·李、[美]凯文·科迪伦著，王玮译	机械工业出版社	2021
简单有趣的金融数学	[美]唐纳德·G.萨利著，李玲芳、陈实译	机械工业出版社	2022
Python 金融大数据分析（第2版）	[德]伊夫·希尔皮斯科著，姚军译	人民邮电出版社	2020
金融机器学习和数据科学实践	[印度]哈里姆·塔特萨特、[印度]萨赫勒·普瑞、[美]布拉德·卢卡博著，杜春晓译	中国电力出版社	2022
金融 AI 算法：人工智能在金融领域的前沿应用指南	[德]克里斯蒂安·L.迪尼、[英]彼得·W.米德尔顿、[希]康斯坦丁诺斯·西奥菲拉托斯等主编，武鑫、张帅、张笑译	中国人民大学出版社	2021
预期收益：投资者获利指南	[芬]安蒂·伊尔曼恩著，钱磊译	格致出版社	2018
打开量化投资的黑箱（原书第2版）	[美]里什·纳兰著，上官丽英、王思洋、王锦炎译	机械工业出版社	2016
投资最重要的事（第3版）	[美]霍华德·马克斯著，李莉、石继志译	中信出版集团	2019
动态经济用的资产定价（影印版）	[英]奥特格著	世界图书出版公司	2013

书名	作者	出版社	出版年份
主动投资组合管理:创造高收益并控制风险的量化投资方法	[美]理查德 C. 格林诺德、[美]雷诺德 N. 卡恩著,李腾、杨柯敏、刘震译	机械工业出版社	2014
面向资产管理者的机器学习	[西]马科斯·M.洛佩斯·德普拉多著,冯鑫、张大庆、王飞跃译	机械工业出版社	2022
基本无害的计量经济学:实证研究者指南	[美]乔舒亚·安格里斯特、[美]约恩-斯特芬·皮施克著,郎金焕、李井奎译	格致出版社	2021
精通计量:因果之道	[美]乔舒亚·安格里斯特、[美]约恩-斯特芬·皮施克著,郎金焕译	格致出版社	2021
随机漫步的傻瓜(第 4 版)	[美]纳西姆·尼古拉斯·塔勒布著,盛逢时译	中信出版集团	2019
门口的野蛮人 I:史上最强悍的资本收购(珍藏版)	[美]布赖恩·伯勒、[美]约翰·希利亚尔著,张振华译	机械工业出版社	2018
交易的世界:金钱、权力与大宗商品交易商	[英]哈维尔·布拉斯、[英]杰克·法尔奇著,岳玉庆译	中信出版集团	2022
价格的发现:复杂约束市场中的拍卖设计	[美]保罗·米尔格罗姆著,韩朝华译	中信出版集团	2020
金融人工智能:用 Python 实现 AI 量化交易	[德]伊夫·希尔皮斯科著,石磊磊、余宇新、李煜鑫译	人民邮电出版社	2022
筚路维艰:中国社会主义路径的五次选择	萧冬连著	社会科学文献出版社	2014
一个村庄里的中国	熊培云著	新星出版社	2011
非对称风险:风险共担,应对现实世界中的不确定性	[美]纳西姆·尼古拉斯·塔勒布著,周洛华译	中信出版集团	2019

书名	作者	出版社	出版年份
"错误"的行为：行为经济学的形成（第2版）	[美]理查德·塞勒著，王晋译	中信出版集团	2018
反脆弱（第2版）	[美]纳西姆·尼古拉斯·塔勒布著，雨珂译	中信出版集团	2020
贫穷的本质：我们为什么摆脱不了贫穷（第2版）	[印度]阿比吉特·班纳吉、[法]埃斯特·迪弗洛著，景芳译	中信出版集团	2018
探路之役：1978—1992年的中国经济改革	萧冬连著	社会科学文献出版社	2019
数字宏观：数字时代的宏观经济管理变革	陈昌盛、许伟著	中信出版集团	2022
中国近代经济史：1937—1949（上中下）	刘克祥主编	人民出版社	2021
基础养老金全国统筹的省级政策协调研究	张松彪著	吉林大学出版社	2023
乡土中国	费孝通著	生活·读书·新知三联书店	2020

食品与生物工程学院
School of Food Science
and Biotechnology

食品与生物工程学院

学院介绍

　　食品与生物工程学院是以"大商科"为背景,具有鲜明工科特色和学科专业优势的学院,涵盖从全日制本科生到博士研究生的完整的大学教育体系。食品科学与工程学科为浙江省"十四五"A类一流学科和浙江省重中之重建设学科,拥有一级学科博士学位授予权和博士后流动站,2个国家一流本科专业建设点;拥有国家"111"学科创新基地,国家级实验教学示范中心,国家级卓越农林(食品)人才培养计划项目,7个省级科研平台以及食品科学与营养国际大学联盟(牵头单位)。以食品学科为主要支撑的农业科学学科进入 ESI 全球排名前 1.92‰(2024 年)。

　　经过 70 余年的建设与发展,学院形成了一支由国家级人才 4 人次、省级人才 35 人次等组成的特色食品科技创新队伍,在食品微生物与营养健康、食品致敏安全与健康、食品口腔加工与感官、海洋食品加工与资源利用等领域形成了鲜明特色与优势。学院获国家科学技术进步奖二等奖 2 项,国家教学成果奖二等奖 1 项,已成为浙江省食品产业发展科技支撑的重要平台和人才培养的重要基地。

专业介绍

食品科学与工程专业(授予工学学士学位)

- ●国家级一流本科专业建设点
- ●浙江省一流专业、浙江省重点建设专业、浙江省优势专业、浙江省新兴特色专业
- ●通过中国工程教育专业认证
- ●通过国际食品科技联盟(IUFoST)专业认证(全国首个)
- ●拥有国家级食品工程与质量安全实验教学中心、国家首批卓越农林(食品)人才

培养计划基地

●拥有从本科、硕士到博士和博士后流动站的完整人才培养体系

　　本专业自 1983 年创办以来，一直是食品科学与工程领域的探索和创新先锋。本专业不仅在省内乃至全国居于领先地位，而且通过了中国工程教育专业认证，被评为国家级一流本科专业建设点。作为国内首个获得国际食品科技联盟（IUFoST）认证的专业，展现了本专业在国际食品科学教育领域的影响力，本专业致力于培养具备国际化视野、创新创业能力和解决复杂工程问题能力的一流专业人才，毕业生能够在食品及相关行业中从事科学研究、新产品开发、工程设计、质量控制、生产管理和经营等多方面的高级专业工作。通过融合理论与实践，强化专业技能与领导力，毕业生能够在全球食品科学与工程领域内发挥关键作用，引领未来食品行业的发展方向。

食品质量与安全专业（授予工学学士学位）

●国家级一流本科专业建设点、国家级一类特色专业

●浙江省优势专业、浙江省重点建设专业

●拥有国家级食品工程与质量安全实验教学中心、国家首批卓越农林（食品）人才培养计划基地

●国家教学成果奖二等奖和浙江省教学成果奖一等奖

●拥有从本科、硕士到博士、博士后流动站的完整人才培养体系

　　本专业是国家级一流本科专业建设点、国家级一类特色专业、浙江省优势专业和浙江省重点建设专业。本专业已通过国际食品科技联盟（IUFoST）专业认证。专业以全方位育人、促学生德智体美劳全面发展为核心，融合新工科与新商科、专业教育与创新创业教育于一体，培养适应新时代国家食品安全健康战略需求和食品行业高质量发展需要，具备工程思维能力、科学探究能力、系统融通能力和商业创新能力，能够从事和食品质量与安全相关的科学研究、产业创新以及智慧监管的一流专业人才。

生物工程专业(授予工学学士学位)

●2021年软科世界一流学科排名401—500位

●拥有从本科、硕士和博士、博士后流动站的完整人才培养体系

　　本专业培养学生掌握生物技术及其产业化的科学原理、工程应用技术,使其成为在生物技术与工程方面受到良好训练,可在此领域从事新技术研究、新产品开发、生产技术管理等工作的高级专业人才。

食品科学与工程专业荐读书单

书名	作者	出版社	出版年份
食品微生物学	黄和、杨瑶主编	高等教育出版社	2023
食品工艺学	朱蓓薇主编	科学出版社	2022
食品工业节能减排和清洁生产	秦人伟、程言君、简玉平主编	中国轻工业出版社	2018
食品冷冻冷藏原理与技术	谢晶主编	中国农业出版社	2015
Food Supply Chain Management：Economic，Social and Environmental Perspectives	MadeleinePullman、Zhaohui Wu 著	Routledge	2011
Emerging Technologies for Food	Processing Da-Wen Sun 著	Academic Press	2005
Food Plant Economics	Zacharias B. Maroulis、George D. Saravacos 著	CRC Press	2007
Food Plant Sanitation：Design Maintenance，and Good Manufacturing Practices（Third Edition）	Michael M. Cramer 著	CRC Press	2022
Food Product Development Based on Experience	Catherine Side 著	Wiley	2008
Food Texture and Viscosity：Concept and Measurement	Malcolm Bourne 著	Academic Press	2002
Handbook of Food Preservation（Second Edition）	M. Shafiur Rahman 著	CRC Press	2007
Food Engineering：Modeling，Emerging issues and Applications	Murlidhar Meghwal、Megh R. Goyal 著	Apple Academic Press	2016

书名	作者	出版社	出版年份
Food Processing Operations Modeling：Design and Analysic	Soojin Jun、Joseph M. Irudayaraj 著	CRC Press	2008
食品贮藏与保鲜	王向阳主编	浙江工商大学出版社	2020
食品机械与设备（第二版）	马海乐主编	中国农业出版社	2022
食品质量安全管理	余奇飞主编	化学工业出版社	2016
食品生物技术	尹永祺、方维明主编	中国纺织出版社有限公司	2021
食品添加剂（第3版）	孙宝国主编	化学工业出版社	2021
Food Flavors：Chemical，sensory and Technology Properties	Henryk Jelen 著	CRC Press	2016
Handbook of Food Enzymology	John R. Whitaker、Alphons G. J. Voragen、Dominic W. S. Wong 著	CRC Press	2002
Practical Food Microbiology (Third Edition)	Diane Roberts、Melody Greenwood 著	Wiley	2008
Food Industry Quality Control Systems	Mark Clute 著	CRC Press	2008
Advances in Food Biochemistry	Fatih Yildiz 著	CRC Press	2009
Food Biotechnology	U. Stahl、U. E. B. Donalies、E. Nevoigt 等著	Springer	2008
Food Preservation Process Design	Dennis R. Heldman 著	Academic Press	2011
Food Quality Control：Methods，Importance and Latest Measures	Cristina García Jaime 著	Bibliotex	2017

书名	作者	出版社	出版年份
Sensory Evaluation Techniques	Morten C. Meilgaard、Gail Vance Civille、B. Thomas Carr 著	CRC Press	2021
Essentials of Food Science (5th Edition)	Vickie A. Vaclavik、Elizabeth W. Christian、Tad Campbell 著	Springer	2020
Food Machinery	Ling-Min Cheng 著	Woodhead Publishing Ltd	1992
Packaging for Food Preservation	Del Nobile 著	Springer	2015
Food Safety Culture：Creating a Behavior-Based Food Safety Management System	Frank Yiannas 著	Springer	2010
Study Guide Understanding Nutrition	Eleanor Noss Whitney、Sharon Rady Rolfes 著	Cengage	2012
Introduction to Food Engineering (Fifth Edition)	R Paul Singh、Dennis R. Heldman 著	Academic Press	2013
Principles of Food Sanitation (Sixth Edition)	Norman G. Marriott、M. Wes Schilling、Robert B. Gravani 等著	Springer	2018
Food Microbiology	Khetarpaul、Neelam 著	Daya Publishing House	2020
食品安全风险评估——毒理学原理、方法与应用	杨杏芬、吴永宁、贾旭东等编著	化学工业出版社	2017
Modern Initiatives for Sustainable Food Production	Friedrich Huth、Sara D. Garduno Diaz 著	Delve Publishing	2021
Reconciling Food Law to Competitiveness	Van der Meulen、Bernd 著	Wageningen Academic Publishers	2009

书名	作者	出版社	出版年份
Food Safety Management: A Practical Guide for the Food Industry	Francis J. 著	Elsevier Science & Technology	2014
营养流行病学(第2版)	[美]Walter Willett 著,郝玲、李竹主译	人民卫生出版社	2006
食品感官评价原理与技术	[美]Harry T. Lawless、Hildegarde Heymann 著,王栋、李崎、华兆哲等译	中国轻工业出版社	2017
Mathematical and Statistical Methods in Food Science and Technology	Daniel Granato、Gastón、Ares 等著	John Wiley & Sons, Incorporated	2014
Food Processing Handbook	James G. Brennan、Alistair S. Grandison 著	Wiley	2011
Handbook of Indigenous Fermented Foods, Revised and Expanded	Steinkraus、Keith 著	CRC Press	2018
Nutrition Biophysics	Thomas A. Vilgis 著	Springer	2023
食品工程导论(第五版)	[美]辛格、赫尔德曼著,许学勤译	中国轻工业出版社	2018
食品分析(第3版)	[美]尼尔森著,杨严俊等译	中国轻工业出版社	2012
食品化学(第二版)	江波、杨瑞金主编	中国轻工业出版社	2018
活性多肽研究开发与应用	宋芸、苏文琴、毛麓嘉等主编	科学出版社	2021
动物细胞培养技术	史利军、李英俊、孙立旦主编	化学工业出版社	2021
未来食品科学与技术	刘元法、陈坚主编	科学出版社	2021
食品酶学导论(第三版)	陈中主编	中国轻工业出版社	2020
食品质构学——半固态食品	[爱尔兰]布赖恩 M. 麦克纳编著,李云飞译	化学工业出版社	2007
功能性食品化学与健康	赵全芹、孟凡德编著	化学工业出版社	2020

书名	作者	出版社	出版年份
益生菌新技术与应用	刘振民主编	化学工业出版社	2022
多糖化学	王小英等编著	科学出版社	2022
食品风味化学与分析	宋焕禄主编	中国轻工业出版社	2021
食品加工与保藏原理	胡卓炎、梁建芬主编	中国农业大学出版社	2020
食品感官分析与实验(第三版)	徐树来主编	化学工业出版社	2020
公众食品安全知识解读(第二版)	沈立荣、孔村光编	中国轻工业出版社	2016
未来食品:现代科学如何改变我们的饮食方式	[美]大卫·朱利安·麦克伦茨著,董志忠、陈历水主译	中国轻工业出版社	2020
食品微生物学实验技术(第4版)	郝林、孔庆学、方祥主编	中国农业大学出版社	2021
发酵食品和饮料工业的技术创新	[印度]桑迪普·库玛尔·潘达、[印度]普拉塔普库马尔·哈拉迪·谢蒂编著,杨旭译	中国纺织出版社有限公司	2023
水产品加工学	朱蓓薇、董秀萍主编	化学工业出版社	2019
食品安全法律法规与标准(第2版)	钱和、庞月红、于瑞莲主编	化学工业出版社	2019
食品环境学	杨春华主编	科学出版社	2016
现代食品检测技术(第三版)	邹小波、赵杰文主编	中国轻工业出版社	2021

食品质量与安全专业荐读书单

书名	作者	出版社	出版年份
食品精准营养	朱蓓薇主编	科学出版社	2024
食品添加剂（第3版）	孙宝国主编	化学工业出版社	2021
食品工艺学	夏文水主编	中国轻工业出版社	2017
Food Allergy：From Molecular Mechanisms to Control Strategies	Ling Fu、Bobby J. Cherayil、Haining Shi 等著	Springer	2019
食品组学	聂少平、胡婕伦主编	中国轻工业出版社	2024
食品科学（第五版）	［美］Norman N. Potter、［美］Jaseph H. Hotchkiss 著，王璋、钟芳、徐良增等译	中国轻工业出版社	2001
食品掺假与食品造假	［美］乔纳森·里斯编，李强、刘文、戴岳主译	化学工业出版社	2022
食品供应链管理	［英］Michael A. Bourlakis、Paul W. H. Weightman 著，陈锦权译	中国轻工业出版社	2010
食品感官评价实验指导	［美］Harry T. Lawless 著，王永华、刘源主译	中国轻工业出版社	2021
食品分析实验指导（第三版）	［美］S. Suzanne Nielsen 著，王永华、宋丽军、蓝东明主译	中国轻工业出版社	2020
功能性食品学（第三版）	郑建仙主编	中国轻工业出版社	2019
食品风味化学与分析	宋焕禄主编	中国轻工业出版社	2021
食品加工机械与设备（第二版）	刘东红、崔建云主编	中国轻工业出版社	2021
现代食品检测技术（第三版）	邹小波、赵文杰主编	中国轻工业出版社	2021

书名	作者	出版社	出版年份
发酵食品和饮料工业的技术创新	［印度］桑迪普·库玛尔·潘达、［印度］普拉塔普库马尔·哈拉迪·谢蒂编著，杨旭译	中国纺织出版社有限公司	2023
Handbook of Nutrition, Diet, and Epigenetics	Vinood B. Patel、Victor R. Preedy 著	Springer	2019
Nutrients and Epigenetics	Sang-Woon Choi、Simonetta Friso 著	CRC Press	2009
黏膜免疫学与病毒学	［美］S. K. 蒂林编著，国泰、王军志等译	科学出版社	2013
动物细胞培养技术	史利军、李英俊、孙立旦主编	化学工业出版社	2021
微生物检验与食品安全控制	国际食品微生物标准委员会（ICMSF）著，刘秀梅、陆苏彪、田静主译	中国轻工业出版社	2012
食物过敏与食物不耐受	［美］贾尼斯·维克斯塔夫·乔内贾著，崔玉涛等译	北京出版社	2017
Food Safety Management: A Practical Guide for the Food Industry	Yasmine Motarjemi、Hunb Lelieveld 著	Academic Press	2014
神经科学:探索脑(第四版)	［美］Mark F. Bear、［美］Barry W. Connors、［美］Michael A. Paradiso 著,朱景宁、王建军主译	电子工业出版社	2023
进化心理学:心理的新科学(第6版·英文版)	［美］戴维·巴斯著	商务印书馆	2022
食品营养学实验指导	汪建明主编	中国轻工业出版社	2022
食品微生物检测技术	杜欣军主编	中国轻工业出版社	2023
水产品加工学	朱蓓薇、董秀萍主编	化学工业出版社	2019
未来食品科学与技术	刘元法、陈坚主编	科学出版社	2021

书名	作者	出版社	出版年份
消失的微生物:滥用抗生素引发的健康危机	[美]马丁·布莱泽著,傅贺译	湖南科学技术出版社	2016
基因组:生命之书23章	[英]马特·里德利著,尹烨译	机械工业出版社	2021
食品酶学导论(第3版)	陈中主编	中国轻工业出版社	2020
想象中的化学:对科学的反思	[美]罗尔德·霍夫曼、[美]维维安·托伦斯著,金丽莉、吴思、花季红译	上海科技教育出版社	2003
餐桌上的中国史	张竞著,方明生、方祖鸿译	中信出版集团	2022
Food Product Design: A Computer-Aided Statistical Approach	Ruguo Hu 著	CRC PRESS	2017
食品安全决策体系研究:基于供应链视角	慕静著	科学出版社	2020
食品安全风险系统性研究	张文胜、华欣、张红霞等著	科学出版社	2020
Food Processing Operations Modeling (Second Edition)	Soojin Jun、Joseph M. Iruda-yaraj 著	CRC Press	2008
食物:味道的历史	[美]保罗·弗里德曼主编,董舒琪译	浙江大学出版社	2015
沙漠与餐桌:食物在丝绸之路上的起源	[美]罗伯特·N.斯宾格勒三世著,陈阳译	社会科学文献出版社	2021
食品安全法律法规与标准(第2版)	钱和、庞月红、于瑞莲主编	化学工业出版社	2019
未来食品:现代科学如何改变我们的饮食方式	[美]大卫·朱利安·麦克伦茨著,董志忠、陈历水主译	中国轻工业出版社	2020
伦理学导论	[美]唐纳德·帕尔玛著,黄少婷译	上海社会科学院出版社	2011

书名	作者	出版社	出版年份
追问膳食：食品哲学与伦理学	〔荷〕米歇尔·科尔萨斯著，李建军、李苗译	北京大学出版社	2014
Food Politics：How the Food Industry Influences Nutrition and Health	〔美〕玛丽恩·内斯特尔著，刘文俊等译	社会科学文献出版社	2004
Consumer Behavior in Fashion	Michael R. Solomon、Nancy J. Rabolt 著	Prentice Hall	2008
科技论文写作与文献检索	郑霞忠、黄正伟主编	武汉大学出版社	2012
免疫系统工作原理（第 6 版）	Lauren Sompayrac 原著，王丹丹主译	北京大学医学出版社	2023
Food Mixing：Principles and Applications	P. J. Cullen 著	Wiley-Blackwell	2009
Food Bioactives：Chemical Challenges and Bio-Opportunities	Severina Pacifico、Simona Piccolella 著	MDPI	2022
食品物性学	李里特编著	中国农业出版社	2010
现代食品毒理学	王茵、贾旭东主编	化学工业出版社	2020
绿色食品与有机食品	杜红英主编	武汉大学出版社	2019
Food Safety Culture：Creating a Behavior-Based Food Safety Management System	Frank Yiannas 著	Springer	2010
食品标准与食品安全管理	庞艳华、孙晓飞编著	北京工业大学出版社	2023
食品营养与安全卫生学（第 2 版）	姜忠丽、赵秀红主编	化学工业出版社	2024
食品粉末性质和表征	〔土〕埃尔坦·埃尔米什编著,曹荣安、唐卿雁、贾敏译	中国纺织出版社有限公司	2023

书名	作者	出版社	出版年份
Eat，Drink，and Be Healthy：The Harvard Medical School Guide to Healthy Eating	Walter C. Willett、Patrick J. Skerrett 著	Free Press	2011
中国居民膳食营养素参考摄入量(2023版)	中国营养学会编著	人民卫生出版社	2023
Free-drying of Pharmaceutical and Food Products	Tse-Chao Hua、Bao-Lin Liu、Hua Zhang 著	Woodhead Publishing	2010
水产品预制菜加工与质量安全控制	陈胜军、赵永强、岑剑伟编著	华南理工大学出版社	2023
食品质量安全快速无损检测技术及装备	陈全胜、林颢、赵杰文著	科学出版社	2023
Food Packaging：Materials and Technologies	Cornelia Vasile、Morten Sivertsrik 著	MDPI	2019
Food microbiology：an introduction (4th Edition)	Karl R. Matthews、Kalmia E. Kniel、Thomas J. Montrille 著	ASM Press	2017
肉制品绿色制造	彭增起、张雅玮、郭秀云等著	中国轻工业出版社	2023
优碳营养技术	逯明福著	中医古籍出版社	2023
乳与乳制品工艺学	卞春、孙宇主编	中国轻工业出版社	2023
海洋水产品加工与食品安全	朱蓓薇、薛长湖主编	科学出版社	2016
畜产品加工学(第三版)	周光宏主编	中国农业出版社	2023
食品原料学(第二版)	李里特主编	中国农业出版社	2011
动物卫生法学(第二版)	栗绍文、陈向武主编	科学出版社	2023
食品工厂设计(第二版)	何东平主编	中国轻工业出版社	2022
社会的麦当劳化(第9版)	[美]乔治·瑞泽尔著，姚伟译	中国人民大学出版社	2023

书名	作者	出版社	出版年份
食品探险者:跑遍全球的植物学家如何改变美国人的饮食	[美]丹尼尔·斯通著,张建国译	广西师范大学出版社	2020
食品病原微生物学	柳增善、任洪林、孙鸿斌主编	科学出版社	2015
肠子,脑子,厨子:人类与食物的演化关系	[美]约翰·S.艾伦著,陶凌寅译	清华大学出版社	2013
食物革命	[美]约翰·罗宾斯著,李尼译	北方文艺出版社	2011
生物标志物与食品安全风险评估	王慧、宋海云、贾旭东等主编	化学工业出版社	2020
运输过程中的食品质量安全指南:控制、标准和实践	[美]约翰·M.瑞恩著,刘雪、刘少伟译	上海交通大学出版社	2017
食品安全控制技术	傅新征主编	厦门大学出版社	2021

生物工程专业荐读书单

书名	作者	出版社	出版年份
植物生物化学与分子生物学（原书第二版）	［美］B. B. 布坎南、［瑞士］W. 格鲁伊森姆、［美］R. L. 琼斯主编，瞿礼嘉、赵进东、秦跟基等主译	科学出版社	2021
细胞工程制药技术	刘恒主编	中国农业大学出版社	2021
Biodesign:医疗科技创新流程（第2版）	［美］保罗·雅克、［美］斯特凡诺斯·赞尼奥斯、［美］乔希·马科尔等著，宋成利译	科学出版社	2017
细胞生物学精要（原书第五版）	［美］B. 艾伯茨、［美］K. 霍普金、［美］A. 约翰逊等著，张传茂、辛广伟、傅静雁主译	科学出版社	2023
生物工程趣谈	董仁威著	湖北科学技术出版社	2013
生物力学基础（第8版）	［美］苏珊·J. 霍耳主编，乔钧、祁奇、余波译译	河南科学技术出版社	2021
工业生物技术——下游:收获与纯化	［美］M. C. 弗利金杰主编，陈薇主译	科学出版社	2019
工业生物技术——上游:第一卷·表达系统与工艺开发	［美］M. C. 弗利金杰主编，陈薇主译	科学出版社	2019
发酵工程原理与技术（第2版）	余龙江主编	高等教育出版社	2021
精编分子生物学实验指南（第五版）	［美］F. M. 奥斯伯、［美］R. 布伦特、［美］R. E. 金斯顿等著，金由辛、包慧中、赵丽云等译	科学出版社	2008

书名	作者	出版社	出版年份
制药企业管理与GMP实施（第三版）	杨永杰、段立华、杨静主编	化学工业出版社	2022
生物信息学实战操作	彭仁海、刘震、韦洋洋等著	科学出版社	2022
生物信息学与功能基因组学（原著第三版）	[美]乔纳森·佩夫斯纳著，田卫东、赵兴明主译	化学工业出版社	2020
基因工程（第二版）	袁婺洲编著	化学工业出版社	2019
高级酶工程	马延和主编	科学出版社	2022
生物制药工艺学（第3版）	夏焕章主编	人民卫生出版社	2023
生物制药工艺学（第5版）	高向东主编	中国医药科技出版社	2019
微生物天然药物化学研究	张勇慧主编	华中科技大学出版社	2019
微生物生理学	李颖、关国华主编	科学出版社	2013
微生物与免疫学（第二版）	孙春燕主编	化学工业出版社	2021
微生物遗传与分子生物学	谭华荣主编	科学出版社	2019
微生物学实验指导	关统伟、焦士蓉主编	中国轻工业出版社	2023
微生物学与免疫学（第8版）	沈关心、徐威主编	人民卫生出版社	2016
微生物工程（第2版）	曹军卫、马辉文、张甲耀编著	科学出版社	2007
代谢与细胞工程导论（英文版）	[阿根廷]科他萨等著	科学出版社	2004
食品工厂设计与环境保护	高海燕、尚宏丽主编	化学工业出版社	2021
现代工业发酵工程	杨立、龚乃超、吴士筠主编	化学工业出版社	2020
智能工厂从这里开始：智能工厂从设计到运行	李俊杰主编	机械工业出版社	2022
三维流程工厂设计——AutoCAD Plant 3D（2019版）	朱秋享编著	高等教育出版社	2019
生物发酵工厂设计	段开红、田洪涛主编	科学出版社	2017

书名	作者	出版社	出版年份
分子生物学(第 5 版)	[美]韦弗著,郑用琎、马纪、李玉花等译	科学出版社	2013
酶工程(第五版)	韩双艳、郭勇编著	科学出版社	2024
理解生物信息学	[英]M. 泽瓦勒贝、[英]J. O. 鲍姆著,李亦学、郝沛译	科学出版社	2012
微生物学(第 3 版)	[英]贝克尔等编著,李明春、杨文博译	科学出版社	2010
生命是什么	[奥]埃尔温·薛定谔著,何玲燕译	湖南文艺出版社	2022
基因组学与个性化医疗	[美]迈克尔·斯奈德著,张强锋译	华中科技大学出版社	2022
生物化学(第二版)	王永敏、姜华主编	中国轻工业出版社	2021
生物化学与分子生物学实验	秦宜德、张胜权主编	中国科学技术大学出版社	2017
多学科交叉融合设计:面向生物工程及生物制药工厂设计(上册)	李浪主编	清华大学出版社	2022
多学科交叉融合设计:面向生物工程及生物制药工厂设计(下册)	李浪主编	清华大学出版社	2022
生物统计学基础(原书第五版)	[美]伯纳德·罗斯纳著,孙尚拱译	科学出版社	2004

环境科学与工程学院
School of Environmental
Science and Engineering

环境科学与工程学院

环境科学与工程学院于 2007 年 7 月建院。环境科学与工程学科为浙江省一流学科,工程学、环境/生态学进入 ESI 全球排名前 1%。

环境工程(授予工学学士学位)

●国家级一流本科专业建设点

●浙江省一流本科专业建设点、浙江省"十三五"优势专业、浙江省"十二五"新兴特色专业

●进入软科世界一流学科排名

●通过中国工程教育专业认证

●依托浙江省一流学科和重点学科"环境科学与工程"

●拥有国家虚拟仿真实验教学项目

●拥有国家自然科学基金优青项目、国家自然科学基金重点项目、国家重点研发计划项目

●依托环保类省级实验教学示范中心重点建设项目——环境科学与工程实验教学中心

●拥有浙江省高校"双带头人"教师党支部书记工作室

●拥有全国首批环境类大学生"小平科技创新团队"

本专业是浙江省首批两个环境工程专业国家级一流本科专业建设点之一,已跻身国家一流专业的行列;通过中国工程教育专业认证,获得国际通行证。本专业是浙江省一流本科专业建设点、浙江省"十三五"优势专业,是浙江省政府碳中和碳减排、污水零直排、无废城市建设、清洁土壤行动的重要智囊团和主要践行者。本专业依托浙江省一流学科和重点学科"环境科学与工程",拥有环境科学与工程一级学科硕士学位点、资源与环境专业硕士点、环境评价与绿色统计二级学科博士点。教师和学生团队先后被党中央、团中央授予首批全国高校"百个研究生样板党支部"和全国大学生"小平科技创新团队"等荣誉称号,并多次在"挑战杯"全国大学生课外学术科技作品竞赛、中国国际"互联网+"大学生创新创业大赛等国家级比赛中斩获金奖、银奖等佳绩。

环境科学专业(授予工学学士学位)

● 浙江省一流本科专业建设点

● 依托浙江省一流学科和重点学科"环境科学与工程"

● 依托环保类省级实验教学示范中心重点建设项目——环境科学与工程实验教学中心

随着全球环境问题意识的提升,环境科学正向多学科交叉融合、智能化技术应用、全球环境治理等方向发展,创新性、实践性和跨学科综合能力的培养亦成为专业人才培养的重点。浙江工商大学环境科学专业成立于2007年,已有近20年的办学历史,是浙江省一流本科专业建设点,已成为我校大力发展"新工科"背景下的特色专业。在当前生态文明建设及"双碳"战略背景下,中国在环境健康、环境治理和碳交易领域的人才需求量不断增长,人才缺口达数十万到数百万,人才需求仍远超供给。据此,本专业围绕环境健康、智慧管控和碳交易等前沿领域,旨在培养解决污染监测与健康评估、资源环境管理等方面问题的交叉创新型人才。

给排水科学与工程专业(授予工学学士学位)

● 依托浙江省一流学科和重点学科"环境科学与工程"

● 依托环保类省级实验教学示范中心重点建设项目——环境科学与工程实验教

学中心

●"城镇水工程与管理"二级学科硕士培养方向

给排水科学与工程本科专业成立于 2008 年,2009 年开始招生,已培养了 12 届本科毕业生。本专业依托浙江省一流学科和重点学科"环境科学与工程"、环保类省级实验教学示范中心等学科和平台,拥有一支具有凝聚力和发展潜力的卓越导学师资队伍,构建了对接社会需求的复合型创新人才培养体系。经过近 20 年的发展,逐渐形成了"重基础、强能力、宽适应"的专业特色。以给排水工程能力培养为核心,以数字化、智能化手段解决水环境问题为特色,强化课程思政教育、人文素养与商科思维,注重专业知识、能力和素质等综合发展,培养学生创新精神和工程能力,强化以学生为中心与人才产出为导向的教学理念,培养具有国际视野、善于沟通与合作、立足长三角地区、面向全国的"工商融合"给排水科学与工程创新、应用型人才。

环境工程专业荐读书单

书名	作者	出版社	出版年份
新型太阳燃料光催化材料	余家国等著	武汉理工大学出版社	2019
机械设计手册	成大先主编	化学工业出版社	2017
环境催化——原理及应用	贺泓、李俊华、何洪等著	科学出版社	2008
环境材料概论	马杰、于飞、曹江林主编	化学工业出版社	2023
环保设备设计手册:大气污染控制设备	周兴求主编	化学工业出版社	2004
工业泵选用手册(第2版)	全国化工设备设计技术中心站机泵技术委员会编	化学工业出版社	2011
植被与陆地碳循环:模拟四亿年的历史	[美]戴维·比尔林、[英]伊安·伍德沃德著,王永栋、杨小菊、崔一鸣等译	科学出版社	2023
有限地球时代的怀疑论:未来的世界是垃圾做的吗	田松著	科学出版社	2007
塑料之战	[美]苏珊·弗莱恩克尔著,龙志超、张楠译	上海科学技术文献出版社	2020
气候经济与人类未来:比尔·盖茨给世界的解决方案	[美]比尔·盖茨著,陈召强译	中信出版集团	2021
奇妙的生命世界:一个生物学家的观察手札	[新西兰]维克托·梅耶-罗乔著,孙华英、刘素青编译	科学出版社	2020
六江纪事:江河十年行(2009—2012)	汪永晨主笔	花城出版社	2016
六江纪事:江河十年行(2013—2015)	汪永晨著	中国环境出版集团	2020
环境保护与生态文明	王军良、林春绵、申屠佳丽主编	中国环境出版集团	2022

书名	作者	出版社	出版年份
欢迎走进微生物组:解密人类第二基因组的神秘世界	[美]罗勃·德赛尔、[美]苏珊·L.帕金斯著,张磊、杨俊杰、盖中涛译	清华大学出版社	2018
大气污染与气候变化	张华、陈勇航、谢冰等编著	气象出版社	2022
瓦尔登湖	[美]梭罗著,田然译	北京联合出版公司	2015
置身事内:中国政府与经济发展	兰小欢著	上海人民出版社	2023
微塑料污染物	[英]克里斯托弗·布莱尔·克劳福德、[英]布莱恩·奎因著,李道季、刘凯、朱礼鑫等译	中国环境出版集团	2021
废气处理工程技术手册	王纯、张殿印主编	化学工业出版社	2013
废水处理工程技术手册	潘涛、田刚主编	化学工业出版社	2010
废水生物处理技术	王文东主编	化学工业出版社	2014
水回用:问题、技术与实践	美国 AECOM 集团梅特卡夫和埃迪公司著,文湘华、王建龙等译	清华大学出版社	2011
污水处理工程工艺设计从入门到精通	郑梅编著	化学工业出版社	2018
城镇污水处理设计入门及参考图集	李杰编著	化学工业出版社	2021
固体废物处理工程技术手册	聂永丰主编	化学工业出版社	2013
环保:向极端发展主义宣战	冯永锋著	中山大学出版社	2007
环境工程设计基础	邱贤华、杨莉主编	机械工业出版社	2015
环境工程设计案例图集	张晶、王秀花、王向举主编	化学工业出版社	2017
环境工程设计图集	张晶、王秀花、王向举主编	化学工业出版社	2017

书名	作者	出版社	出版年份
碳如何玩转地球	[美]罗伯特·M.哈森著,董汉文、曾令森译	江苏凤凰科学技术出版社	2022
拯救土壤	[美]克莉斯汀·奥尔森著,周沛郁译	北京大学出版社	2022
垃圾去哪了:日本废弃物处理的真相	[日]杉本裕明著,暴凤明译	社会科学文献出版社	2021
阳光下的新事物:20世纪世界环境史	[美]J. R. 麦克尼尔著,韩莉、韩晓雯译	商务印书馆	2013
绿镜头:大自然的昨天与今天	汪永晨著	生活·读书·新知三联书店	2004
生态文明建设十讲	郇庆治、李宏伟、林震著	商务印书馆	2014
大湖的兴衰:北美五大湖生态简史	[美]丹·伊根著,王越、李道季译	上海科学技术出版社	2020
中国生态演变与治理方略	姜春云主编	中国农业出版社	2004
中国环境史:秦汉卷	王文涛等著	高等教育出版社	2022
2005年:中国的环境危局与突围	梁从诫主编	社会科学文献出版社	2006
寂静的春天	[美]蕾切尔·卡森著,熊姣译	商务印书馆	2020
美丽浙江:地质环境资源	万治义、胡艳华编著	中国地质大学出版社	2021
自然的终结	[美]比尔·麦克基本著,孙晓春、马树林译	吉林人民出版社	2000
难以忽视的真相(经典版)	[美]阿尔·戈尔著,熊瑛、徐彤、刘竞译	湖南科学技术出版社	2015
生态修复	周启星、魏树和、张倩茹等编著	中国环境科学出版社	2006
生态学:关于变化中的地球(第3版)	[美]布什著,刘雪华译	清华大学出版社	2007

书名	作者	出版社	出版年份
膜科学与工程基础	［意］德里奥利、［意］吉奥诺编著	科学出版社	2012
水动力学和水质：河流、湖泊及河口数值模拟	［美］季振刚著，李建平、冯立成、赵万星等译	海洋出版社	2012
中国水危机	马军著	中国环境科学出版社	1999
中国环境史（近代卷）	徐建平等著	高等教育出版社	2019
上帝的手术刀：基因编辑简史	王立铭著	浙江人民出版社	2017
微生物基因组	［美］C. M. 弗雷泽、［美］T. D. 里德、［美］K. E. 纳尔逊主编，许朝晖、喻子牛等译	科学出版社	2006
北京野鸟图鉴	自然之友编	北京出版社	2001
消失的微生物：滥用抗生素引发的健康危机	［美］马丁·布莱泽著，傅贺译	湖南科学技术出版社	2016
迷人的材料（彩图升级版）	［英］马克·米奥多尼克著，赖盈满译	天津科学技术出版社	2019
中国战略性新兴产业——新材料：环境工程材料	张增志编著	中国铁道出版社	2018
光催化创造未来	［日］藤岛昭著，上官文峰译	上海交通大学出版社	2015
共同但有区别责任原则实现路径研究：以气候变化公约框架为视角	刘晶著	哈尔滨出版社、中国环境出版集团	2022
循环经济：给实践者的未来指南	［瑞士］瓦尔特·施塔尔著，曹莉萍译	上海科技教育出版社	2023

环境科学专业荐读书单

书名	作者	出版社	出版年份
解读草原困境:对于干旱半干旱草原利用和管理若干问题的认识	李文军、张倩著	经济科学出版社	2009
丰子恺护生画集选	丰子恺编绘	中华书局	1999
中国西部减贫与可持续发展	郑易生主编	社会科学文献出版社	2008
阿拉善生态环境的恶化与社会文化的变迁	马强、仲林等著	学苑出版社	2007
最后的大熊猫	白山杉、白小犇主编	山西人民出版社	2013
熊猫史诗	方敏著	重庆出版社	2008
常见昆虫	唐志远编著	中国林业出版社	2008
常见树木①:北方	汪劲武编著	中国林业出版社	2007
中国西部生态警示录	刘大平编著	中国环境科学出版社	2002
中国的保护地	解焱、汪松、Peter Schel 主编	清华大学出版社	2004
雪山寻梦	沈孝辉著	沈阳出版社	1998
20 世纪环境警示录	自然之友编	华夏出版社	2001
不要指责环保局长:从北京看中国城市环保出路	冯永锋著	世界知识出版社	2007
拯救云南	冯永锋著	内蒙古人民出版社	2006
错错错:唐锡阳绿色沉思与百家评点	唐锡阳编著	沈阳出版社	2004
2005 年:中国环境的危局与突围	梁从诚主编	社会科学文献出版社	2006

书名	作者	出版社	出版年份
为无告的大自然	梁从诫、梁晓燕主编	百花文艺出版社	2000
长江魂	杨欣著	岭南美术出版社	1997
生态学与大农业发展	侯学煜著	安徽科学技术出版社	1984
《中华人民共和国海洋环境保护法》修改解读	国家海洋局生态环境保护司、国务院法制办农林城建资源环保法制司编	海洋出版社	2017
六江纪事:江河十年行 2013—2015	汪永晨著	中国环境出版集团	2020
天珠	刘鉴强著	西藏人民出版社	2009
中国环境发展报告(2009)	自然之友编,杨东平主编	社会科学文献出版社	2009
环球绿色行	唐锡阳、马霞·玛尔柯斯著	漓江出版社	1993
垃圾去哪了:日本废弃物处理的真相	[日]杉本裕明著,暴凤明译	社会科学文献出版社	2021
碳中和:逻辑体系与技术需求	丁仲礼、张涛等著	科学出版社	2022
碳如何玩转地球	[美]罗伯特·M.哈森著,董汉文、曾令森译	江苏凤凰科学技术出版社	2022
中国生态演变与治理方略	姜春云主编	中国农业出版社	2004
以自然之力恢复自然	蒋高明著	中国水利水电出版社	2008
生态学:关于变化中的地球(第3版)	[美]布什著,刘雪华译	清华大学出版社	2007
环保的暴力	[捷克]瓦茨拉夫·克劳斯著,宋凤云、沃伊朵娃译	世界图书出版公司	2012
中国环境与发展评论(第8卷) 减污降碳20年:回顾与展望	中国社会科学院环境与发展研究中心主编	中国社会科学出版社	2022

书名	作者	出版社	出版年份
阳光下的新事物:20世纪世界环境史	[美]J.R.麦克尼尔著,韩莉、韩晓雯译	商务印书馆	2013
生态文明建设十讲	郇庆治、李宏伟、林震著	商务印书馆	2014
大湖的兴衰:北美五大湖生态简史	[美]丹·伊根著,王越、李道季译	上海科学技术出版社	2020
大象的退却:一部中国环境史	[英]伊懋可著,梅雪芹、毛利霞、王玉山译	江苏人民出版社	2014
中国环境史(近代卷)	徐建平等著	高等教育出版社	2020
2005年:中国的环境危局与突围	梁从诫主编	社会科学文献出版社	2006
寂静的春天	[美]雷切尔·卡森著,熊姣译	商务印书馆	2020
美丽浙江:地质环境资源	万治义、胡艳华编著	中国地质大学出版社	2021
自然的终结	[美]比尔·麦克基本著,孙晓春、马树林译	吉林人民出版社	2000
难以忽视的真相(经典版)	[美]阿尔·戈尔著,熊瑛、徐彤、刘竞译	湖南科学技术出版社	2015
生态修复	周启星、魏树和、张倩茹等编著	中国环境科学出版社	2006
美国大城市的死与生	[加拿大]简·雅各布斯著,金衡山译	译林出版社	2022
水动力学和水质:河流、湖泊及河口数值模拟	[美]季振刚著,李建平、冯立成、赵万星等译	海洋出版社	2012
环境史:从人与自然的关系叙述历史	田丰、李旭明主编	商务印书馆	2011
中国履行《生物多样性公约》第六次国家报告	中华人民共和国生态环境部编著	中国环境出版集团	2019
消失的微生物:滥用抗生素引发的健康危机	[美]马丁·布莱泽著,傅贺译	湖南科学技术出版社	2016

书名	作者	出版社	出版年份
土壤学与生活（原书第十四版）	［美］尼尔·布雷迪、［美］雷·韦尔著,李保国、徐建明等译	科学出版社	2019
碳时代:文明与毁灭	［美］埃里克·罗斯顿著,吴妍仪译	生活·读书·新知三联书店	2017
十万年后的地球	［美］寇特·史塔格著,王家轩译	北京大学出版社	2020
全球能源转型背景下的中国能源革命	国务院发展研究中心、壳牌国际有限公司著	中国发展出版社	2019
边做环保边撒谎:写给公众的环保内参	冯永锋著	世界知识出版社	2009
亲历可可西里10年:志愿者讲述	杨欣摄影,邓康延、杨礁文字整理	生活·读书·新知三联书店	2005

给排水科学与工程专业荐读书单

书名	作者	出版社	出版年份
室外给水设计规范	上海市建设和交通委员会主编	中国计划出版社	2006
建筑灭火器配置设计规范	中华人民共和国公安部主编	中国计划出版社	2005
室外给水设计标准	中华人民共和国住房和城乡建设部主编	中国计划出版社	2019
室外排水设计规范	上海市建设和交通委员会主编	中国计划出版社	2006
《室外排水设计规范》GB 50014—2006(2016年版)解读	张福先、董志华编著	中国建筑工业出版社	2017
建筑给水排水设计规范	上海市城乡建设和交通委员会主编	中国计划出版社	2010
消防给水及消火栓系统技术规范	中华人民共和国公安部主编	中国计划出版社	2014
自动喷水灭火系统设计规范	中华人民共和国公安部主编	中国计划出版社	2017
建筑给水排水工程习题集	王宏、张林军主编	化学工业出版社	2014
建筑给水排水工程习题集	刘德明编著	中国建筑工业出版社	2008
城市给排水工程规划与设计	王迪、崔卉、鲁教银著	吉林科学技术出版社	2022
高层建筑给水排水工程(第2版)	李亚峰、张胜、吴昊主编	机械工业出版社	2015
排水工程:上册(第5版)	张智主编	中国建筑工业出版社	2015
排水工程:下册(第5版)	张自杰主编	中国建筑工业出版社	2015

书名	作者	出版社	出版年份
水力学学习指导与习题详解（第2版）	裴国霞主编	机械工业出版社	2021
给水排水工程专业	高湘等编	中国建筑工业出版社	2006
给水工程（上册）	严煦世、高乃云主编	中国建筑工业出版社	2020
给水工程（下册）	严煦世、高乃云主编	中国建筑工业出版社	2022
建筑给水排水工程设计计算	李玉华、苏德俭主编	中国建筑工业出版社	2006
给水排水标准图集	中国建筑标准设计研究院组织编制	中国计划出版社	2007
给水排水设计手册　第2册·建筑给水排水（第3版）	中国核电工程有限公司主编	中国建筑工业出版社	2012
给水排水设计手册　第3册·城镇给水（第3版）	上海市政工程设计研究总院（集团）有限公司主编	中国建筑工业出版社	2017
给水排水设计手册　第4册·工业给水处理（第2版）	华东建筑设计研究院有限公司主编	中国建筑工业出版社	2002
给水排水设计手册　第5册·城镇排水（第3版）	中国市政工程设计研究总院主编	中国建筑工业出版社	2017
给水排水设计手册　第6册·工业排水（第3版）	北京市市政工程设计研究总院主编	中国建筑工业出版社	2002
给水排水设计手册　第7册·城镇防洪（第3版）	中国市政工程东北设计研究院主编	中国建筑工业出版社	2014
给水排水设计手册　第8册·电气与自控（第3版）	中国市政工程中南设计研究总院有限公司主编	中国建筑工业出版社	2013
给水排水设计手册　第9册·专用机械（第3版）	上海市政工程设计研究总院（集团）有限公司主编	中国建筑工业出版社	2012

书名	作者	出版社	出版年份
给水排水设计手册 第10册·技术经济(第3版)	上海市政工程设计研究总院(集团)有限公司主编	中国建筑工业出版社	2012
给水排水设计手册 第11册·常用设备(第3版)	中国市政工程西北设计研究院有限公司主编	中国建筑工业出版社	2014
给水排水设计手册 第12册·器材与装置(第3版)	中国市政工程华北设计研究总院、中国城镇供水排水协会设备材料工作委员会主编	中国建筑工业出版社	2012
污水处理工程工艺设计从入门到精通	郑梅编著	化学工业出版社	2018
城镇污水处理设计入门及参考图集	李杰主编	化学工业出版社	2021
固体废物处理工程技术手册	聂永丰主编	化学工业出版社	2013
垃圾去哪了:日本废弃物处理的真相	[日]杉本裕明著,暴凤明译	社会科学文献出版社	2021
废气处理工程技术手册	王纯、张殿印主编	化学工业出版社	2013
废水处理工程技术手册	潘涛、田刚主编	化学工业出版社	2010
废水生物处理技术	王文东主编	化学工业出版社	2014
水回用:问题、技术与实践	美国 AECOM 集团梅特卡夫和埃迪公司著,文湘华、王建龙等译	清华大学出版社	2011
文明的"双相":灾害与历史的缠绕	夏明方著	广西师范大学出版社	2020
环境工程设计基础	邱贤华、杨莉主编	机械工业出版社	2015
环境工程设计案例图集	张晶、王秀花、王向举主编	化学工业出版社	2017
环境工程设计图集	张晶、王秀花、王向举主编	化学工业出版社	2017
水动力学和水质:河流、湖泊及河口数值模拟	[美]季振刚著,李建平、冯立成、赵万星等译	海洋出版社	2012

书名	作者	出版社	出版年份
建筑给水排水设计手册（上下册）（第三版）	中国建筑设计研究院有限公司主编	中国建筑工业出版社	2018
供热通风与空气调节系统设计手册	[美]罗杰·海因斯、[美]刘易斯·维尔森编著,陈超、李俊梅等译	机械工业出版社	2008
水工程经济（第2版）	张勤、梁建军、张国珍主编	中国建筑工业出版社	2019

信息与电子工程学院
School of Information and
Electronic Engineering

信息与电子工程学院

学院介绍

　　信息与电子工程学院办学历史悠久,从 1979 年开始招收本科生。学科排名位列全国前 30%—40%。

　　学院在网络与通信技术、互联网技术、智能信息处理、量子信息处理等方向上开展了深入的研究工作,取得了显著的研究成果,并实现了科研项目层次的重要突破。

专业介绍

人工智能专业(授予工学学士学位)

　　人工智能是经济发展的新引擎、社会发展的加速器。人工智能专业是提升浙江省新一代人工智能科技创新能力,支撑浙江省数字经济发展的新工科专业。本专业结合浙江工商大学的"大商科"办学定位,培养具备电子信息科学、数学、计算机学、统计学、商学等多学科交叉知识背景,掌握人工智能领域基本理论方法与专业核心技术,能够综合运用所学知识解决人工智能相关复杂工程问题,能够在自动驾驶、AI 机器人、智能监控、智慧金融等涉及人工智能的领域从事科学研究、技术应用、系统开发、项目管理等工作的行业骨干及复合型人才。

电子信息工程专业(授予工学学士学位)

●全国财经类高校排名第一

●浙江省一流本科专业建设点、浙江省"十三五"特色专业、浙江省重点建设专业

●拥有本科、硕士的人才培养体系

本专业依托浙江省一流学科、重点学科信息与通信工程和浙江工商大学萨塞克斯人工智能学院,面向电子系统设计与开发、智能信息处理,培养具备电路与系统、信号获取与处理、信息与通信网络、计算机应用等方面知识和能力,能从事电子信息领域产品设计测试、技术开发、项目管理或教学科研的高级专业人才。本专业学生主要学习电子线路、信号与系统、单片机技术、电子系统设计、计算机、通信网络相关理论等,接受电子信息工程实践的基本训练,以具备解决电子信息领域复杂工程问题的基本能力。

通信工程专业(授予工学学士学位)

● 浙江省一流本科专业建设点

● 浙江工商大学重点和特色专业

● 近3年专业排名均进入全国前15%

● 专业负责人及其团队制定完成了新一代互联网国际标准(5项)

本专业依托浙江省一流学科、重点学科信息与通信工程和浙江工商大学萨塞克斯人工智能学院,是省重点建设的一流专业。专业"立足浙江,融入长三角",坚持"立德树人""专业成才、精神成人"的人才培养理念,致力于培养能适应社会主义现代化建设和信息产业发展需要,具备扎实的理论基础、工程知识、专业实践能力和创新创业能力,特别是能够在通信工程及相关领域从事软硬件产品的设计、开发、调试、运维、工程应用和管理等方面工作,并具备一定的人文社会科学素养与国际视野的高素质复合型专门人才。

人工智能专业荐读书单

书名	作者	出版社	出版年份
Python 编程:从入门到实践（第 2 版）	[美]埃里克·马瑟斯著,袁国忠译	人民邮电出版社	2023
图解深度学习	[日]山下隆义著,张弥译	人民邮电出版社	2018
图神经网络:基础、前沿与应用	吴凌飞、裴健、崔鹏等编	人民邮电出版社	2022
深入浅出图神经网络:GNN 原理解析	刘忠雨、李彦霖、周洋著	机械工业出版社	2020
Python 基础教程（微课版）	林志灿、涂晓彬、林智欣主编	清华大学出版社	2023
机器学习	周志华著	清华大学出版社	2016
人工智能工程技术人员人工智能基础知识	人力资源社会保障部专业技术人员管理司组织编写	中国人事出版社	2023
人工智能芯片设计	尹首一、涂锋斌、朱丹等著	龙门书局	2020
大学怎么读:以电子信息类专业为例	张有光、顾慧毅、王梦醒编著	电子工业出版社	2021
人工智能产品经理技能图谱:AI 技术与能力升级	张俊林、王斌编著	机械工业出版社	2021
人工智能:理论基础＋商业落地＋实战场景＋案例分析	邓文浩著	电子工业出版社	2021
人工智能伦理与安全	沈寓实、徐宁、李雨航主编	清华大学出版社	2021
人工智能应用开发与案例分析	缑绵主编	清华大学出版社	2023
异构智算:高效算力筑基数字社会	郭亮、李洁、彭竞等编著	人民邮电出版社	2022
人工智能三驾马车:大数据、算力和算法	张云泉、方娟、贾海鹏等编著	科学技术文献出版社	2020
程序员数学:用 Python 学透线性代数和微积分	[美]保罗·奥兰德著,百度 KFive 译	人民邮电出版社	2021

书名	作者	出版社	出版年份
详解 FPGA：人工智能时代的驱动引擎	石侃编著	清华大学出版社	2021
量子人工智能引论	邱玉辉、周竹荣、张元平等编著	西南师范大学出版社	2021
被人工智能操控的金融业	［日］樱井丰著，林华、沈美华译	中信出版集团	2018
金融科技：人工智能与机器学习卷	刘斌、赵云德著	机械工业出版社	2019
智能金融：人工智能在金融科技领域的 13 大应用场景	谷来丰、赵国玉、邓伦胜著	电子工业出版社	2019
金融中的机器学习	［英］简尼斯·克拉斯著，曾荣飞译	人民邮电出版社	2021
金融中的人工智能	吴汉铭、［印］苏哈什·沙阿著，叶伟民译	人民邮电出版社	2022
芯片战争：历史与今天的半导体突围	脑极体著	北京大学出版社	2022
人工智能科普知识手册	中国电子学会编	科学普及出版社	2021
人工智能通识讲义	李楠、李建军、李宇翔等著	机械工业出版社	2022
人工智能伦理导论	莫宏伟、徐立芳编著	西安电子科技大学出版社	2022
算法治理：法律和道德挑战	［德］马丁·艾泊斯、［西］玛尔塔·坎泰罗·伽米托编，姚前、冯蕾译	中国金融出版社	2022
数智时代：AI 应用与地方政府智能治理	叶岚著	上海人民出版社	2023
人工智能与国家治理	《人工智能与国家治理》编写组著	人民出版社	2020
人工智能与法律	冯子轩主编	法律出版社	2020
人工智能创新启示录：技术前沿	中国电子信息产业发展研究院（赛迪研究院）编	人民邮电出版社	2022

电子信息工程专业荐读书单

书名	作者	出版社	出版年份
STM32 单片机原理与项目实战	刘龙、高照玲、田华著	人民邮电出版社	2022
STM32 单片机全案例开发实战	蔡杏山主编	电子工业出版社	2022
基于 STM32 的单片机与接口技术	丁德红主编	机械工业出版社	2023
单片机原理及应用	屈召贵编著	北京航空航天大学出版社	2023
基于 Proteus 的单片机设计与调试	冯良、郭书军、朱青建编著	电子工业出版社	2023
51 单片机编程（原理接口制作实例）	周长锁编著	化学工业出版社	2023
STC32 位 8051 单片机原理与应用	丁向荣编著	电子工业出版社	2023
单片机原理及应用技术：基于 Keil C 与 Proteus	赵全利、忽晓伟主编	人民邮电出版社	2023
单片机课程设计指导（第 2 版）	彭敏、邹静、王瑞瑛等编著	华中科技大学出版社	2023
STC 单片机原理与应用	丁向荣、朱冠良主编	上海交通大学出版社	2023
单片机原理与应用：C51 编程＋Proteus 仿真	刘霞、李文、王忠东主编	机械工业出版社	2023
单片机与嵌入式系统：基于 51 单片机 Proteus 仿真和 C2 语言编程	吕宗旺、李忠勤、孙福艳主编	化学工业出版社	2023

书名	作者	出版社	出版年份
单片机原理及应用	丁坤主编	机械工业出版社	2024
全国大学生电子设计竞赛优秀设计方案选编：2018、2019年江苏赛区	胡仁杰、堵国樑、黄慧春主编	东南大学出版社	2020
第十五届全国大学生电子设计竞赛获奖作品选编	全国大学生电子设计竞赛组织委员会编	西安电子科技大学出版社	2023
电子设计竞赛综合训练	宾峰、孙秋芹主编	中南大学出版社	2023
Verilog HDL 与 FPGA 数字系统设计（第2版）	罗杰主编	机械工业出版社	2022
Intel FPGA 数字信号处理设计（基础版）	杜勇编著	电子工业出版社	2022
Verilog 数字系统设计与 FPGA 应用	赵倩、叶波、邵法编著	清华大学出版社	2022
FPGA 系统设计原理与实例	韩力英、高振斌、王杨等主编	北京航空航天大学出版社	2022
FPGA 开发实用教程：基于 Xilinx 和 Verilog HDL（微课版）	钟世达、张沛昌、袁涛等编著	电子工业出版社	2023
AMD FPGA 设计优化宝典	高亚军编著	电子工业出版社	2023
EDA 技术与 FPGA 应用设计	张博、张文爱主编	电子工业出版社	2023
电机理论与电磁场仿真分析	邱洪波著	重庆大学出版社	2022
电磁场与电磁波教学、学习与考研指导	张洪欣、沈远茂、张鑫编著	清华大学出版社	2023
电磁场与电磁波的 MATLAB 实现	谭阳红、高兵、帅智康编著	机械工业出版社	2023
电磁场理论与应用仿真	嵇艳鞠等编著	科学出版社	2023
《电磁场与电磁波（第六版）》学习指导	郭辉萍、刘学观编著	西安电子科技大学出版社	2023

书名	作者	出版社	出版年份
信号与系统实验	许风慧主编	机械工业出版社	2023
现代语音信号处理理论与技术	胡航编著	电子工业出版社	2023
数字信号处理:原理算法与应用(第五版)	[美]约翰·G.普罗克斯、[美]迪米特里·G.马诺来克斯著,余翔宇、刘琲贝、马碧云等译	电子工业出版社	2023
新概念模拟电路(下):信号处理和源电路	杨建国著	人民邮电出版社	2023
信号检测与估计	张立毅主编	清华大学出版社	2023
信号与系统分析	赵泓扬主编	电子工业出版社	2023
数字信号处理	桂志国、陈友兴、张权等编著	电子工业出版社	2023
数字信号处理原理与应用(第2版)	李勇、程伟主编	西北工业大学出版社	2023
数字信号处理从入门到进阶	潘矜矜、潘丹青编著	化学工业出版社	2023
信号与系统:基于MATLAB的方法(第2版)	谭鸽伟、冯桂、黄公彝等编著	清华大学出版社	2023
数字信号处理:理论、算法与实现(第四版)	胡广书编著	清华大学出版社	2023
非平稳随机信号的分数域分析与处理	苗红霞、张峰、彭木根著	人民邮电出版社	2023
信号与系统(第2版)	孙爱晶、吉利萍、党薇编著	电子工业出版社	2023
信号检测与估计(第2版)	周强著	电子工业出版社	2021
信号与系统仿真教程及实验指导	安成锦、王雪莹、吴京编著	清华大学出版社	2022
信号与系统:微课版(支持H5交互)	尹霄丽、尹龙飞、滕颖蕾编著	人民邮电出版社	2023

书名	作者	出版社	出版年份
模拟电路基础	何松柏、吴涛主编	高等教育出版社	2018
模拟电子技术	罗桂娥主编	中国水利水电出版社	2020
模拟电子技术基础(第5版)学习辅导与习题解答	华成英编	高等教育出版社	2015
模拟电子技术基础:应用型本科电子信息系列	陈蕴主编	安徽大学出版社	2018
模拟电子技术基础(第六版)	华成英主编	高等教育出版社	2023
数字逻辑电路分析与设计(第二版)	〔美〕Victor P. Nelson、〔美〕Bill D. Carroll、〔美〕H. Troy Nagle 等著,熊兰、杨子康、周静等译	电子工业出版社	2023
数字信号处理及应用学习指导与习题解析(微课版)	黄琼丹主编	人民邮电出版社	2023
通信电路	徐勇主编	东南大学出版社	2023
电路(原书第11版·英文版)	〔美〕詹姆斯·W.尼尔森、〔美〕苏珊·A.里德尔著	电子工业出版社	2023
电路分析基础(第三版)	李实秋、李立主编	西安电子科技大学出版社	2023
电路实验教程	赵磊主编	东南大学出版社	2023
数字电路	贾立新编著	电子工业出版社	2023
模拟电子电路分析与应用	曾丹主编	上海大学出版社	2023
数字电路的 FPGA 设计与实现:基于 Xilinx 和 Verilog HDL(微课版)	董磊、段磊主编	电子工业出版社	2023
数字电路与逻辑设计	林红、郭典、林晓曦编著	清华大学出版社	2023
电路设计、仿真与 PCB 设计:从模拟电路、数字电路、射频电路、控制电路到信号完整性分析(第2版)	崔岩松编著	清华大学出版社	2024

书名	作者	出版社	出版年份
电路分析基础学习指导	李建兵、常青美、王雪明等编著	国防工业出版社	2024
晶体管电路设计	陈石平编著	科学出版社	2024
电路基础实验	电路基础实验课程组编著	北京大学出版社	2009
集成电路产业关键技术专利分析报告	集成电路产业关键技术分析研究组编著	电子工业出版社	2018
电路分析基础答疑解惑与典型题解	北京邮电大学"电路分析基础"教学团队编写	北京邮电大学出版社	2019
电路与电子学	李晶皎、王文辉著	电子工业出版社	2012
电路	[美]乌拉比、[美]马哈必斯著，于歆杰等译	高等教育出版社	2014
电路（第6版）	邱关源原著，罗先觉主编	高等教育出版社	2022
电路分析基础（中英文版）	张雪菲主编	北京邮电大学出版社	2020
电路分析基础（第2版）	李丽敏编著	机械工业出版社	2024
C语言程序设计：现代方法（第2版·修订版）	[美]K.N.金著，吕秀锋、黄倩译	人民邮电出版社	2022
电路与电子技术实验	朱金刚、王效灵等编著	浙江工商大学出版社	2012
数字电子技术实验与仿真	顾秋洁、谭爱国、孙浩主编	西安电子科技大学出版社	2016
数字电子技术实验与实践	吴慎山主编	电子工业出版社	2011
数字电子技术实验	孙梯全、施琴主编	东南大学出版社	2015
数字电子技术实验指导书（第二版）	刘泾主编	高等教育出版社	2016
数字电子技术实验教程	房国志主编	哈尔滨工业大学出版社	2013
电子技术基础实验与实训教程	王英主编	西南交通大学出版社	2019

书名	作者	出版社	出版年份
数字电子技术实验教程	白雪梅、郝子强主编	电子工业出版社	2014
电路分析基础（第3版）	俎云霄、李巍海、侯宾等编著	电子工业出版社	2020
复变函数与积分变换	宫华主编	清华大学出版社	2023
复变函数与积分变换	贾君霞主编	西安电子科技大学出版社	2017
复变函数与积分变换（第4版）	苏变萍、陈东立编	高等教育出版社	2022
复变函数简明教程	谭小江、伍胜健编著	北京大学出版社	2006
复变函数（第二版）	王绵森主编	高等教育出版社	2020
复变函数与拉普拉斯变换（第三版）	金忆丹、尹永成编著	浙江大学出版社	2003
复变函数与积分变换	何桂添、唐国吉编	上海交通大学出版社	2023
复变函数（第2版）	严镇军编	中国科学技术大学出版社	2001
模拟电子线路（第2版）	杨凌主编	清华大学出版社	2019
无线通信系统中的小型化基片集成波导滤波器	朱永忠、张怿成、左开伟等著	西安电子科技大学出版社	2021
模拟电子线路设计	高吉祥主编	高等教育出版社	2013
电路与模拟电子电路 PSpice 仿真分析及设计	杨维明、谌雨章主编	电子工业出版社	2016
CST 仿真设计理论与实践	张晓主编	清华大学出版社	2023
简明微波	梁昌洪、谢拥军、宫伯然编著	高等教育出版社	2006
宽禁带半导体高频及微波功率器件与电路	赵正平等著	国防工业出版社	2017
微波无线能量传输原理与技术	黄卡玛、陈星、刘长军著	科学出版社	2021

书名	作者	出版社	出版年份
微波技术与天线（第 4 版）（修订版）	李延平、王新稳、李萍等编著	电子工业出版社	2021
微波技术与微波电路	李绪益编著	华南理工大学出版社	2007
简明高功率微波技术	方进勇等编著	化学工业出版社	2022
微波器件测量手册:矢量网络分析仪高级测量技术指南	[美]敦思摩尔著，陈新、程宁、胡雨辰等译	电子工业出版社	2014
微波耦合滤波器及射频电路工程设计	王晨浩、师晓敏著	中国石化出版社	2022
新型微波滤波器的理论与设计	褚庆昕、涂治红、陈付昌等著	科学出版社	2016
模拟滤波器与电路设计手册	[美]威廉姆斯著,路秋生译	电子工业出版社	2016
通信系统微波滤波器:基础篇(第二版)	[英]理查德·J.卡梅伦、[加拿大]钱德拉·M.库德西亚、[加拿大]拉法特·R.曼苏尔著,王松林译	电子工业出版社	2022
MATLAB 电磁场与微波技术仿真	梅中磊、李月娥、马阿宁编著	清华大学出版社	2020
电磁场与电磁波学习指导与典型题解	梅中磊、曹斌照、牛调明编著	清华大学出版社	2022
电磁场与电磁波教学、学习与考研指导(第 2 版)	张洪欣、沈远茂、张鑫编著	清华大学出版社	2019
微波技术与微波器件(第 2 版)	栾秀珍、王钟葆、傅世强等编	清华大学出版社	2022

通信工程专业荐读书单

书名	作者	出版社	出版年份
MATLAB 无线通信系统建模与仿真	丁伟雄编著	清华大学出版社	2022
基于 5G 的基站建设与维护	李雪主编	电子工业出版社	2021
5G 系统技术原理与实现	吴俊卿、张智群、李保罡编著	人民邮电出版社	2021
5G 与卫星通信融合	陈昊、金世超主编	电子工业出版社	2024
5G:未来 IT 图解	[日]石川温著,王越骐译	中国工人出版社	2024
移动通信原理	陈威兵、张刚林、冯璐编著	清华大学出版社	2024
漫话 6G	李文璟、喻鹏、丰雷著	中国科学技术出版社	2024
6G 新技术、新网络、新通信	李贝编著	人民邮电出版社	2024
奥本海默传	[美]凯·伯德、[美]马丁·J.舍温著,李霄垅、华夏、裔祖译	译林出版社	2009
大话通信(第 2 版)	杨波、王无杰、周亚宁编著	人民邮电出版社	2019
完全图解 5G	[日]饭盛英二、[日]田原干雄、[日]中村隆治著,陈欢译	中国水利水电出版社	2022
小波分析与分数傅里叶变换及应用	冉启文、谭立英著	国防工业出版社	2002
深入浅出通信原理	陈爱军著	清华大学出版社	2018
智能通信:基于深度学习的物理层设计	金石、温朝凯编著	科学出版社	2020
深空通信	[美]吉姆·泰勒主编,李赞、程承译	清华大学出版社	2023
目标感	[美]威廉·戴蒙著,成实、张凌燕译	国际文化出版公司	2020

书名	作者	出版社	出版年份
时空简史:从芝诺悖论到引力波	朱伟勇、朱海松著	电子工业出版社	2018
香农传:从 0 到 1 开创信息时代	[美]吉米·索尼、[美]罗伯·古德曼著,杨晔译	中信出版集团	2018

计算机科学与技术学院
School of Computer Science
and Technology

计算机科学与技术学院

学院介绍

　　计算机科学与技术学院成立于 1985 年,学科实力位居全国财经类院校第一,教育部学科评估 B 类,拥有 2 个国家级一流本科专业建设点。学院计算机科学与技术学科于 2021 年 5 月起进入 ESI 全球排名前 1%;在软科中国最好学科排名中,计算机科学与技术学科连续两年(2021—2022)位居全国第 59 位(居前 30%)。

专业介绍

计算机科学与技术专业(授予工学学士学位)

- ●国家级一流本科专业建设点
- ●中国工程教育认证专业、国家级特色专业
- ●浙江省"十二五"优势专业

　　计算机科学与技术专业服务于国家发展未来产业和数字经济的战略需求,依托学校"数字+"学科建设规划,面向人工智能时代,重点培养智慧商务、智慧城市、智能机器人等交叉领域的软硬件系统研发人才。学生通过典型的智能化场景对机器视觉、深度学习、自然语言处理、嵌入式等前沿技术进行深入探讨,掌握物联网工程、电子商务、金融工程等专业的基础知识,具备综合运用人工智能、云计算、大数据等技术解决跨领域智能应用场景中复杂工程问题的能力,如智能推荐、语音识别、图像识别、虚拟现实、自动驾驶等,能够胜任在金融科技、机器视觉、智能设备等领域从事软件开发、算法设计和运维管理等工作。本专业的教学具有"场景驱动、

智商融合"的特点,既注重培养学生的专业技术能力,又强调基本的商业思维,为学生未来从事技术研发、科学研究和创新创业等打下坚实基础。

软件工程专业(授予工学学士学位)

- ●国家级一流本科专业建设点
- ●浙江省软件外包试点专业

　　软件是信息技术之魂、经济转型之擎、数字社会之基,重点培养面向互联网软件开发与管理、人工智能及大数据算法模型应用两个方面的软件研发人才。软件工程专业聚焦国家智慧商务软件产业发展重点,实施互联网软件开发与管理、人工智能算法模型与大数据分析应用两大方向的工程教育,以培养面向电子商务、金融、会计等行业的卓越软件研发人才为目标。培养具备计算机科学、软件工程、人工智能和数据科学基础知识与技能;具备软件开发,及在人工智能与大数据分析应用环境下采取新方法与新技术的专业知识与技能;具备项目管理、团队协作、外包分工等工程知识与技能,以及具备工程师素养与发展潜力的职业知识与技能的软件工程人才。

信息安全专业(授予工学学士学位)

- ●浙江省一流本科专业建设点
- ●国家战略/社会急需专业
- ●在软科中国专业排名中连续多年位列财经类高校第一

　　信息安全专业以国家信息安全战略发展和人才需求为导向,立足学校的办学定位和优势,重点培养学生在电子商务、智慧金融、数字生活等行业中的信息安全技术研发和管理能力。既具备扎实的数理与计算机底层理论基础,又拥有过硬的实际动手能力,具备解决云计算、大数据、区块链、人工智能等新型场景与复杂环境下的信息安全问题的能力,能够从事计算机、通信、电子信息、电子商务、军事、公安等领域的信息安全研究、应用、开发和管理等方面的工作。就业形势好、起薪高、发展前景好,连续多次被评为毕业生最满意、最具幸福感专业。本专业具有两大特色:政产教融合、虚实结合,重点培养金融科技安全和人工智能安全两个方面的信息安全人才。

信息安全专业下设金融科技安全和人工智能安全两个方向,重点培养商业金融科技领域和人工智能领域的信息安全人才。信息安全专业的育人特色在于响应国家战略需求,面向本省和区域数字经济的发展,融合政府、企业和高校多方力量,培养既具备优秀专业能力又具备优秀思想素质的创新型人才。

计算机科学与技术专业荐读书单

书名	作者	出版社	出版年份
神经科学:探索脑(第4版)	〔美〕Mark F. Bear、〔美〕Barry W. Connors、〔美〕Michael A. Paradiso 著,朱景宁、王建军主译	电子工业出版社	2023
Deep Learning	〔英〕Christopher M. Bishop、〔英〕Hugh Bishop 著	Springer	2023
学习心理学(第8版)	〔美〕简妮·爱丽丝·奥姆罗德著,陈陈、杨兰、张心玮译	中国人民大学出版社	2023
C++Primer 中文版(第5版)	〔美〕李普曼、〔美〕拉乔伊、〔美〕默著,王刚、杨巨峰译	电子工业出版社	2013
C++游戏编程:创建3D游戏	〔美〕桑贾伊·马达夫著,王存珉、王燕译	人民邮电出版社	2019
虚拟现实与增强现实:神话与现实	〔法〕布鲁诺·阿纳迪、〔法〕帕斯卡·吉顿、〔法〕纪尧姆·莫罗编,侯文军、蒋之阳译	机械工业出版社	2020
自然语言处理入门	何晗著	人民邮电出版社	2019
互联网创业核心技术:构建可伸缩的web应用	〔美〕阿特·艾斯蒙特著,李智慧、何坤译	电子工业出版社	2016
一本书读懂 Web3.0:区块链、NFT、元宇宙和DAO	a15a 著	电子工业出版社	2022
计算机网络:自顶向下方法(原书第8版)	〔美〕詹姆斯·F.库罗斯、〔美〕基思·W.罗斯著,陈鸣译	机械工业出版社	2022
计算机组成与设计:硬件/软件接口	〔美〕戴维·A.帕特、〔美〕约翰·L.亨尼斯著,王党辉、安建峰、张萌等译	机械工业出版社	2022
动手玩转 Scratch3.0 编程:人工智能科创教育指南	〔美〕马吉德·马吉著,李泽、于欣龙译	电子工业出版社	2020

书名	作者	出版社	出版年份
Python3 网络爬虫开发实战（第 2 版）	崔庆才著	人民邮电出版社	2021
Django＋Vue. js 实战派：Python Web 开发与运维	杨永刚著	电子工业出版社	2022
流畅的 Python	[巴西]卢西亚诺·拉马略著,安道译	人民邮电出版社	2023
Python 金融衍生品大数据分析:建模、模拟、校准与对冲	[德]伊夫·希尔皮斯科著,蔡立崙译	电子工业出版社	2017
Python 数据科学手册	[美]杰克·万托布拉斯,陶俊杰、陈小莉译	人民邮电出版社	2018
Django 企业开发实战:高效 Python Web 框架指南	胡阳著	人民邮电出版社	2019
JavaScript 权威指南（原书第 7 版）	[美]弗兰纳根著,李松峰译	机械工业出版社	2021
机器学习实战:基于 Scikit-Learn、Keras 和 TensorFlow（原书第 2 版）	[法]奥雷利安·杰龙著,宋能辉、李娴译	机械工业出版社	2020
动手学深度学习:PyTorch 版	阿斯顿·张、[美]扎卡里·C.立顿、李沐等著,何孝霆、瑞潮儿·胡译	人民邮电出版社	2023
强化学习	[加拿大]理查德·萨顿、[美]安德鲁·巴图著,俞凯等译	电子工业出版社	2019
机器学习	周志华著	清华大学出版社	2016
深度学习	[美]伊恩·古德费洛、[加拿大]约书亚·本吉奥、[加拿大]亚伦·库维尔著,赵申剑、黎彧君、符天凡等译	人民邮电出版社	2017

书名	作者	出版社	出版年份
统计学习方法(第2版)	李航著	清华大学出版社	2019
深入理解计算机系统	[美]兰德尔 E. 布莱恩特、[美]大卫 R.奥哈拉伦著,龚奕利、贺莲译	机械工业出版社	2016
算法图解:像小说一样有趣的算法入门书	[美]巴尔加瓦著,袁国忠译	人民邮电出版社	2017
算法(第4版)	[美]塞奇威克、[美]韦恩著,谢路云译	人民邮电出版社	2012
因果论:模型、推理和推断(原书第2版)	[美]朱迪亚·珀尔著,刘礼、杨矫云、廖军等译	机械工业出版社	2022
博弈论	[美]约翰·冯·诺依曼著,刘霞译	沈阳出版社	2020
策略博弈	[美]阿维纳什·迪克西特、[美]苏珊·斯克丝、[美]戴维·赖利著,王新荣、马牧野等译	中国人民大学出版社	2020
矩阵计算	[美]吉恩·戈卢布、[美]查尔斯·范洛恩著,程晓亮译	人民邮电出版社	2020
Monte carlo statistical methods (英文版·第2版)	[法]罗伯特著	世界图书出版公司	2009
Numerical Optimization	[美]Jorge Nocedal、[美]Stephen J. Wright 著	Springer	2006
TCP/IP 详解 卷1:协议	[美]凯文 R. 福尔、[美]W. 理查德·史蒂文斯著,吴英、张玉、许昱玮译	机械工业出版社	2016
人工智能:现代方法	[美]斯图尔特·罗素、[美]彼得·诺维格著,张博雅、陈坤、田超等译	人民邮电出版社	2022

书名	作者	出版社	出版年份
贝叶斯的博弈：数学、思维与人工智能	[法]黄黎原著，方弦译	人民邮电出版社	2021
离散数学及其应用（原书第8版）	[美]肯尼思·H.罗森著，徐六通、杨娟、吴斌译	机械工业出版社	2019
普林斯顿微积分读本（修订版）	[美]阿德里安·班纳著，杨爽、赵晓婷、高璞译	人民邮电出版社	2016
微积分的力量	[美]史蒂夫·斯托加茨著，任烨译	中信出版集团	2021
凸优化	[美]Stephen Boyd、[美]Lieven Vandenberghe 著，王书宁、许鋆、黄晓霖译	清华大学出版社	2013
概率论与数理统计	陈希孺编著	中国科学技术大学出版社	2009
应用随机过程：概率模型导论	[美]罗斯著，龚光鲁译	人民邮电出版社	2016
时间序列分析	[美]詹姆斯·D·汉密尔顿著，夏晓华译	中国人民大学出版社	2015
普林斯顿概率论读本	[美]史蒂文·J.米勒著，李馨译	人民邮电出版社	2020
元宇宙·图说元宇宙	子弥实验室、2140 著	北京大学出版社	2022
AIGC 未来已来：迈向通用人工智能时代	翟尤、郭晓静、曾宣玮著	人民邮电出版社	2023
数字货币：货币革命进行时	[美]尼尔·梅塔、[美]阿迪蒂亚·阿加什、[美]帕斯·底特律著，AI人工智能翻译组译	电子工业出版社	2020
量化投资：以 Python 为工具	蔡立崚著	电子工业出版社	2017

软件工程专业荐读书单

书名	作者	出版社	出版年份
习近平总书记关于网络强国的重要思想概论	中央网络安全和信息化委员会办公室编写	人民出版社	2023
金融智能	郑小林主编	高等教育出版社	2023
掌握分布式跟踪:微服务和复杂系统性能分析	[美]尤里·史库罗著,冯文辉译	电子工业出版社	2022
大话数据结构	程杰著	清华大学出版社	2020
数据挖掘与 Python 实践	李爱华主编	高等教育出版社	2023
架构之美:行业思想领袖揭秘软件设计之美(译注版)	[美]迪奥米德斯·斯宾耐立思、[美]乔治斯·郭西奥斯编,张逸评注	电子工业出版社	2018
大话软件工程:需求分析与软件设计	李鸿君著	清华大学出版社	2020
走进人工智能(修订版)	吴飞著	高等教育出版社	2023
Vue＋Spring Boot 前后端分离开发实战	贾志杰编著	清华大学出版社	2021
基于 Docker 的 Redis 入门与实战	金华、胡书敏编著	机械工业出版社	2021
Docker 技术入门与实战(第3版)	杨保华、戴王剑、曹亚仑编著	机械工业出版社	2018
NoSQL 数据库实战派:Redis＋MongoDB＋HBase	赵渝强著	电子工业出版社	2022
接口自动化测试持续集成:Postman＋Newman＋Git＋Jenkins＋钉钉	Storm 编著	人民邮电出版社	2019
从点子到产品:产品经理的价值观与方法论	刘飞著	电子工业出版社	2019

书名	作者	出版社	出版年份
B端产品经理必修课2.0：从业务逻辑到产品构建全攻略	李宽著	电子工业出版社	2020
决胜B端：产品经理升级之路	杨堃著	电子工业出版社	2019
自然语言处理综论（第二版）	[美]朱夫斯凯、[美]马丁著，冯志伟、孙乐译	电子工业出版社	2018
AI自动化测试：技术原理、平台搭建与工程实践	腾讯TuringLab团队著	机械工业出版社	2020
硅基物语·AI大爆炸：ChatGPT→AIGC→GPT－X→AGI进化→魔法时代→人类未来	量子学派@chatGPT著	北京大学出版社	2023
重构：改善既有代码的设计（第2版）	[美]马丁·福勒著，熊节、林从羽译	人民邮电出版社	2019
敏捷软件开发	[美]罗伯特·C.马丁著，鄢倩、徐进译	清华大学出版社	2021
微服务架构设计模式	[美]克里斯·理查森著，喻勇译	机械工业出版社	2019
高并发架构实战：从需求分析到系统设计	李智慧著	机械工业出版社	2023
深度学习预训练语言模型：中文金融文本情绪分类研究.案例篇	康明著	清华大学出版社	2022
信息可视化设计	陈冉、李方舟主编	中国美术学院出版社	2020
虚拟现实应用设计	谭昕主编	中国美术学院出版社	2019
学术研究：你的成功之道	凌晓峰、杨强著	清华大学出版社	2012
云计算技术	安俊秀主编	人民邮电出版社	2023

书名	作者	出版社	出版年份
这就是 ChatGPT	〔美〕斯蒂芬·沃尔弗拉姆著，WOLFRAM 传媒汉化小组译	人民邮电出版社	2023
知行合一：实现价值驱动的敏捷和精益开发	丛斌著	人民邮电出版社	2017
软件科学与工程	国家自然科学基金委员会、中国科学院编	科学出版社	2021
Git 版本控制管理（第 2 版）	〔美〕罗力格、〔美〕麦卡洛著，王迪、丁彦译	人民邮电出版社	2015
Linux 程序设计（第 4 版）	〔英〕马修、〔英〕斯通斯著，陈健、宋健建译	人民邮电出版社	2010
Linux 内核设计与实现（原书第 3 版·典藏版）	〔美〕罗伯特·洛夫著，陈莉君、康华译	机械工业出版社	2024
UI 界面设计（第 3 版）	张小玲、彭赟主编	电子工业出版社	2022
阿里巴巴 Java 开发手册（第 2 版）	杨冠宝编著	电子工业出版社	2020
构建之法：现代软件工程（第三版）	邹欣著	人民邮电出版社	2017
计算机组成与设计：硬件/软件接口（原书第 2 版）	〔美〕戴维·A.帕特森、〔美〕约翰·L.亨尼斯著，易江芳、刘先华等译	机械工业出版社	2023
数据密集型应用系统设计	〔美〕马丁·科勒普曼著，赵军平、吕云松、耿煜等译	中国电力出版社	2018

信息安全专业荐读书单

书名	作者	出版社	出版年份
习近平总书记关于网络强国的重要思想概论	中央网络安全和信息化委员会办公室	人民出版社	2023
习近平关于网络强国论述摘编	中共中央党史和文献研究院编	中央文献出版社	2021
基于人工智能方法的网络空间安全	[澳]莱斯利·F. 西科斯编,寇广等译	机械工业出版社	2021
人工智能在网络安全中的应用	[意]亚历桑德罗·帕里斯著,何俊、邹霞、瞿志强等译	东南大学出版社	2020
网络信息内容安全	杨黎斌、蔡晓妍、戴航编著	清华大学出版社	2022
国家人工智能安全知识百问	《国家人工智能安全知识百问》编写组著	人民出版社	2023
电子数据取证实训	倪雪莉、王群、梁广俊编著	清华大学出版社	2023
云安全:安全即服务	周凯著	机械工业出版社	2020
Web 漏洞解析与攻防实战	王放、龚潇、王子航等编著	机械工业出版社	2023
同态密码学原理及算法	钟焰涛、蒋琳、方俊彬等编著	机械工业出版社	2022
实用安全多方计算导论	[美]戴维·埃文斯、[美]弗拉基米尔·科列斯尼科夫、[美]迈克·罗苏莱克著,刘巍然、丁晟超译	机械工业出版社	2021
工业控制系统网络安全实战	安威飞、周立刚编著	机械工业出版社	2021
安卓 Frida 逆向与抓包实战	陈佳林著	清华大学出版社	2021
信息安全系统研发——全国大学生信息安全竞赛(作品赛)指导教程	王瑞锦、周世杰主编	人民邮电出版社	2019

书名	作者	出版社	出版年份
最优化:理论、计算与应用	薛毅编著	科学出版社	2019
联邦学习原理与应用	向小佳、李琨、王鹏等著	电子工业出版社	2022
联邦学习实战	杨强、黄安埠、刘洋等著	电子工业出版社	2021
隐私计算与密码学应用实践	张曙光、涂锟、陆阳等编著	电子工业出版社	2023
人工智能安全:原理剖析与实践	王琦、朱军、王海兵编著	电子工业出版社	2022
程序员的自我修养:链接、装载与库	俞甲子、石凡、潘爱民著	电子工业出版社	2009
API 安全技术与实战	钱君生、杨明、韦巍编著	机械工业出版社	2021
Web 漏洞搜索	[美]彼得·亚沃斯基著,恒安信雅书社译	机械工业出版社	2021
Web 代码安全漏洞深度剖析	曹玉杰、王东、李家辉等编著	机械工业出版社	2021
CTF 实战:从入门到提升	苗春雨、叶雷鹏主编	机械工业出版社	2023
从 0 到 1:CTFer 成长之路	NulL 战队编著	电子工业出版社	2020
内网渗透体系建设	付浩、刘福鹏、李博文等著	电子工业出版社	2022
Java 代码审计:入门篇	陈俊杰、李柯俊、章宇等著	人民邮电出版社	2021
云原生安全	李学峰编著	机械工业出版社	2022
计算机安全导论:深度实践	杜文亮著	高等教育出版社	2020
计算机安全导论(原书第 4 版)	[美]查克·伊斯特姆著,高敏芬、贾春福、钟安鸣等译	机械工业出版社	2020
等级保护测评理论及应用	李建华、陈秀真主编	机械工业出版社	2023
初等数论(第四版)	潘承洞、潘承彪著	北京大学出版社	2024
近世代数	丘维声著	北京大学出版社	2015
Python 渗透测试编程技术:方法与实践(第 2 版)	李华峰著	清华大学出版社	2021

书名	作者	出版社	出版年份
API 安全实战	［美］尼尔·马登著，只莹莹、缪纶、郝斯佳译	机械工业出版社	2022
漏洞挖掘利用及恶意代码防御	王忠儒著	科学出版社	2023
Python3 网络爬虫开发实战（第 2 版）	崔庆才著	人民邮电出版社	2021
零基础学 Python 爬虫、数据分析与可视化从入门到精通	孟兵、李杰臣编著	机械工业出版社	2021
Python 黑帽子:黑客与渗透测试编程之道(第 2 版)	［美］贾斯汀·塞茨、［美］提姆·阿诺德著，林修乐译	电子工业出版社	2022

管理工程与电子商务学院
School of Management and E-Business

管理工程与电子商务学院
(跨境电商学院)

School of Management and E-Business
(School of Cross-border E-commerce)

管理工程与电子商务学院（跨境电商学院）

学院介绍

　　管理工程与电子商务学院（跨境电商学院）是浙江工商大学面向新时代经济社会发展需求组建的特色学院，于 2017 年 1 月 1 日挂牌成立。学院设有管理科学与工程一级学科硕士点、物流工程与管理专业学位硕士点、流通工程与技术管理二级学科硕士点；电子商务与物流优化博士点，流通经济与管理、大数据统计二级博士点；电子商务、物流管理、信息管理与信息系统 3 个本科专业。

　　学院拥有国家级和省级的学科、教学支撑平台若干，包括 2 个国家级一流本科专业电子商务和物流管理、浙江省一流 A 类学科管理科学与工程、省一流专业信息管理与信息系统，以及国家电子商务虚拟仿真实验教学中心、省电子商务与物流重点实验室、省电子商务重点创新团队、省电子商务与商务大数据工程实验室、省电子商务与现代物流国际科技合作基地等。学院与杭州跨境电商综试办、杭州钱塘新区管委会共建的中国（杭州）跨境电商学院，入选浙江省重点支持现代产业学院。"跨境电商全链路数字赋能和高质量发展产教融合示范基地"入选国家发改委"十四五"时期教育强国推进工程项目。

　　学院以运筹优化与智能决策、商务智能与大数据分析、智慧物流与供应链管理、信息管理与信息系统等研究为核心，集人才培养、科学研究、社会服务为一体，致力于成为具有国际影响的国内一流科学研究及人才培养高地。学院实验条件优良，建有教学类、科研类、学生创新类三大类实验室。

专业介绍

电子商务专业（授予管理学学士学位）

　　●国家级一流本科专业建设点

我校是国内最早一批设立电子商务专业的高校,是首批国家级一流专业建设点,在《中国大学及学科专业评价报告(2022—2023)》中,本专业在478所本科院校中位列第一(5星+)。本学院具有本硕博层次培养资格,一流的师资,其中国家新世纪人才1人,享受国务院政府津贴1人,教育部电商教指委委员1人,省电商教指委副主任、秘书长2人,省突出贡献专家、省级名师等人才5人,实务导师50余名。学院拥有全国唯一一个国家级电子商务虚拟仿真教学中心,建有浙江省跨境电商重点实验教学示范中心等省级以上平台16个;是一批中国(杭州)跨境电商人才培育基地,中国(杭州)跨境电商人才联盟秘书长和理事长单位,是浙江省大学生电子商务竞赛秘书处单位。本专业在全国主流专业排行榜中均名列前茅(A类),稳居省内第一。本专业旨在培养具备现代管理和数字经济理念,掌握数字技术和电子服务综合技能,适应现代社会商务智慧运营、商务智能技术服务需求的复合型与创新型人才。

物流管理专业(授予管理学学士学位)

●国家级一流本科专业建设点

我校是国内最早一批从事物流管理研究和开设物流管理专业的院校,拥有一流的师资,专业教师100%具有博士学位,100%具有海外学习经历,拥有教育部物流管理类教指委委员1人。浙江省物流管理与工业工程类教指委副主任委员1人。教师精研教学,能力优异,获国家级教学竞赛1等奖1人次,省级教学大赛一等奖3人次,国家和省级一流课程8项;教师科研实力卓越,近五年获批国家社科重点、国家自然科学基金与社科基金十余项,专业教师入选全球前2%顶尖科学家榜单,发表顶级期刊论文数十篇。本专业拥有一流的现代物流实验室,与阿里巴巴、顺丰速运、博世电动、华东医药、传化智联等行业龙头企业共建实习基地8个。本专业在全国主流专业排行榜中均名列前茅(A+或A类),在《中国大学及学科专业评价报告(2022—2023)》中排名5/448,稳居省内第一,已成为以智慧供应链管理人才培养为特色的国内领先的物流管理专业。本专业培养具备供应链运营管理、物流系统分析、物流方案规划以及较强创新创业能力的"精管理、懂技术、能应用、知创新",具有国际视野与全球胜任力的复合型创新人才。

信息管理与信息系统专业(授予管理学学士学位)

●浙江省一流专业建设点

　　本专业办学历史悠久(1986年开始本科招生),曾获批浙江省首批重点专业,现为浙江省一流专业。专业师资力量雄厚,拥有教授6名,95%以上具有博士学位,其中爱思维尔"中国高被引学者"1人、浙江省优秀教师1人、浙江省五一劳动奖章获得者1人、全国高校青年教师教学竞赛二等奖获得者1人、浙江工商大学教学卓越奖获得者2人(全校仅3人)。在数据作为一种全新的生产要素以及杭州争创中国数字经济第一城的大背景下,本专业着重培养能利用数字技术洞察商业活动规律,并运用数理方法优化管理和提升绩效的复合型、应用型的高级"数字十"人才。

电子商务专业荐读书单

书名	作者	出版社	出版年份
管理经济学(第8版)	[美]迈克尔·贝叶、[美]杰弗里·普林斯著,王琴译	中国人民大学出版社	2017
管理百年	[美]斯图尔特·克雷纳著,闾佳译	中国人民大学出版社	2013
管理的实践	[美]彼得·德鲁克著,齐若兰译	机械工业出版社	2018
全球通史(上下册)	[英]韦尔斯著,桂金译	民主与建设出版社	2016
经济学原理:微观经济学分册(第8版)	[美]N.格里高利·曼昆著,梁小民、梁砾译	北京大学出版社	2020
经济学原理:宏观经济学分册(第8版)	[美]N.格里高利·曼昆著,梁小民、梁砾译	北京大学出版社	2020
数字生态论	赵国栋著	浙江人民出版社	2018
创新的扩散(第5版)	[美]E. M. 罗杰斯著,唐兴通、郑常青、张延臣译	电子工业出版社	2016
文明之光(第一册)	吴军著	人民邮电出版社	2014
文明之光(第二册)	吴军著	人民邮电出版社	2014
文明之光(第三册)	吴军著	人民邮电出版社	2015
文明之光(第四册)	吴军著	人民邮电出版社	2017
浪潮之巅(第四版)	吴军著	人民邮电出版社	2019
互联网思维与创业	薛万欣、裴一蕾主编	清华大学出版社	2021
数字营销——新时代市场营销学	王永贵、项典典主编	高等教育出版社	2023
服务营销:"ABCDE"时代的理论与实践	王永贵主编	清华大学出版社	2023

书名	作者	出版社	出版年份
中国式现代化消费:理论、评价与战略	王永贵等著	商务印书馆、浙江工商大学出版社	2023
策略博弈	[美]阿维纳什·迪克西特、[美]苏珊·斯克丝、[美]戴维·赖利著,王新荣、马牧野等译	中国人民大学出版社	2020
数智物流:柔性供应链激活新商机	朱传波、陈威如著	中信出版集团	2022
超级版图:全球供应链、超级城市与新商业文明的崛起	[美]帕拉格·康纳著,崔传刚、周大昕译	中信出版集团	2016
人工智能时代与人类未来	[美]亨利·基辛格、[美]埃里克·施密特、[美]丹尼尔·胡滕洛赫尔著,胡利平、风君译	中信出版集团	2023
丝绸之路:一部全新的世界史	[英]彼得·弗兰科潘著,邵旭东、孙芳译	浙江大学出版社	2016
系统思维:复杂商业系统的设计之道(原书第3版)	[美]格哈拉杰达基著,王彪、姚瑶、刘宇峰译	机械工业出版社	2014
元宇宙与数字世界的未来:想象演进与可能性	周晓鹏著	社会科学文献出版社	2023
大数据时代的历史机遇:产业变革与数据科学	赵国栋、易欢欢、糜万军等著	清华大学出版社	2013
供应链管理:香港利丰集团的实践	利丰研究中心著	中国人民大学出版社	2009
国富论	[英]亚当·斯密著,郭大力、王亚南译	商务印书馆	2023
数据思维:从数据分析到商业价值(第2版)	王汉生等著	中国人民大学出版社	2024
统计之美:人工智能时代的科学思维	李舰、海恩著	电子工业出版社	2019
谁说大象不能跳舞?(纪念版)	[美]郭士纳著,张秀琴、音正权译	中信出版集团	2015

书名	作者	出版社	出版年份
创新者的处方:颠覆式创新如何改变医疗	[美]克莱顿·克里斯坦森、[美]杰罗姆·格罗斯曼、[美]黄捷升著,朱恒鹏、张琦译	中国人民大学出版社	2015
拖延心理学:行动版	[美]S.J.斯科特著,王斐译	中国人民大学出版社	2019
态度改变与社会影响	[美]菲利普·津巴多、[美]迈克尔·利佩著,邓羽、肖莉、唐小艳译	人民邮电出版社	2018
社会心理学	[美]戴维·迈尔斯著,侯玉波、乐国安、张智勇译	人民邮电出版社	2016
乌合之众:大众心理研究	[法]古斯塔夫·勒庞著,马晓佳译	时代文艺出版社	2019
全球化的裂解与再融合	朱云汉著	中信出版集团	2021
脑洞经济学:人人都要有的经济学思维	温义飞著	浙江大学出版社	2021
MATLAB 优化算法	张岩、吴水根编著	清华大学出版社	2017
线性代数及其应用(原书第6版)	[美]戴维·C.雷、[美]史蒂文·R.雷、[美]朱迪·J.麦克唐纳著,刘深泉、陈玉珍、张万芹等译	机械工业出版社	2023
算法图解:像小说一样有趣的算法入门书	[美]巴尔加瓦著,袁国忠译	人民邮电出版社	2017
统计学习方法(第2版)	李航著	清华大学出版社	2019
深入浅出 Embedding:原理解析与应用实践	吴茂贵、王红星著	机械工业出版社	2021
Python 强化学习实战:使用 OpenAI Gym、TensorFlow 和 Keras	[美]托威赫·贝索洛著,敖富江、杜静、张民译	清华大学出版社	2021
马同学图解线性代数	马同学著	电子工业出版社	2022

195

书名	作者	出版社	出版年份
AI 未来	李开复著	浙江人民出版社	2018
机器学习	周志华著	清华大学出版社	2016
机器学习的数学	雷明著	人民邮电出版社	2021
数字媒体技术与应用	徐立萍、孙红、程海燕编著	电子工业出版社	2023
深度学习 500 问：AI 工程师面试宝典	谈继勇主编	电子工业出版社	2021
深度学习入门：基于 Python 的理论与实现	[日]斋藤康毅著，陆宇杰译	人民邮电出版社	2018
BERT 基础教程：Transformer 大模型实战	[印度]苏达哈尔桑·拉维昌迪兰著，周参译	人民邮电出版社	2023
零基础学 Python 爬虫、数据分析与可视化从入门到精通	孟兵、李杰臣编著	机械工业出版社	2021
组合最优化：理论与算法	[德]科泰等著，越民义、林诒勋、姚恩瑜等译	科学出版社	2014
博弈论与经济行为（60 周年纪念版）	[美]冯·诺伊曼、摩根斯坦著，王建华、顾玮琳译	北京大学出版社	2018
基业长青	贤宗著	中国财富出版社	2017
基业长青	[美]吉·柯林斯、[美]杰里·波勒斯著，真如译	中信出版集团	2019
影响力	[美]罗伯特·西奥迪尼著，闾佳译	北京联合出版公司	2021
决策与判断（中译本·修正版）	[美]斯科特·普劳斯著，施俊琦、王星译	人民邮电出版社	2020
仿真建模与分析（第 4 版）	[美]劳著，肖田元、范文慧译	清华大学出版社	2012
Spark 快速大数据分析	[美]朱尔斯·S.达米吉、[美]布鲁克·韦尼希、[印度]泰瑟加塔·达斯等著，王道远译	人民邮电出版社	2021

物流管理专业荐读书单

书名	作者	出版社	出版年份
管理百年	[美]斯图尔特·克雷纳著，闾佳译	中国人民大学出版社	2013
管理的实践	[美]彼得·德鲁克著，齐若兰译	机械工业出版社	2019
全球通史（上下册）	[英]韦尔斯著，桂金译译	民主与建设出版社	2016
一胜九败：优衣库全球热卖的秘密（全新修订版）	[日]柳井正著，徐静波译	中信出版集团	2018
真北：125位全球顶尖领袖的领导力告白（珍藏版）	[美]乔治、[美]西蒙斯著，刘祥亚译	广东经济出版社	2012
精益生产	刘树华、鲁建厦、王家尧编著	机械工业出版社	2009
数据科学实战	[美]舒特、[美]奥尼尔著，冯凌秉、王群锋译	人民邮电出版社	2015
智慧供应链架构	施云著	机械工业出版社	2022
机器学习	周志华著	清华大学出版社	2016
供应链管理：香港利丰集团的实践（第二版）	利丰研究中心编著	中国人民大学出版社	2009
贝叶斯思维——统计建模的 Python 学习法	[美]唐尼著，许杨毅译	人民邮电出版社	2015
概率导论（第2版·修订版）	[美]伯特瑟卡斯、[美]齐齐克利斯著，郑忠国、童行伟译	人民邮电出版社	2016
分析与思考：黄奇帆的复旦经济课	黄奇帆著	上海人民出版社	2020
乌合之众	[法]古斯塔夫·勒庞著，刘旭东译	海峡文艺出版社	2018

书名	作者	出版社	出版年份
文明之光(第一册)	吴军著	人民邮电出版社	2014
文明之光(第二册)	吴军著	人民邮电出版社	2014
文明之光(第三册)	吴军著	人民邮电出版社	2015
文明之光(第四册)	吴军著	人民邮电出版社	2017
浪潮之巅(第四版)	吴军著	人民邮电出版社	2019
思考,快与慢	[美]丹尼尔·卡尼曼著,胡晓姣、李爱民、何梦莹译	中信出版集团	2012
深入理解机器学习:从原理到算法	[以]沙伊·沙莱夫-施瓦茨、[加拿大]沙伊·本-戴维著,张文生等译	机械工业出版社	2016
大数据供应链:构建工业4.0时代智能物流新模式	[美]娜达·R·桑德斯著,丁晓松译	中国人民大学出版社	2015
时间序列的理论与方法(第2版)(英文版)	[美]布雷克韦尔著	世界图书出版公司	2015
创新管理:赢得持续竞争优势	陈劲、郑刚编著	北京大学出版社	2013
仿真建模与分析(第4版)	[美]劳著,肖田元、范文慧译	清华大学出版社	2012
供应链管理(第6版)	马士华、林勇等编著	机械工业出版社	2020
库存管理基础	[美]保罗·齐普金著,马常松译	中国财政经济出版社	2013
Foundations of Stochastic Inventory Theory	Evan L. Porteus 著	Stanford University Press	2002
元宇宙与数字世界的未来:想象、演进与可能性	周晓鹏著	社会科学文献出版社	2023
物流改变世界历史	[日]玉木俊明著,苏俊林、侯振兵、周璐译	华夏出版社	2022

书名	作者	出版社	出版年份
实战供应链：业务梳理、系统设计与项目实战	罗静编著	电子工业出版社	2022
区块链革命：比特币底层技术如何改变货币、商业和世界	［加拿大］唐塔普斯科特、［加拿大］亚力克斯·塔普斯科特著，凯尔、孙铭、周沁园译	中信出版集团	2016
丝绸之路：一部全新的世界史	［英］彼得·弗兰科潘著，邵旭东、孙芳译	浙江大学出版社	2016
系统思维：复杂商业系统的设计之道（原书第3版）	［美］格哈拉杰达基著，王彪、姚瑶、刘宇峰译	机械工业出版社	2014
数据思维：从数据分析到商业价值（第2版）	王汉生等著	中国人民大学出版社	2024
供应铁军：华为供应链的变革、模式和方法	袁建东著	机械工业出版社	2020
集装箱改变世界（修订版）	［美］马克·莱文森著，姜文波译	机械工业出版社	2022
博弈与社会	张维迎著	北京大学出版社	2013
建所未见：一座数字化工厂的崛起	西门子（中国）有限公司、机工智库著	机械工业出版社	2022
大数据时代的历史机遇：产业变革与数据科学	赵国栋、易欢欢、糜万军等著	清华大学出版社	2013
策略博弈（第四版）	［美］阿维纳什·迪克西特、［美］苏珊·斯克丝、［美］戴维·赖利著，王新荣、马牧野等译	中国人民大学出版社	2020
供应链管理（第七版）	［美］苏尼尔·乔普拉著，杨依依译	中国人民大学出版社	2021
精益思想（白金版）	［美］詹姆斯·P.沃麦克、［英］丹尼尔·T.琼斯著，沈希瑾、张文杰、李京生译	机械工业出版社	2015
数智物流：柔性供应链激活新商机	朱传波、陈威如著	中信出版集团	2022

书名	作者	出版社	出版年份
超级版图:全球供应链、超级城市与新商业文明的崛起	[美]帕拉格·康纳著,崔传刚、周大昕译	中信出版集团	2016
目标(第三版)	[以]艾利·高德拉特、[美]杰夫·科克斯著,齐若兰译	电子工业出版社	2019
人工智能时代与人类未来	[美]亨利·基辛格、[美]埃里克·施密特、[美]丹尼尔·胡滕洛赫尔著,胡利平、风君译	中信出版集团	2023

信息管理与信息系统专业荐读书单

书名	作者	出版社	出版年份
西方管理学名著提要Ⅱ	吴晓波主编	江西人民出版社	2020
管理百年	［美］斯图尔特·克雷纳著，闾佳译	中国人民大学出版社	2013
管理的实践	［美］彼得·德鲁克著，齐若兰译	机械工业出版社	2022
基业长青	［美］吉姆·柯林斯、［美］杰里·波勒斯著，真如译	中信出版集团	2019
创新者的窘境	［美］克莱顿·克里斯坦森著，胡建桥译	中信出版集团	2021
创新者的解答	［美］克莱顿·克里斯坦森、［加拿大］克迈克尔·雷纳著，李瑜偲、林伟、郑欢译	中信出版集团	2020
浪潮之巅(第四版)(全2册)	吴军著	人民邮电出版社	2019
颠覆式创新：移动互联网时代的生存法则	李善友著	机械工业出版社	2015
创新的扩散(第5版)	［美］E. M. 罗杰斯著，唐兴通、郑常青、张延臣译	电子工业出版社	2016
商业模式创新	郭斌、王真著	中信出版集团	2022
平台战略：正在席卷全球的商业模式革命	陈威如、余卓轩著	中信出版社	2013
互联网思维与创业	薛万欣、裴一蕾主编	清华大学出版社	2021
研究、发展与技术创新管理	许庆瑞主编	高等教育出版社	2010
经济学原理：微观经济学分册(第8版)	［美］曼昆著，梁小民、梁砾译	北京大学出版社	2020

书名	作者	出版社	出版年份
经济学原理:宏观经济学分册(第8版)	[美]曼昆著,梁小民、梁砾译	北京大学出版社	2020
国富论	[美]亚当·斯密著,唐日松等译	华夏出版社	2017
社会心理学	[美]戴维·迈尔斯著,侯玉波、乐国安、张志勇等译	人民邮电出版社	2016
数字生态论	赵国栋著	浙江人民出版社	2018
信息化带动工业化的理论与实践	吴晓波、凌云著	浙江大学出版社	2005
信息检索教程(第3版)	王立清主编	中国人民大学出版社	2021
人人都是产品经理2.0:写给泛产品经理	苏杰著	电子工业出版社	2017
大数据时代	[英]维克托·迈尔-舍恩伯格著,盛杨燕、周涛译	浙江人民出版社	2013
信息平台论:三网融合背景下信息平台的构建、运营、竞争与规制研究	谷虹著	清华大学出版社	2012
博弈论与信息经济学	张维迎著	格致出版社	2012
信息简史	[美]詹姆斯·格雷克著,高博译	人民邮电出版社	2013
IT战略与竞争优势	[美]沃伦·麦克法兰、[美]理查德·诺兰、陈国青著	高等教育出版社	2003
信息检索导论(修订版)	[美]克里斯托夫·曼宁、[美]普拉巴卡尔·拉格万、[德]欣里希·舒策著,王斌、李鹏译	人民邮电出版社	2019
深入理解计算机系统(原书第3版)	[美]兰德尔·E.布莱恩特、[美]大卫·R.奥哈拉伦著,龚奕利、贺莲译	机械工业出版社	2016

书名	作者	出版社	出版年份
计算机网络：自顶向下方法（原书第8版）	［美］詹姆斯·F.库罗斯、［美］基思·W.罗斯著，陈鸣译	机械工业出版社	2022
数据挖掘与数据化运营实战：思路、方法、技巧与应用	卢辉著	机械工业出版社	2013
利用Python进行数据分析（原书第3版）	［美］韦斯·麦金尼著，陈松译	机械工业出版社	2023
算法（第4版）	［美］塞奇威克、［美］韦恩著，谢路云译	人民邮电出版社	2012
区块链革命：比特币底层技术如何改变货币、商业和世界	［加拿大］唐塔普斯科特、［加拿大］亚力克斯·塔普斯科特著，凯尔、孙铭、周沁园译	中信出版集团	2023
大模型时代	龙志勇、黄雯著	中译出版社	2023
人工智能导论	马月坤、陈昊主编	清华大学出版社	2021
AI制胜：机器学习极简入门	宋立桓著	清华大学出版社	2020
神经网络与深度学习	邱锡鹏著	机械工业出版社	2020
机器学习	周志华著	清华大学出版社	2016
深度学习	［美］伊恩·古德费洛、［加拿大］约书亚·本吉奥、［加拿大］亚伦·库维尔著，赵申剑、黎彧君、符天凡等译	人民邮电出版社	2017
元宇宙大金融	方明著	中译出版社	2023
元宇宙与数字世界的未来：想象、演进与可能性	周晓鹏著	社会科学文献出版社	2023
元宇宙十大技术	叶毓睿、李安民、李晖等著	中译出版社	2022
元宇宙：虚实共生新世界	赵永新、陈苑锋、黄志坚著	清华大学出版社	2023
乌合之众	［法］古斯塔夫·勒庞著，刘旭东译	海峡文艺出版社	2019

书名	作者	出版社	出版年份
决策与判断（中译本·修正版）	［美］斯科特·普劳斯著,施俊琦、王星译	人民邮电出版社	2020
思考,快与慢	［美］丹尼尔·卡尼曼著,胡晓姣、李爱民、何梦莹译	中信出版集团	2012
学会提问（原书第12版:百万纪念珍藏版）	［美］Neil Browne著,许蔚翰译	机械工业出版社	2023
精进:如何成为一个很厉害的人	采铜著	江苏文艺出版社	2019
文明之光（第一册）	吴军著	人民邮电出版社	2014
文明之光（第二册）	吴军著	人民邮电出版社	2014
文明之光（第三册）	吴军著	人民邮电出版社	2015
文明之光（第四册）	吴军著	人民邮电出版社	2017
数学之美	吴军著	人民邮电出版社	2020
统计之美:人工智能时代的科学思维	李舰、海恩著	电子工业出版社	2019
数据思维:从数据分析到商业价值	王汉生等著	中国人民大学出版社	2024
系统思维:复杂商业系统的设计之道	［美］格哈拉杰达基著,王彪、姚瑶、刘宇峰译	机械工业出版社	2014
计算思维史话	［英］托尼·海依、［英］奎利·帕佩著,武传海、陈少芸译	人民邮电出版社	2020
牛奶可乐经济学	［美］罗伯特·弗兰克著,闾佳译	北京联合出版公司	2017

法学院(知识产权学院)
School of Law&School
of Intellectual property

法学院(知识产权学院)

学院介绍

　　法学院(知识产权学院)拥有国家级卓越法律人才教育培养基地、国家级涉外法治人才协同培养创新基地、国家级一流本科专业建设点、国家级执业技能法律人才培养模式实验区、国家级文科综合实验教学中心法学分中心、全国法学博士后流动站等多个国家级重大平台。2018年获得法学一级学科博士学位授予权,是浙江省属高校中唯一拥有法学博士点、法学博士后科研流动站的学院。现已形成涵盖本科、硕士、博士、留学生教育在内的完整法学人才培养体系。法学学科建设取得显著成效,是"十四五"期间浙江省唯一的法学A类学科,近两次学科评估排名均居省属高校法学学科第一。学院是浙江省高等学校法学类专业本科教学指导委员会、浙江省法学会法学教育研究会、浙江省法学会监察法学研究会、浙江省法学会诉讼法学研究会、浙江省法学会浙籍法学家研究会、浙江省大学生法律职业能力竞赛委员会秘书处单位,在全省法学教育界有较强的引领作用。此外,还拥有浙江省人文社科重点研究基地、国内首家破产重组研究院、台湾研究院、长三角(先行)法治研究院、尼泊尔中心、中国—埃塞俄比亚/非洲法律研究中心、浙江省法学会法治浙江研究院等国家级、省部级科研平台。已在浙江省高级人民法院、浙江省人民检察院、浙江省商务厅等60余家单位建有实习实践基地。

专业介绍

法学专业(授予法学学士学位)

● 国家级一流本科专业建设点

● 在2024年软科中国大学专业排名中位列第56名,A层次

法学专业始建于1979年,师资力量雄厚,现有专任教师81人,74%以上的教师拥有博士学位。其中,博士生导师21人,硕士生导师60人;教授27人,副教授31人。本专业坚持全面推进习近平法治思想进教材、进课程、进头脑,按照卓越法律人才培养要求,分为涉外法治方向、公司法务方向、司法实务方向、数字法学方向开展特色教学,并凝练形成"竞赛统领、五位一体"实践教学模式,建有独特的刑侦法医等法学实验教学课程。学院以"十大制度"为法学本科教育教学保驾护航,获校"三育人"先进集体。学院为社会输送了一批又一批高质量的法学专业人才。近五年学生获"挑战杯"全国大学生课外学术科技作品竞赛、教育部"思政课学习之星"、红十字国际人道法模拟法庭竞赛等省级及以上竞赛奖117项。国家统一法律职业资格考试通过率多年保持在80%以上,远超全国15%左右的整体通过率,名列全国前茅。

知识产权专业(授予法学学士学位)

● 在2024年软科中国大学专业排名中位列第13名,B+层次
● 浙江省一流本科专业建设点

浙江工商大学于2010年设立知识产权本科专业,2012年招收知识产权研究生,2014年本专业获中央财政专项支持,2022年本专业被评为浙江省一流本科专业。知识产权专业师资力量雄厚,专业特色鲜明。知识产权专业教研平台众多,专业地位显著,拥有卓越法律人才教育培养基地、省级示范教育实践基地、专利预警与商标管理等10余个科研教学平台,2022年浙江工商大学知识产权强国普法工作室被评为浙江省优秀普法工作室。

知识产权专业致力于培养既具有扎实法学理论基础知识,又具有丰富知识产权运用与管理能力,能适应知识经济社会、国际化发展的卓越复合型知识产权人才,深受广大学生、用人单位的青睐。知识产权专业学生学业成绩优异,科研成果丰硕,近年来国家统一法律职业资格考试通过率约70%,获多项专利和软件著作权,在全国大学生版权征文活动、"挑战杯"全国大学生课外学术科技作品竞赛等省级及以上比赛中获奖50余项,历届学子进入中国人民大学、清华大学、中国政法大学、西南政法大学、华东政法大学、香港大学、香港中文大学、爱丁堡大学等国内外知名院校深造,2023年考研深造率达31.2%。

法学专业荐读书单

书名	作者	出版社	出版年份
法律文明史(第8卷　英美法系):全两卷	冷霞、李彤、于南等著	商务印书馆	2021
法律文明史(第9卷　大陆法系):全两卷	马贺、蔡迪等著	商务印书馆	2015
普通法简史	[英]哈利·波特著,武卓韵译	北京大学出版社	2022
法里法外	杨国华著	法律出版社	2015
思考与批评:解读中国法律文化	徐忠明著	法律出版社	2000
法辨	洪流著	文汇出版社	2022
具体法治中的宪法与部门法	张翔著	中国人民大学出版社	2023
法边馀墨	贺卫方著	法律出版社	2015
西方法律思想史	何勤华等编著	科学出版社	2010
谁来守护公正:美国最高法院大法官访谈录	[美]布莱恩·拉姆、[美]苏珊·斯温、[美]马克·法卡斯编,何帆译	北京大学出版社	2013
法律稻草人	张建伟著	北京大学出版社	2011
政法笔记(增订版)	冯象著	北京大学出版社	2012
木腿正义(增订版)	冯象著	北京大学出版社	2007
批评官员的尺度:《纽约时报》诉警察局长沙利文案	[美]安东尼·刘易斯著,何帆译	北京大学出版社	2011
君主论	[意]尼科洛·马基雅维里著,王剑译	群言出版社	2015
送法下乡:中国基层司法制度研究(第三版)	苏力著	北京大学出版社	2022

书名	作者	出版社	出版年份
最好的辩护	[美]艾伦·德肖维茨著,唐交东译	法律出版社	2014
正义论(修订版)	[美]约翰·罗尔斯著,何怀宏、何包钢、廖申白译	中国社会科学出版社	2009
中国比较法学:改革开放与比较法(2018年卷)	高鸿钧主编	中国政法大学出版社	2019
法律的界碑	[英]丹宁勋爵著,刘庸安、张弘译	法律出版社	2011
大国宪制:历史中国的制度构成	苏力著	北京大学出版社	2018
社会契约论	[法]卢梭著,李平沤译	商务印书馆	2016
看得见的正义(第二版)	陈瑞华著	北京大学出版社	2013
刑事诉讼法:规范与阐释	张健编著	江苏大学出版社	2021
法的门前	[美]彼得·德恩里科、邓子滨编著	北京大学出版社	2012
公正何以难行:阻碍正义的心理之源	[美]亚当·本福拉多著,刘静坤译	中国民主法制出版社	2019
审判	[奥]弗兰茨·卡夫卡著,韩瑞祥译	人民文学出版社	2021
电车难题	[美]托马斯·卡思卡特著,朱沉之译	北京大学出版社	2014
洞穴奇案	[美]彼得·萨伯著,陈福勇、张世泰译	生活·读书·新知三联书店	2012
荆棘丛:我们的法律与法学	[美]卡尔·卢埃林著,王绍喜译	中国民主法制出版社	2020
中国法律与中国社会	瞿同祖著	商务印书馆	2021
乡土中国	费孝通著	中国青年出版社	2022

书名	作者	出版社	出版年份
西窗法雨(精装修订版)	刘星著	法律出版社	2022
战争、税收与财政国家建构:近代中国所得税研究	魏文享著	中国社会科学出版社	2022
律师制度与律师实务	顾永忠著	北京师范大学出版社	2010
当代中国司法研究	顾培东著	商务印书馆	2022
刑事正义与税收	[英]彼得·奥尔德里奇著,刘荣译	商务印书馆	2023
宪法解释的基本问题	[美]索蒂里奥斯·巴伯、[美]詹姆斯·弗莱明著,徐爽、宦盛奎译	北京大学出版社	2016
网络犯罪国际立法原理	王肃之著	社会科学文献出版社	2022
数字经济的产业组织与反垄断:数字市场全球治理及中国政策	张文魁著	中国人民大学出版社	2023
课税数字经济	彭诚信主编,[新西兰]克雷格·埃利夫著,赵冉冉译	上海人民出版社	2022
刑法学(第六版)	张明楷著	法律出版社	2021
中华人民共和国刑法的孕育诞生和发展完善	高铭暄著	北京大学出版社	2012
数字正义:当纠纷解决遇见互联网科技	[美]伊森·凯什、[以]奥娜·拉比诺维奇·艾尼著,赵蕾、赵精武、曹建峰译	法律出版社	2019
刑事法律文书写作交互指引:以法官审判与律师辩护为视角	王晨主编	北京大学出版社	2015
中国临时仲裁实务指南	高菲、徐国建著	法律出版社	2017

书名	作者	出版社	出版年份
中国仲裁法制改革研究	张圣翠著	北京大学出版社	2018
中国仲裁法治现代化研究	张建著	中国政法大学出版社	2022
《仲裁法》修订述评：重点和难点	沈伟、张磊主编	上海交通大学出版社	2023
裁判文书说理原论	刘树德著	法律出版社	2023
犯罪社会学	［意］恩里科·菲利著，郭建安译	商务印书馆	2018
课堂实录：中国诊所式法律教育	龙翼飞著	法律出版社	2019
诊所法律教育教学案例	张荣丽著	中国政法大学出版社	2010
现代行政法总论（第2版）	章剑生著	法律出版社	2019
行政法实务笔记	丁钰著	法律出版社	2023
个人所得税的良法善治论	闫海等著	人民出版社	2023
商法学（第六版）	施天涛著	法律出版社	2020
侵权责任法（第三版）	程啸著	法律出版社	2021
立法法理学：立法研究的新路径	［比］吕克·J. 温特根斯主编，朱书龙译	商务印书馆	2022
哈特：法律的性质	［美］马修·克雷默著，杨建译	上海人民出版社	2023
数字经济与反垄断法：基于理论、实践与国际比较的视角	万江著	法律出版社	2022
世界知识产权组织知识产权指南——政策、法律及应用	世界知识产权组织编著，北京大学国际知识产权研究中心译	知识产权出版社	2012
民法总论（第六版）	梁慧星著	法律出版社	2021
论犯罪与刑罚	［意］切萨雷·贝卡里亚著，黄风译	商务印书馆	2018

书名	作者	出版社	出版年份
刑法格言的展开(第三版)	张明楷著	北京大学出版社	2013
程序正义理论(第二版)	陈瑞华著	商务印书馆	2022
西方犯罪学(第二版)	吴宗宪著	法律出版社	2006
基本权利	[德]福尔克尔·埃平、[德]塞巴斯蒂安·伦茨、[德]菲利普·莱德克著,张冬阳译	北京大学出版社	2023
法学方法论	[德]托马斯·M.J.默勒斯著,杜志浩译	北京大学出版社	2022
道德的法律强制:原则与界限	郑玉双著	商务印书馆	2023
网络空间经贸规则法治机制研究	孙南翔著	中国社会科学出版社	2022

知识产权专业荐读书单

书名	作者	出版社	出版年份
Trademarks Act & Commentary	The Honourable Roger T. Hughes 著	LexisNexis	2023
商标法中的公序良俗条款研究	黄国赛著	法律出版社	2022
Injunctions in Patent Law	Jorge L. Contreras 著	Cambridge University Press	2022
The Proportionality Test in European Patent Law	Léon Dijkman 著	Bloomsbury Academic and Professional	2023
Patent Litigation Through the Unified Patent Court and German Courts: An International Handbook	Harguth、Alexander、Schallmoser 等著	Wolters Kluwer Law International	2017
广东省集成电路产业专利分析与对策	广东省市场监督管理局（知识产权局）、国家知识产权局专利局专利审查协作广东中心组织编写	知识产权出版社	2022
知识产权密集型产业报告：欧盟与英国卷	国家知识产权局战略规划司组织编写	知识产权出版社	2023
标准必要专利反垄断问题比较研究	畅君元著	法律出版社	2023
商业秘密与竞业禁止法律问题研究	邓恒著	法律出版社	2023
专利侵权抗辩的类型化与体系构建	季冬梅著	中国政法大学出版社	2023

书名	作者	出版社	出版年份
著作权之道——从印刷机到数字云	[美]保罗·戈斯汀著,金海军译	商务印书馆	2023
商标显著性研究	张慧春著	知识产权出版社	2017
商标法上混淆可能性研究	张体锐著	知识产权出版社	2014
十二国商标法	刘春田主编,中国人民大学知识产权教学与研究中心、中国人民大学知识产权学院《十二国商标法》翻译组译	清华大学出版社	2013
第四知识产权:美国商业秘密保护	王润华著	知识产权出版社	2021
地理标志法的重构	[英]德夫·甘杰著,李静、段晓梅、赖晓敏译	知识产权出版社	2023
亚洲部分国家植物新品种保护法律文献汇编	朱建国、邹萍主编	法律出版社	2018
反不正当竞争法新原理(总论+分论+原论)	孔祥俊著	法律出版社	2019
反垄断法规制标准必要专利滥用中的利益平衡	董新凯著	知识产权出版社	2022
著作权权利理论	陈健著	知识产权出版社	2022
著作权审判:原理解读与实务指导	陈锦川著	法律出版社	2014
网络版权交易商事规则研究	史辉、段丰乐著	知识产权出版社	2022
网络视听行业版权侵权与不正当竞争实务研究	陶乾、吴亮主编	知识产权出版社	2022
网络著作权保护法律理念与裁判方法	孔祥俊著	中国法制出版社	2015
商标法:原理与判例	孔祥俊著	法律出版社	2021
商标法的理论基础——以商标显著性为中心	邓宏光著	法律出版社	2008

书名	作者	出版社	出版年份
商标反淡化研究	李小武著	浙江大学出版社	2011
专利池许可的反垄断法规制	韩其峰著	中国政法大学出版社	2013
中国专利侵权判定诉讼实务指南：正义——从粗糙到精细	章建勤、张小娟著	知识产权出版社	2021
专利分析：方法、图表解读与情报挖掘（第2版）	马天旗主编	知识产权出版社	2021
专利强度与经济增长	［以］丹尼尔·贝诺利尔著，倪朱亮译	知识产权出版社	2023
专利法（第6版）——德国专利和实用新型法、欧洲和国际专利法	［德］鲁道夫·克拉瑟著，单晓光、张韬略、于馨淼等译	知识产权出版社	2016
形成中的专利市场	［日］柳泽智也、［法］多米尼克·圭尔克著，王燕玲、杨冠灿译	武汉大学出版社	2014
国际版权法律与政策	［德］西尔克·冯·莱温斯基著，万勇译	知识产权出版社	2017
版权的起源	［美］马克·罗斯著，杨明译	商务印书馆	2018
国际版权与邻接权——伯尔尼公约及公约以外的新发展（第二版）	［澳］山姆·里基森、［美］简·金斯伯格著，郭寿康、刘波林、万勇等译	中国人民大学出版社	2016
网络知识产权法研究	来小鹏主编	中国政法大学出版社	2021
知识产权非实施行为研究	张体锐主编	知识产权出版社	2023
数字时代的知识产权法经济学	［以］妮娃·埃尔金科伦、［以］伊莱·M.扎尔茨伯格著，刘劭君译	知识产权出版社	2023
专利知识一书通	孙英伟编著	知识产权出版社	2021

书名	作者	出版社	出版年份
大数据处理技术:R 语言专利分析方法与应用	屠忻主编	知识产权出版社	2019
美国专利许可经典案例选析	范晓波、张慧霞、蔡婧萌等编著	知识产权出版社	2019
中国专利法详解	尹新天著	知识产权出版社	2021
专利权的保护范围(第二版)	闫文军著	法律出版社	2018
知识产权正当性解释	[美]罗伯特·P. 莫杰思著,金海军、史亮欢、寇海侠译	商务印书馆	2023
美国知识产权法(第二版)	李明德著	法律出版社	2014
日本知识产权法	李明德、闫文军著	法律出版社	2020
欧盟知识产权法(第二版)	李明德、闫文军、黄晖著	法律出版社	2023
现代知识产权法的演进:英国的历程(1760—1911)	[澳]布拉德·谢尔曼、[英]莱昂内尔·本特利著,金海军译	北京大学出版社	2012
国际知识产权法学:条文释义、理论与案例	徐红菊著	知识产权出版社	2021
知识产权法定主义:郑胜利教授及其弟子相关文集	冯晓青、李扬主编	知识产权出版社	2022
网络知识产权诉讼中的证据问题研究	李慧著	知识产权出版社	2018
知识产权法教程(第七版)	王迁著	中国人民大学出版社	2021
知识产权法(第三版)	李明德著	法律出版社	2023
知识产权法(第六版)	刘春田主编	中国人民大学出版社	2022
知识产权法律制度反思与完善:法理·立法·司法	冯晓青著	知识产权出版社	2021
世界知识产权组织知识产权指南——政策、法律及应用	世界知识产权组织编著,北京大学国际知识产权研究中心译	知识产权出版社	2012
知识产权法的经济结构(中译本第二版)	[美]威廉·M.兰德斯、[美]理查德·A.波斯纳著,金海军译	北京大学出版社	2016

书名	作者	出版社	出版年份
知识财产法哲学	［澳］彼得·德霍斯著,周林译	商务印书馆	2017
知识产权精要:法律、经济与战略(第2版)	［美］亚力山大·I.波尔托拉克、［美］保罗·J.勒纳著,王肃译	知识产权出版社	2020

人文与传播学院
School of Humanities &
Communication

人文与传播学院

学院介绍

　　人文与传播学院拥有中国语言文学、新闻传播学、中国史3个一级学科,设有中文系、历史系、广告系、新闻系、网络与新媒体系5个教学组织和比较文学与文化研究中心、中国饮食文化研究所、企业传播研究所、中国商业史研究院、中国文史研究院、大运河文化研究院、中华诗教研究院、休闲研究中心和浙江省地方志研究中心9个校级研究机构。

专业介绍

汉语言文学专业(授予文学学士学位)

- ●国家级一流本科专业建设点
- ●浙江省重点学科
- ●拥有从本科、硕士到博士的人才培养体系
- ●拥有海外留学生本科、硕士学位授予权

　　本专业以服务国家战略和浙江经济社会发展为目标,全面落实立德树人根本任务,着力培养具有国际视野、人文情怀、专业素养、创新精神、实践能力,同时具备较强的文学感悟能力、文献典籍阅读能力、文艺鉴赏能力、批判性思维能力、写作和口头表达能力、文化创意能力,能够传承中华优秀文化、提升中国文化自信的中文人才。

新闻学专业(授予文学学士学位)

- ●国家级一流本科专业建设点
- ●拥有国家级一流课程"纪录片专题研究"

●拥有新闻与传播专业硕士点支撑

新闻学专业以财经新闻为特色发展方向,在立足商科特色的基础上,注重全媒体人才的跨学科融合培养。本专业培养从事新闻工作尤其是财经新闻工作的记者、编辑、媒介经营管理者等高级新闻专门人才。通过培养,让学生掌握马克思主义新闻思想,熟悉党的方针政策,熟悉我国新闻、宣传政策法规,具备复合型知识和开放性的国际视野;通晓新闻传播理论知识与技能,具备较深厚的文化素养和专业基础知识,有较高的文字水平、调查研究能力、社会活动能力,采访、写作、编辑、评论、新闻摄影等新闻业务和财经新闻业务基本功底扎实。

广告学专业(授予文学学士学位)

●在中国大学本科教育分专业排行榜中曾获得 A＋级评价
●拥有省级一流线上课程"摄影艺术概论"和"摄影摄像基础"
●拥有新闻与传播专业硕士点支撑
●拥有企业传播研究所、品牌创新研究所、浙商大创意赋能工作坊 3 个实践平台

广告学专业是人文与传播学院创办最早的专业,始建于 2000 年,也是浙江省开设最早的广告学专业之一。广告学专业依托学校"大商科"的优势,坚持"以创新思维为基础、以创意与营销为前提、以数字内容生产与传播为手段"的专业特色,培养具有深厚人文底蕴和商业战略意识,符合未来创新和互联网新媒体时代要求,融合创新力、洞察力、沟通力和思辨力的复合型创新创意人才。广告学作为一个实务性很强的学科,一直与业界和行政管理部门保持良好的业务往来与合作关系。每年依托广告学专业的影视课程作品举办浙商大微电影节,产生了广泛的社会影响。现已与全国互联网广告监测中心、蓝色光标、杭州电视台、二更传媒、浙江日报报业集团、风盛传媒等几十家企事业单位签订了人才合作培养协议,是全国互联网广告监测中心目前唯一授权的人才合作培养单位。

网络与新媒体专业(授予文学学士学位)

●传播学前沿专业
●新闻与传播专业硕士点、出版专业硕士点双点支撑专业

网络与新媒体专业根基深厚，是浙江省重点高校中较早设立的专业。本专业基础扎实，拥有全媒体实训基地、短视频实训基地、虚拟仿真实验项目等多项实践平台，和浙江在线、华媒控股、新华网浙江分公司等签订了校外实践基地协议。本专业培养具备新闻传播、新媒体、管理等方面基础知识，掌握新闻采编、新媒体制作、内容创意策划、无人机拍摄、短视频制作、产品传播营销、运营管理等技能的人才。本专业主要面向传统媒体、短视频传播、网络直播、知识服务、在线教育、移动终端等领域培育从事全媒体内容开发运营工作的人才。

历史学专业(授予历史学学士学位)

- 拥有国家级精品课程"中国饮食文化"
- 拥有省级一流课程"中国现代史"和"历史古迹调查"
- 拥有文献学硕士点支撑
- 拥有国家社科基金课题(历史类)10余项、省部级课题30余项

历史学专业以马克思主义唯物史观为指导，以社会需求为导向，以弘扬优秀中华文化为目标，旨在培养具有开阔视野、理性思维及全面素养的创新复合型人才。本专业有教授7人、副教授6人、讲师4人。任课教师中博士学位获得者达100%，多位教师有"浙教工匠""省级方志专家"等荣誉称号。本专业拥有中国商业史研究院、大运河文化研究院、浙江省地方志研究中心等教学科研平台，有"中国商人数据库""浙江大运河文化数据库"以及非遗虚拟仿真实验成果等数字人文资源。根据浙江省教育评估院调研数据，本校历史学专业毕业生职业稳定度、社会保障水平及用人单位满意率均位居全省前列。每年都有优秀学生被保送到一流高校攻读硕士学位，在"挑战杯"全国大学生课外学术科技作品竞赛、中国国际大学生创新大赛以及中国国际"互联网+"大学生创新创业大赛等国家级大学生竞赛中屡获佳绩。学生考入复旦大学、浙江大学、南京大学、中山大学、中国美术学院等国内名校深造比例较高，还有一些学生赴雅典大学、伯明翰大学、伦敦艺术大学、北海道大学等海外高校深造。

汉语言文学专业荐读书单

书名	作者	出版社	出版年份
闺阁传心:《午梦堂集》女性作品研究	李栩钰著	花木兰文化出版社	2012
明末清初女性作品总集编刊研究(上)	傅湘龙著	花木兰文化出版社	2018
明末清初女性作品总集编刊研究(下)	傅湘龙著	花木兰文化出版社	2018
女性如何书写历史:战火下的伦敦、五位女房客和自由先声	[英]弗朗西斯卡·韦德著,林曳译	民主与建设出版社	2023
一个知识女性的思考系列	[英]蕾切尔·卡斯克著,连汀、许诺、王晨光译	中信出版集团	2020
李太白全集(全五册)	〔唐〕李白著	中华书局	2015
杜诗详注(全五册)	〔唐〕杜甫著,〔清〕仇兆鳌注	中华书局	1979
关汉卿集校注(全四册)	蓝立蓂校注	中华书局	2018
白居易文集校注(全四册)	[唐]白居易著	中华书局	2011
苏轼词编年校注(全三册)	邹同庆、王宗堂著	中华书局	2007
诗经注析(典藏本)(全二册)	程俊英、蒋见元著	中华书局	2018
唐宋词流派史	刘扬忠著	中国社会科学出版社	2021
陶渊明集笺注	袁行霈撰	中华书局	2011
世说新语详解(全二册)	〔南朝宋〕刘义庆撰,〔南朝梁〕刘孝标注,朱碧莲详解	上海古籍出版社	2013
楚辞补注	〔宋〕洪兴祖撰	中华书局	1983
老子校释	朱谦之撰	中华书局	1984

书名	作者	出版社	出版年份
论语译注	杨伯峻译注	中华书局	1980
牡丹亭(插图版)	〔明〕汤显祖著,徐朔方、杨笑梅校注	人民文学出版社	1963
西厢记(插图版)	〔元〕王实甫著,张燕瑾校注	人民文学出版社	1995
庄子集释(全二册)	〔清〕郭庆藩著,王孝鱼点校	中华书局	2016
清代诗学史·第二卷:学问与性情(1736—1795)	蒋寅著	中国社会科学出版社	2019
清代诗学史·第一卷:反思与建构(1644—1735)	蒋寅著	中国社会科学出版社	2012
清词史	严迪昌著	人民文学出版社	2011
清诗史(上下)	严迪昌著	人民文学出版社	2011
王学与中晚明士人心态	左东岭著	人民文学出版社	2000
明代文学思潮史	廖可斌著	人民文学出版社	2016
艺文中的政治:南宋士大夫的文化活动与人际关系	黄宽重著	北京大学出版社	2020
孙应时的学宦生涯	黄宽重著	中国友谊出版公司	2021
士与中国文化	余英时著	上海人民出版社	2013
中国古代文学批评方法研究	张伯伟著	中华书局	2023
宋代文学通论	王水照主编	河南大学出版社	1997
宋代家族与文学研究	张剑、吕肖奂、周扬波著	中国社会科学出版社	2009
宋代文化与文学研究	张海鸥著	中国社会科学出版社	2002
宋代科举与文学	祝尚书著	中华书局	2023
唐代科举与文学	傅璇琮著	中华书局	2020
中国艺术精神	徐复观著	商务印书馆	2010

书名	作者	出版社	出版年份
陈寅恪文集(纪念版)(全十册)	陈寅恪著	上海古籍出版社	2020
中国文学史料学	潘树广、涂小马、黄镇伟主编	华东师范大学出版社	2012
隋唐五代文学思想史	罗宗强著	中华书局	2019
七缀集	钱锺书著	生活·读书·新知三联书店	2019
谈艺录	钱锺书著	商务印书馆	2016
中国近三百年学术史	梁启超著	中华书局	2020
文史通义校注(全三册)	〔清〕章学诚撰,叶瑛校注	中华书局	2014
陔余丛考(全二册)	〔清〕赵翼撰,曹光甫校点	上海古籍出版社	2011
十驾斋养新录	〔清〕钱大昕著,杨勇军整理	上海书店出版社	2011
日知录集释(全校本)(全三册)	〔清〕顾炎武著,黄汝成集释,栾保群、吕宗力校点	上海古籍出版社	2006
历代诗话续编(全三册)	丁福保辑	中华书局	2006
历代诗话(全二册)	〔清〕何文焕辑	中华书局	2004
唐诗品汇	〔明〕高棅编选	上海古籍出版社	2012
唐人选唐诗新编(增订本)	傅璇琮、陈尚君、徐俊编	中华书局	2014
书目答问汇补(全二册)	来新夏、韦力、李国庆汇补	中华书局	2011
四库全书总目	〔清〕永瑢等撰	中华书局	1965
校勘学释例	陈垣著	中华书局	2016
域外汉籍研究入门	张伯伟著	复旦大学出版社	2012
中国古籍校勘史	罗积勇、李爱国、黄燕妮著	武汉大学出版社	2015
校雠广义目录编(修订本)	程千帆、徐有富著	中华书局	2020
校雠广义校勘编(修订本)	程千帆、徐有富著	中华书局	2020
校雠广义典藏编(修订本)	程千帆、徐有富著	中华书局	2020

书名	作者	出版社	出版年份
校雠广义版本编(修订本)	程千帆、徐有富著	中华书局	2020
四库提要辨证(全四册)	余嘉锡著	中华书局	2007
续修四库全书总目提要(集部)	续修四库全书总目提要编纂委员会编	上海古籍出版社	2014
续修四库全书总目提要(史部)	续修四库全书总目提要编纂委员会编	上海古籍出版社	2014
续修四库全书总目提要(经部)	续修四库全书总目提要编纂委员会编	上海古籍出版社	2015
续修四库全书总目提要(子部)	续修四库全书总目提要编纂委员会编	上海古籍出版社	2015
中国文学史之成立	陈广宏著	上海古籍出版社	2016
日本所编明人诗文选集综录	陈广宏、侯荣川编著	广西师范大学出版社	2018
明人诗话要籍汇编(全二册)	陈广宏、侯荣川编校	复旦大学出版社	2017
稀见明人诗话十六种(全二册)	陈广宏、侯荣川编校	上海古籍出版社	2014
闽诗传统的生成:明代福建地域文学的一种历史省察	陈广宏著	上海古籍出版社	2018
稀见明人文话二十种(全二册)	陈广宏、黄宗杰编校	上海古籍出版社	2016
日本所藏稀见明人诗文总集汇刊(第一辑)(全41册)	陈广宏、侯荣川编	广西师范大学出版社	2019
唐宋词人年谱	夏承焘著	浙江古籍出版社	2017
永嘉词征	夏承焘辑	浙江古籍出版社	2017
唐宋词人年谱续编	夏承焘著	浙江古籍出版社	2017
词例	夏承焘著	浙江古籍出版社	2018
唐代诗人墓志汇编	胡可先、杨琼编著	上海古籍出版社	2021

书名	作者	出版社	出版年份
新出石刻与唐代文学家族研究	胡可先著	北京大学出版社	2017
明清浙籍曲家考	汪超宏著	浙江大学出版社	2009
屠隆集(全12册)	〔明〕屠隆著,汪超宏主编	浙江古籍出版社	2012
明清散曲辑补(全三册)	汪超宏编纂	浙江大学出版社	2017
晚明士人心态与文学	周明初著	浙江古籍出版社	2022
宋濂全集(全五册)	〔明〕宋濂著	人民文学出版社	2014
两浙輶轩续录(全16册)	〔清〕潘衍桐编纂,夏勇、熊湘整理	浙江古籍出版社	2014
历代两浙词人小传	〔民国〕周庆云纂辑,方田点校	浙江古籍出版社	2012
明诗综(全八册)	〔清〕朱彝尊辑录	中华书局	2007
中国诗歌研究史·清代卷	王小舒著	人民文学出版社	2020
中国诗歌研究史·唐代卷	吴相洲著	人民文学出版社	2020
中国诗歌研究史·宋代卷	王培友著	人民文学出版社	2020
中国诗歌研究史·汉代卷	赵敏俐著	人民文学出版社	2020
中国诗歌研究史·先秦卷	李炳海著	人民文学出版社	2020
中国诗歌研究史·明代卷	左东岭、孙学堂、雍繁星著	人民文学出版社	2020
中国诗歌研究史·金元卷	查洪德著	人民文学出版社	2020
中国诗歌研究史·少数民族卷	梁庭望著	人民文学出版社	2020
元代文学散论	查洪德著	东方出版中心	2022
元代文学通论(全三册)	查洪德著	东方出版中心	2019
元代文学文献学	查洪德、李军著	中国社会科学出版社	2002
元代诗学通论	查洪德著	北京大学出版社	2014
宋代诗学通论	周裕锴著	上海古籍出版社	2007

书名	作者	出版社	出版年份
禅宗语言研究入门	周裕锴著	复旦大学出版社	2019
文字禅与宋代诗学	周裕锴著	复旦大学出版社	2017
禅宗语言	周裕锴著	复旦大学出版社	2017
中国古代文学阐释学十讲	周裕锴著	复旦大学出版社	2020
诗与它的山河：中古山水美感的生长	萧驰著	生活·读书·新知三联书店	2018
左传（全三册·第2版）	〔春秋〕左丘明著，郭丹、程小青、李彬源译注	中华书局	2024
文心雕龙	〔南朝梁〕刘勰著，王志彬译注	中华书局	2012
叶嘉莹说汉魏六朝诗	叶嘉莹著	中华书局	2018
叶嘉莹说中晚唐诗	叶嘉莹著	中华书局	2018
论语义疏	〔南朝梁〕皇侃撰，高尚榘点校	中华书局	2023
明代小说史	陈大康著	人民文学出版社	2007
中国小说史略	鲁迅撰，郭豫适导读	上海古籍出版社	2019
19世纪西方文学思潮研究　第一卷　浪漫主义	曾繁亭著	北京大学出版社	2022
19世纪西方文学思潮研究　第二卷　现实主义	蒋承勇著	北京大学出版社	2022
19世纪西方文学思潮研究　第三卷　自然主义	曾繁亭著	北京大学出版社	2022
19世纪西方文学思潮研究　第四卷　唯美主义	蒋承勇、马翔著	北京大学出版社	2022
19世纪西方文学思潮研究　第五卷　象征主义	李国辉著	北京大学出版社	2022
19世纪西方文学思潮研究　第六卷　颓废主义	蒋承勇、杨希著	北京大学出版社	2022
西方文学"人"的母题研究	蒋承勇著	华东师范大学出版社	2018

新闻学专业荐读书单

书名	作者	出版社	出版年份
新闻采访与写作	中国人民大学新闻学院、《新闻采访与写作》教材编撰组著	中国人民大学出版社	2018
融媒体:媒体融合的中国路径	蒋晓丽、杨钊、李连杰等著	四川大学出版社	2023
新闻学概论	李良荣著	复旦大学出版社	2013
中国新闻史新修	吴廷俊著	复旦大学出版社	2008
外国新闻传播史	支庭荣、邱一江主编	暨南大学出版社	2004
新闻媒介经营管理	张芹、杨尚聘主编	华中师范大学出版社	2009
新闻摄影教程	盛希贵著	中国人民大学出版社	2003
新闻传播法教程	魏永征、周丽娜著	中国人民大学出版社	2022
中国新闻传播教育年鉴（2021）	中国新闻史学会新闻传播教育史研究委员会、《中国新闻传播教育年鉴》编撰委员会编	武汉大学出版社	2021
新闻法规与新闻职业道德	黄瑚著	四川人民出版社	1998
新闻伦理与法规	罗彬著	北京师范大学出版社	2012
新闻评论写作教程	刘海明著	中国传媒大学出版社	2023
新闻采写十五讲	汪言海著	安徽文艺出版社	2013
无人机新闻报道概论	邵鹏、王军伟、刘建民主编	浙江大学出版社	2023
全球传播	［荷］希斯·汉姆林克主编，任孟山、李呈野译	清华大学出版社	2023
AIGC 传播时代	喻国明著	中译出版社	2024

书名	作者	出版社	出版年份
媒介融合与媒介文化生产研究	王俊义编著	中央民族大学出版社	2023
新闻规律论(新修版)	杨保军著	中国人民大学出版社	2024
新闻本体论(新修版)	杨保军著	中国人民大学出版社	2024
新闻活动论(新修版)	杨保军著	中国人民大学出版社	2024
新闻道德论(新修版)	杨保军著	中国人民大学出版社	2024
媒介思维的谱系	[德]丹尼尔·伊尔冈、[德]弗洛里安·哈德勒、[德]西格弗里德·齐林斯基主编,王鑫、钱玲燕、王颖吉校译	同济大学出版社	2023
智媒时代新闻信息的供给失灵与政府规制	刘志杰著	复旦大学出版社	2023
新媒体写作	赵博平著	清华大学出版社	2023
媒介与空间	伍晓雯编著	华东师范大学出版社	2023
对外传播优秀案例研究	于运全主编	朝华出版社	2023
传播的历史:从石器时代的符号到社交媒体(第七版)	[加拿大]保罗·海尔,[加]彼得·厄克特编,董璐、何道宽、陈继静等译	北京大学出版社	2023
媒介·社会	[美]大卫·克罗图、[美]威廉·霍因斯著,黄典林、刘晨宇译	北京大学出版社	2023
传播学基础教程	周庆山著	北京大学出版社	2023
什么是新闻传播学?	陈力丹、陈俊妮著	大连理工大学出版社	2024

书名	作者	出版社	出版年份
人际传播研究手册(第四版)	[美]马克·L.耐普、[美]约翰·A.戴利著,胡春阳、黄红宇译	复旦大学出版社	2015
传播研究量表手册Ⅰ	[美]丽贝卡·B.鲁宾、[美]菲利普·帕尔姆格林、[美]霍华德·E.西弗尔主编,邓建国译	复旦大学出版社	2017
国际传播与文化间传播研究手册(第二版)	[美]威廉·B.古狄昆斯特、[美]贝拉·莫迪著,陈纳、胡特、陶文静等译	复旦大学出版社	2016
交往在云端:数字时代的人际关系	[美]南希·K.拜厄姆著,董晨宇、唐悦哲译	中国人民大学出版社	2020
媒介心理学	[美]哈里斯著,相德宝译	中国轻工业出版社	2007
胁迫之术:心理战与美国传播研究的兴起	[美]辛普森著,王维佳、刘扬、李杰琼译	华东师范大学出版社	2017
教育传播与技术研究手册(第四版)	[美]斯伯克特等主编,任友群、焦建利、刘美凤等主译	华东师范大学出版社	2015
传播与劝服:关于态度转变的心理学研究	[美]卡尔·霍夫兰、[美]欧文·贾尼斯、[美]哈罗德·凯利著,张建中、李雪晴、曾苑译	中国人民大学出版社	2015
跨文化传播简明英语教程	孙万军编著	中国人民大学出版社	2017
缺失数据统计分析(第三版)	[美]Roderick J. A. Little,[美]Donald B. Rubin 著,周晓华、邓宇昊译	高等教育出版社	2022
统计因果推理入门(翻译版)	[美]朱迪亚·珀尔、[美]马德琳·格利穆尔、[美]尼古拉斯·P.朱厄尔著,杨矫云、安宁、李廉译	高等教育出版社	2020
不确定状况下的判断:启发式和偏差	[美]丹尼尔·卡尼曼、[美]保罗·斯洛维奇、[美]阿莫斯·特沃斯基编,方文、吴新利、张擘等译	中国人民大学出版社	2013

书名	作者	出版社	出版年份
Python 数据分析从入门到实践	明日科技、高春艳、刘志铭编著	吉林大学出版社	2020
青少年学 Python 编程从入门到精通	贾炜编著	北京理工大学出版社	2022
出版经济学研究	陈昕著	格致出版社	2017
文化与社会的媒介化	[丹]施蒂格·夏瓦著,刘君、李鑫、漆俊邑译	复旦大学出版社	2018
人类沟通的起源	[美]迈克尔·托马塞洛著,蔡雅菁译	商务印书馆	2018
媒介即生活	[美]查尔斯·斯特林著,王家全、崔元磊、张祎译	中国人民大学出版社	2014
普通媒介学教程	[法]雷吉斯·德布雷著,陈卫星、王杨译	清华大学出版社	2014
文化创意与策划(第 2 版)	谢梅、王理编著	清华大学出版社	2021
中国古代物质文化	孙机著	中华书局	2014
心灵、自我与社会	[美]乔治·H.米德著,赵月瑟译	上海译文出版社	2018
公众舆论	[美]李普曼著,阎克文、江红译	上海人民出版社	2006
世界大战中的宣传技巧	[美]哈罗德·拉斯韦尔著,张洁、田青译	中国人民大学出版社	2003
人民的选择	[美]保罗·F.拉扎斯菲尔德著,唐茜译	中国人民大学出版社	2012
社会理论和社会结构	[美]罗伯特·K.默顿著,唐少杰、齐心等译	译林出版社	2015
大众传播媒介与社会发展	[美]韦尔伯·施拉姆著,金燕宁等译	华夏出版社	1990
报刊的四种理论	[美]韦尔伯·斯拉姆等著,中国人民大学新闻系译	新华出版社	1980

书名	作者	出版社	出版年份
传播学概论(第二版)	[美]威尔伯·施拉姆、[美]威廉·波特著,何道宽译	中国人民大学出版社	2010
传播理论史:一种社会学的视角	[法]麦格雷著,刘芳译	中国传媒大学出版社	2009
传播的历史:技术、文化和社会(第五版)	[加拿大]戴维·克劳利、[加拿大]保罗·海尔著,董璐、何道宽、王树国译	北京大学出版社	2011
传播学简史	[法]阿芒·马特拉、[法]米歇尔·马特拉著,孙五三译	中国人民大学出版社	2008
传播学史:一种传记式的方法	[美]E. M. 罗杰斯著,殷晓蓉译	上海译文出版社	2012
美国新闻史:大众传播媒介解释史(第九版)	[美]迈克尔·埃默里、[美]埃德温·埃默里、[美]南希·L. 罗伯茨著,展江译	中国人民大学出版社	2004
发掘新闻:美国报业的社会史	[美]迈克尔·舒德森著,陈昌凤、常江译	北京大学出版社	2009
交流的无奈:传播思想史	[美]彼得斯著,何道宽译	华夏出版社	2003
世界传播与文化霸权:思想与战略的历史	[法]马特拉著,陈卫星译	中央编译出版社	2005
单向度的人:发达工业社会意识形态研究	[美]赫伯特·马尔库塞著,刘继译	重庆出版社、上海译文出版社	2016
启蒙辩证法:哲学断片	[德]马克斯·霍克海默、[德]西奥多·阿道尔诺著,渠敬东、曹卫东译	上海人民出版社	2006
表征:文化表象与意指实践	[英]斯图尔特·霍尔编,徐亮、陆兴华译	商务印书馆	2003
电视、受众与文化研究	[英]戴维·莫利著,史安斌主译	新华出版社	2005
媒介环境学:思想沿革与多维视野	[美]林文刚编,何道宽译	北京大学出版社	2007

书名	作者	出版社	出版年份
帝国与传播	[加拿大]哈罗德·英尼斯著,何道宽译	中国大百科全书出版社	2021
传播的偏向	[加拿大]哈罗德·伊尼斯著,何道宽译	中国传媒大学出版社	2013
麦克卢汉精粹	[加拿大]埃里克·麦克卢汉、[加拿大]弗兰克·秦格龙编,何道宽译	南京大学出版社	2000
传播与社会:政治经济与文化分析	[加拿大]赵月枝著,吴畅畅译	唐山出版社	2019
机器新娘	[加拿大]马歇尔·麦克卢汉著,何道宽译	中国人民大学出版社	2004
理解媒介:论人的延伸	[加拿大]马歇尔·麦克卢汉著,何道宽译	商务印书馆	2000
技术垄断:文明向技术投降	[美]Neil Postman 著,蔡金栋、梁薇译	机械工业出版社	2013
娱乐至死·童年的消逝	[美]尼尔·波兹曼著,章艳、吴燕莛译	广西师范大学出版社	2009
数字麦克卢汉:信息化新纪元指南	[美]保罗·莱文森著,何道宽译	社会科学文献出版社	2001
消失的地域:电子媒介对社会行为的影响	[美]约书亚·梅罗维茨著,肖志军译	清华大学出版社	2002
作为文化的传播	[美]詹姆斯·威廉·凯瑞、[美]G.斯图尔特·亚著,丁未译	中国人民大学出版社	2019
20世纪传播学经典文本	张国良主编	复旦大学出版社	2003
人际传播:社会交换论	[美]Michael E. Roloff 著,王江龙译	上海译文出版社	1991
组织传播	[美]凯瑟琳·米勒著,袁军等译	华夏出版社	2000

书名	作者	出版社	出版年份
关键概念:传播与文化研究辞典(第二版)	[美]约翰·费斯克等编撰,李彬译注	新华出版社	2004
议程设置:大众媒介与舆论(第二版)	[美]马克斯韦尔·麦库姆斯著,郭镇之、徐培喜译	北京大学出版社	2018
人类传播理论(第七版)	[美]斯蒂芬·李特约翰著,史安斌译	清华大学出版社	2004
大众传播效果研究的里程碑	[美]洛厄里、[美]德弗勒著,刘海龙译	中国人民大学出版社	2009
大众传播概论:媒介认知与文化(第三版)	[美]斯坦利·J.巴伦著,刘鸿英译	中国人民大学出版社	2005
大众传播模式论	[英]丹尼斯·麦奎尔、[瑞典]斯文·温德尔著,祝建华、武伟译	上海译文出版社	1990
大众媒介与社会	[英]詹姆斯·库兰、[美]米切尔·古尔维奇编,杨击译	华夏出版社	2006
意识形态与乌托邦	[德]卡尔·曼海姆著,李步楼、尚伟、祁阿红等译	商务印书馆	2014
芝加哥学派	[法]阿兰·库隆著,郑文彬译	商务印书馆	2000
神话修辞术:批评与真实	[法]罗兰·巴特著,屠友祥、温晋仪译	上海人民出版社	2009
实践与反思:反思社会学导引	[法]皮埃尔·布尔迪厄、[美]华康德著,李猛、李康译	中央编译出版社	1998
区分:判断力的社会批判	[法]皮埃尔·布尔迪厄著,刘晖译	商务印书馆	2015
作为话语的新闻	[荷]托伊恩·A.梵·迪克著,曾庆香译	华夏出版社	2003
维系民主?西方政治与新闻客观性(修订版)	[加拿大]罗伯特·哈克特、[加拿大]赵月枝著,沈荟、周雨译	清华大学出版社	2010

书名	作者	出版社	出版年份
权力的媒介——新闻媒介在人类事务中的作用	[美]J.赫伯特·阿特休尔著,黄煜、裘志康译	华夏出版社	1989
民主的经济理论	[美]安东尼·唐斯著,姚洋、邢予青、赖平耀译	上海人民出版社	2010
传媒的四种理论	[美]弗雷德里克·S.西伯特、[美]西奥多·彼得森、[美]威尔伯·施拉姆著,戴鑫译	中国人民大学出版社	2008
形式的内容:叙事话语与历史再现	[美]海登·怀特著,董立河译	文津出版社	2005
信息乌托邦:众人如何生产知识	[美]凯斯·R.桑斯坦著,毕竞悦译	法律出版社	2008
偶然、反讽与团结	[美]理查德·罗蒂著,徐文瑞译	商务印书馆	2003
发掘新闻:美国报业的社会史	[美]迈克尔·舒德森著,陈昌凤、常江译	北京大学出版社	2009
互动新闻:黑客、数据与代码	[美]尼基·厄舍著,郭恩强译	中国人民大学出版社	2020
工作中的新闻:信息充裕时代的模仿	[美]帕布鲁·博奇科夫斯基著,周亭译	北京大学出版社	2020
用数字说话:民意调查如何塑造美国政治	[美]苏珊·赫布斯特著,张健译	北京大学出版社	2018
舆论	[美]沃尔特·李普曼著,常江、肖寒译	北京大学出版社	2018
市场新闻业:公民自行小心?	[美]约翰·H.麦克马纳斯著,张磊译	新华出版社	2004
千面英雄	[美]约瑟夫·坎贝尔著,朱侃如译	金城出版社	2012
有价值的新闻	[美]詹姆斯·T.汉密尔顿著,展宁、和丹译	浙江大学出版社	2016

书名	作者	出版社	出版年份
社会学的想象力	[美]C.赖特·米尔斯著,陈强、张永强译	生活·读书·新知三联书店	2016
重建新闻:数字时代的都市新闻业	[美]C.W.安德森著,王辰瑶译	中国传媒大学出版社	2022
批评官员的尺度:《纽约时报》诉警察局长沙利文案	[美]安东尼·刘易斯著,何帆译	北京大学出版社	2011
现实的社会建构:知识社会学论纲	[美]彼得·L.伯格、[美]托马斯·卢克曼著,吴肃然译	北京大学出版社	2019
比较媒介体制:媒介与政治的三种模式	[美]丹尼尔·C.哈林、[意]保罗·曼奇尼著,陈娟、展江等译	中国人民大学出版社	2012
做新闻:现实的社会建构	[美]盖伊·塔克曼著,李红涛译	中国人民大学出版社	2022
做新闻	[美]塔奇曼著,麻争旗、刘笑盈、徐扬译	华夏出版社	2008
什么在决定新闻	[美]赫伯特·甘斯著,石琳、李红涛译	北京大学出版社	2009
信息时代的新闻价值观	[美]杰克·富勒著,展江译	新华出版社	1999
每日新闻,永恒故事:新闻报道中的神话角色	[美]鲁勒著,尹宏毅、周俐梅译	清华大学出版社	2013
新闻:幻象的政治(第9版)	[美]兰斯·班尼特著,杨晓红、王家全译	中国人民大学出版社	2018
移民报刊及其控制	[美]罗伯特·E.帕克著,陈静静、展江译	中国人民大学出版社	2011
富媒体 穷民主:不确定时代的传播政治	[美]罗伯特·W.麦克切斯尼著,谢岳译	新华出版社	2004
布尔迪厄与新闻场域	[美]罗德尼·本森、[法]艾瑞克·内维尔主编,张斌译	浙江大学出版社	2017

书名	作者	出版社	出版年份
发掘新闻:美国报业的社会史	[美]迈克尔·舒德森著,陈昌凤、常江译	北京大学出版社	2009
《纽约时报》是怎么做新闻的	[美]尼基·阿瑟著,徐芳芳译	上海译文出版社	2019
工作中的新闻:信息充裕时代的模仿	[美]帕布鲁·博奇科夫斯基著,周亭译	北京大学出版社	2020
新左派运动的媒介镜像	[美]托德·吉特林著,张锐译	华夏出版社	2007
民主侦探:调查性新闻的经济学	[美]詹姆斯·T.汉密尔顿著,上海社会科学院媒体融合发展研究创新团队译	上海社会科学院出版社	2019
作为文化的传播	[美]詹姆斯·W.凯瑞著,丁未译	华夏出版社	2005
话语与社会变迁	[英]诺曼·费尔克拉夫著,殷晓蓉译	华夏出版社	2003
话语分析:社会科学研究的文本分析方法	[英]诺曼·费尔克劳著,赵芃译	商务印书馆	2021
边界、权威与合法性:中国语境下的新闻职业话语研究	白红义著	复旦大学出版社	2020
以新闻为业:当代中国调查记者的职业意识研究	白红义著	上海交通大学出版社	2013
编辑部场域中的新闻生产——基于《南方都市报》的研究	张志安著	复旦大学出版社	2019
英国媒体的新闻价值观:以"9·11"事件报道为例	仇东方著	中国国际广播出版社	2006
话语分析:传播研究的新路径	胡春阳著	上海人民出版社	2007
大众传播理论:范式与流派	刘海龙著	中国人民大学出版社	2008

广告学专业荐读书单

书名	作者	出版社	出版年份
品牌领导	[美]大卫·A.艾克、[美]爱里克·乔瑟米赛勒著,曾晶译	新华出版社	2001
品牌思想简史	卢泰宏主编	机械工业出版社	2020
营销革命4.0:从传统到数字	[美]菲利普·科特勒、[印度尼西亚]何麻温·卡塔加雅、[印度尼西亚]伊万·塞蒂亚万著,王赛译	机械工业出版社	2018
营销管理	[美]菲利普·科特勒、[美]凯文·莱恩·凯勒、[美]亚历山大·切尔内夫著,陆雄文、蒋青云、赵伟韬等译	中信出版集团	2022
品类影像	齐虹著	北京联合出版公司	2017
设计中的设计	[日]原研哉著,朱锷译	山东人民出版社	2006
艺术发展史	[英]贡布里希著,范景中译	天津人民美术出版社	2001
广告设计从入门到精通	陈根编著	化学工业出版社	2018
制作打动人心的策划案:视觉传达＋故事搭建＋高效表达	[日]望月正吾著,周素译	人民邮电出版社	2017
粘住:为什么我们记住了这些,忘掉了那些?	[美]奇普·希思、[美]丹·希思著,雷静译	中信出版社	2010
创意传播管理——数字时代的营销革命	陈刚、沈虹、马澈等著	机械工业出版社	2012
广告创作与分析:从分析作品开始学做广告(第3版)	何辉著	人民出版社	2016

书名	作者	出版社	出版年份
文案圣经	[美]克劳德·霍普金斯著，姚静译	中国友谊出版公司	2017
乔治·路易斯大创意	[美]乔治·路易斯、[美]比尔·皮茨著，何辉译	中国人民大学出版社	2008
蔚蓝诡计	[美]乔治·路易斯、[美]比尔·匹兹著，刘家驯译	海南出版社	2010
定位	[美]艾·里斯、[美]杰克·特劳特著，邓德隆、火华强译	机械工业出版社	2017
一个广告人的自白	[美]大卫·奥格威著，林桦译	中信出版集团	2010
交往在云端:数字时代的人际关系	[美]南希·K.拜厄姆著，董晨宇、唐悦哲译	中国人民大学出版社	2020
媒介心理学	[美]哈里斯著，相德宝译	中国轻工业出版社	2007
胁迫之术:心理战与美国传播研究的兴起	[美]辛普森著，王维佳、刘扬、李杰琼译	华东师范大学出版社	2017
教育传播与技术研究手册(第四版)	[美]斯伯克特等主编，任友群、焦建利、刘美凤等主译	华东师范大学出版社	2015
传播与劝服:关于态度转变的心理学研究	[美]卡尔·霍夫兰、[美]欧文·贾尼斯、[美]哈罗德·凯利著，张建中、李雪晴、曾苑译	中国人民大学出版社	2015
不确定状况下的判断:启发式和偏差	[美]丹尼尔·卡尼曼、[美]保罗·斯洛维奇、[美]阿莫斯·特沃斯基编，方文、吴新利、张擘等译	中国人民大学出版社	2013
Python 数据分析从入门到实践	明日科技、高春艳、刘志铭编著	吉林大学出版社	2020
青少年学 Python 编程从入门到精通	贾炜编著	北京理工大学出版社	2022
出版经济学研究	陈昕著	格致出版社	2017

书名	作者	出版社	出版年份
文化与社会的媒介化	[丹]施蒂格·夏瓦著,刘君、李鑫、漆俊邑译	复旦大学出版社	2018
人际传播研究手册(第四版)	[美]马克·L.耐普、[美]约翰·A.戴利著,胡春阳、黄红宇译	复旦大学出版社	2015
传播研究量表手册Ⅰ	[美]丽贝卡·B.鲁宾、[美]菲利普·帕尔姆格林、[美]霍华德·E.西弗尔主编,邓建国译	复旦大学出版社	2017
国际传播与文化间传播研究手册(第二版)	[美]威廉·B.古狄昆斯特、[美]贝拉·莫迪主编,陈纳、胡特、陶文静等译	复旦大学出版社	2016
文化创意与策划(第2版)	谢梅、王理编著	清华大学出版社	2021
中国古代物质文化	孙机著	中华书局	2014
跨文化传播简明英语教程	孙万军编著	中国人民大学出版社	2017
缺失数据统计分析(第三版)	[美]Roderick J. A. Little、[美]Donald B. Rubin著,周晓华、邓宇昊译	高等教育出版社	2022
统计因果推理入门(翻译版)	[美]朱迪亚·珀尔、[美]马德琳·格利穆尔、[美]尼古拉斯·P.朱厄尔著,杨矫云、安宁、李廉译	高等教育出版社	2020
人类沟通的起源	[美]迈克尔·托马塞洛著,蔡雅菁译	商务印书馆	2018
媒介即生活	[美]查尔斯·斯特林著,王家全、崔元磊、张祎译	中国人民大学出版社	2014
普通媒介学教程	[法]雷吉斯·德布雷著,陈卫星、王杨译	清华大学出版社	2014

书名	作者	出版社	出版年份
新媒体数据分析与应用	朱小栋主编	电子工业出版社	2022
新媒体内容策划	IMS(天下秀)新媒体商业集团编著	清华大学出版社	2022
新媒体和电商数据化运营	王力建编著	清华大学出版社	2022
新媒体运营	郭晓斌、袁欣主编	人民邮电出版社	2022
新媒体数据分析与应用	李靖、胡永锋主编	人民邮电出版社	2022
新媒体文案写作	周剑、陈梦翔主编	北京理工大学出版社	2022
广告:创意与文案	[美]阿伦斯、[美]维戈尔德、[美]阿伦斯著,丁俊杰、程坪、陈志娟等译	人民邮电出版社	2012
流金岁月:古人的广告生活	由国庆著	中国文史出版社	2024
文案之道:全球32位顶尖广告人亲述文案创作心法	[瑞士]阿拉斯泰尔·克朗普顿编著,彭相珍、吕颜婉倩、祝士伟译	中信出版集团	2023
数字广告十讲	张可、薛伟明著	苏州大学出版社	2023
广告产业的智能化研究	秦雪冰著	上海大学出版社	2023
AIGC广告营销新引擎	洪磊、李静著	机械工业出版社	2023
影视广告策划与制作	肖名希、胡元济编著	中国青年出版社	2023
互联网广告系统:架构、算法与智能化	唐溪柳著	机械工业出版社	2023
新媒体广告(第2版)	黄河等著	中国人民大学出版社	2022
广告摄影与实训	陶新主编	化学工业出版社	2022
短视频运营、直播带货与DOU＋广告投放策略	雷波著	化学工业出版社	2022
新媒体广告策划与设计(第二版)	李雪萍、岳丽编著	化学工业出版社	2022

书名	作者	出版社	出版年份
中国互联网广告监管制度研究	廖秉宜著	中国社会科学出版社	2022
欺诈性广告中模糊话语的批评语用研究	钱永红著	暨南大学出版社	2022
解码广告:广告的意识形态与含义	〔英〕朱迪斯·威廉森著,马非白译	南京大学出版社	2021
广告意识形态的生成与传播研究	周志平著	浙江工商大学出版社	2020
摄影艺术概论	周志平著	人民邮电出版社	2023

网络与新媒体学专业荐读书单

书名	作者	出版社	出版年份
Premiere 短视频制作教程	唯美世界、曹茂鹏编著	中国水利水电出版社	2023
抖音电商实战攻略：直播、短视频、爆品底层逻辑	黄博、梁爱琴著	北京大学出版社	2023
轻松玩转剪映短视频剪辑与制作	靖秋编著	化学工业出版社	2023
短视频拍摄与剪辑	车志明、康林、冷进主编	北京理工大学出版社	2023
剪映＋Premiere 视频剪辑一本通	龙飞编著	中国铁道出版社	2023
抖音＋剪映＋Premiere 短视频制作从新手到高手（第2版）	毛彤、姜旬恂、闫妍编著	清华大学出版社	2023
WPS Office 高效办公从入门到精通（微课视频版）	精英资讯编著	中国水利水电出版社	2023
农产品短视频带货与直播销售从入门到精通	李鸿编著	化学工业出版社	2023
网店商品图片与视频的拍摄及处理	易红兵、蔡少婷主编	人民邮电出版社	2024
花艺摄影与短视频制作	范范著	化学工业出版社	2023
短视频平台中的身体表演与身份认同	郭沛沛著	社会科学文献出版社	2023
生活感美食短视频	旧食、微尘著	人民邮电出版社	2023

书名	作者	出版社	出版年份
剪映视频剪辑/调色/特效从入门到精通:手机版＋电脑版	麓山剪辑社编著	人民邮电出版社	2023
从零开始做短视频编导	彭旭光编著	清华大学出版社	2023
大数据可视化技术与应用	黄源主编	清华大学出版社	2023
短视频创作与运营	冯丽、关善勇、赵彬主编	华中科技大学出版社	2023
AI短视频生成与制作从入门到精通	楚天编著	清华大学出版社	2023
AI短视频制作一本通	木白编著	北京大学出版社	2023
抖音短视频电商运营从入门到精通(第2版)	陆高立主编	清华大学出版社	2023
抖音·快手·微信视频号·B站	郑皓天、刘俊杰著	化学工业出版社	2023
抖音电商	陈进编著	清华大学出版社	2023
自媒体写作,从基本功到实战方法——迈出下班后赚钱的坚实一步!	余老诗著	清华大学出版社	2018
剪映真传	富索索编著	清华大学出版社	2023
Python从入门到数据分析应用	刘亚辉、郭祥云、赵庆聪编著	清华大学出版社	2023
ChatGPT实操应用大全(全视频·彩色版)	文之易、蔡文青著	中国水利水电出版社	2023
短视频创业一本就够	吾影视觉著	人民邮电出版社	2023
中国短视频发展研究报告	国家广播电视总局发展研究中心、国家广播电视总局监管中心、中广联合会微视频短片委员会编著	中国国际广播出版社	2023
零基础学短视频一本通	王舒编著	北京大学出版社	2023

书名	作者	出版社	出版年份
短视频创作宝典	郝大鹏著	人民邮电出版社	2023
新营销——短视频与营销模式	崔毅著	中国商业出版社	2023
视频拍摄与制作	李敏、孙宜彬、于美英主编	人民邮电出版社	2023
手机短视频运镜拍摄从新手到高手	云淡编著	中国铁道出版社有限公司	2023
中文版 After Effects 2023 完全案例教程（微课视频版）	唯美世界、曹茂鹏编著	中国水利水电出版社	2023
短视频创作	徐利丽编著	人民邮电出版社	2023
短视频拍摄与制作一本通	魏颖、周雪婷、徐明编著	清华大学出版社	2023
Premiere Pro 2023 全面精通	周玉姣编著	清华大学出版社	2023
短视频策划拍摄与剪辑零基础入门与提高	陈玘珧编著	人民邮电出版社	2023
手机短视频全攻略	彭程编著	中国铁道出版社有限公司	2023
达芬奇视频后期剪辑与调色零基础入门到精通	耿慧勇著	人民邮电出版社	2024
剪映	王凯著	人民邮电出版社	2024
Premiere Pro 2023 视频编辑剪辑制作	李学宝、马占飞、赵文军编著	清华大学出版社	2024
剪映：从零开始精通短视频剪辑（电脑版）	詹泽鑫编著	人民邮电出版社	2024
抖音＋剪映＋Premiere 短视频创作实战（全彩微课版）	李晓斌、张晓景编著	人民邮电出版社	2024
Python 数据采集与分析（微课视频版）	王瑞胡、杨文艺主编	清华大学出版社	2024
网店商品拍摄与视频制作全能一本通（全彩微课版）	毛志斌、肖淑秀主编	人民邮电出版社	2024
剪映短视频创作案例教程	于志刚、孙苗苗主编	人民邮电出版社	2024

书名	作者	出版社	出版年份
手机短视频拍摄与制作	王武林主编	人民邮电出版社	2024
剪映专业版视频剪辑基础与实例教程	张凡编著	机械工业出版社	2024
短视频运营全流程	谭俊杰著	化学工业出版社	2024
抖音短视频全面精通	周玉姣编著	清华大学出版社	2023
新媒体运营与推广:从入门到精通	黄桓编著	清华大学出版社	2021
新媒体数据分析:精准引流＋爆款打造＋盈利提升	李军编著	化学工业出版社	2021
网络新媒体导论	喻国明、曲慧编著	人民邮电出版社	2021
新媒体产品设计与运营	郭怀娟著	西安交通大学出版社	2021
新媒体数据分析及应用	马晓悦、刘蒙阒编著	人民邮电出版社	2021
新媒体一站式运营指南	刘畅主编	中国商业出版社	2021
视听新媒体受众研究	谢辛著	浙江摄影出版社	2021
新媒体营销传播	郑满宁著	人民日报出版社	2021
新媒体文案写作	陈娜、伍大春、周艳主编	人民邮电出版社	2021
新媒体环境下的新闻传播策略	李宜璟著	吉林教育出版社	2021
新媒体产品设计与项目管理	龙思思著	中国人民大学出版社	2021
新媒体运营实务	张浩淼、乐金生、张宏宇著	中国人民大学出版社	2021
新媒体文案创作与传播	潘勇主编	人民邮电出版社	2021
演艺新媒体交互设计	张敬平著	复旦大学出版社	2021

书名	作者	出版社	出版年份
现代新媒体运营与传播策略	刘翌琼著	中国商业出版社	2021
政务新媒体运营策略研究	张韦著	武汉理工大学出版社	2021
新媒体运营与推广方法研究	许文君编著	上海远东出版社	2021
新媒体文案变现	高倩倩、曾涛著	电子工业出版社	2021
新媒体研究方法	王锡苓、刘昊著	中国人民大学出版社	2022
新媒体产品定位与运营	IMS（天下秀）新媒体商业集团编著	清华大学出版社	2022
新媒体内容创作实务	覃思源主编	中国水利水电出版社	2022
新媒体数据分析与应用	朱小栋主编	电子工业出版社	2022
新媒体内容策划	IMS（天下秀）新媒体商业集团编著	清华大学出版社	2022
新媒体和电商数据化运营	王力建编著	清华大学出版社	2022
新媒体运营	郭晓斌、袁欣主编	人民邮电出版社	2022
新媒体数据分析与应用	李靖、胡永锋主编	人民邮电出版社	2022
新媒体文案写作	周剑、陈梦翔主编	北京理工大学出版社	2022
新媒体平台运营与管理	IMS（天下秀）新媒体商业集团编著	清华大学出版社	2022
新媒体用户行为与心理	IMS（天下秀）新媒体商业集团编著	清华大学出版社	2022
新媒体环境下的危机公关研究	夏琼、胡大海著	科学出版社	2022
新媒体主播定位与管理	IMS（天下秀）新媒体商业集团编著	清华大学出版社	2022
玩转新媒体	陈瑛、周玲玲主编	上海交通大学出版社	2022

书名	作者	出版社	出版年份
新媒体运营基础教程	胡悦著	北京大学出版社	2022
新媒体数据分析基础教程	赵春红著	北京大学出版社	2022
新媒体舆情监测与管理	IMS(天下秀)新媒体商业集团编著	清华大学出版社	2022
新媒体数据分析与诊断	IMS(天下秀)新媒体商业集团编著	清华大学出版社	2022
新媒体运营与管理	王中晓、张浩森、崔凯编著	机械工业出版社	2022
新媒体运营教程	谭天、陈律言等编著	暨南大学出版社	2022
10W＋新媒体文案炼成记：抖音、快手、视频号、B站、西瓜视频软文实战	文能载商编著	清华大学出版社	2022
新媒体数据分析	孙萍萍主编	电子工业出版社	2023
新媒体传播技巧	黄胜红、陈彩莲编著	中国人民大学出版社	2023
新媒体运营实务	魏振锋主编	人民邮电出版社	2023
新媒体运营实战技能(第3版慕课版)	李新泉、管应琦、詹琳主编	人民邮电出版社	2023
新媒体运营	郭明、李海燕主编	北京理工大学出版社	2023
新媒体文案写作教程	尹莹、辛岛主编	中国人民大学出版社	2023
10W＋新媒体文案炼成记：爆款标题＋内容创作＋广告营销＋排名优化(升级版)	文能载商编著	清华大学出版社	2023
中国新媒体发展报告(No.14 2023)	胡正荣、黄楚新主编	社会科学文献出版社	2023
新媒体运营实务	冯静、林禄苑主编	电子工业出版社	2023

书名	作者	出版社	出版年份
新媒体运营	杨临佳主编	中国人民大学出版社	2023
巧用 ChatGPT 轻松玩转新媒体运营	陈振轩主编	北京大学出版社	2023
新媒体营销（第二版）	肖凭主编	北京大学出版社	2023
新媒体写作	赵博平著	清华大学出版社	2023
新媒体用户分析与运营	IMS（天下秀）新媒体商业集团编著	清华大学出版社	2022
新媒体用户分析	余红、张雯编著	高等教育出版社	2019
网络与新媒体概论（第二版）	李良荣编	高等教育出版社	2019
新媒体视听节目制作	周建青主编	北京大学出版社	2019
网络与新媒体动画的设计与应用	王钦著	吉林美术出版社	2019
新媒体写作与运营	周展锋主编	人民邮电出版社	2019
网络与新媒体专业英语教程	王君玲、张维民著	科学出版社	2020
新媒体营销	华迎主编	人民邮电出版社	2021
短视频制作全能一本通	刘庆振、安琪、王凌峰编著	人民邮电出版社	2021
新媒体传播伦理与法规	徐敬宏、侯彤童、胡世明编著	清华大学出版社	2023
新媒体数据分析及应用	张合斌主编	清华大学出版社	2023
新媒体产品设计与项目管理	程栋主编	清华大学出版社	2023
短视频编辑制作实战教程	郭子辉、施颖钰主编	人民邮电出版社	2023
解析中国新闻传播学	刘海龙主编	中国人民大学出版社	2024

历史学专业荐读书单

书名	作者	出版社	出版年份
在传统与现代性之间：王韬与晚清改革	［美］柯文著，雷颐、罗检秋译	中信出版集团	2016
宋案重审	尚小明著	社会科学文献出版社	2018
第二次世界大战回忆录	［英］温斯顿·丘吉尔著，姜玲译	民主与建设出版社	2017
梦醒子：一位华北乡居者的人生	［英］沈艾娣著，赵妍杰译	北京大学出版社	2013
中国手工业调查：1921—1930	［美］鲁道夫·P.霍梅尔著，戴吾三等译	广东人民出版社	2021
地狱之行：1914—1949	［英］伊恩·克肖著，林华译	中信出版集团	2018
西欧中世纪史	［美］布莱恩·蒂尔尼、［美］西德尼·佩因特著，袁传伟等译	北京大学出版社	2011
马丁·盖尔归来	［美］娜塔莉·泽蒙·戴维斯著，刘永华译	海南出版社	2023
茶馆：成都的公共生活和微观世界（1900—1950）	王笛著	北京大学出版社	2021
古典欧洲的诞生：从特洛伊到奥古斯丁	［英］西蒙·普莱斯、［英］彼得·索恩曼著，马百亮译	中信出版集团	2019
基督教欧洲的巨变：1517—1648	［英］马克·格林格拉斯著，李书瑞译	中信出版集团	2018
中世纪盛期的欧洲	［美］威廉·乔丹著，傅翀、吴昕欣译	中信出版集团	2019
罗马帝国的遗产：400—1000	［英］克里斯·威克姆著，余乐译	中信出版集团	2019
竞逐权力：1815—1914	［英］理查德·埃文斯著，胡利平译	中信出版集团	2018

书名	作者	出版社	出版年份
黑毡上的北魏皇帝(修订本)	罗新著	上海三联书店	2022
华北的叛乱者与革命者:1845—1945(增订本)	[美]裴宜理著,池子华、刘平译	商务印书馆	2017
权势转移:近代中国的思想与社会(修订版)	罗志田著	北京师范大学出版社	2014
中国的 1948 年:两种命运的决战	刘统著	生活·读书·新知三联书店	2006
新编剑桥中世纪史(第六卷)(约 1300 年至约 1415 年)	[英]迈克尔·琼斯主编,王加丰、柴彬、谷延方等译	中国社会科学出版社	2020
新编剑桥中世纪史(第七卷)(约 1415 年至约 1500 年)	[英]克里斯托弗·阿尔芒主编,侯建新译	中国社会科学出版社	2022
新编剑桥世界近代史(第一卷)(文艺复兴:1493—1520 年)	[英]G.R.波特编,中国社会科学院世界历史研究所组译	中国社会科学出版社	2018
新编剑桥世界近代史(第 8 卷)(美国革命与法国革命:1763—1793 年)	[英]A.古德温编,中国社会科学院世界历史研究所组译	中国社会科学出版社	2018
革命的年代:1789—1848(第 2 版)	[英]艾瑞克·霍布斯鲍姆著,王章辉等译	中信出版集团	2017
资本的年代:1848—1875(第 2 版)	[英]艾瑞克·霍布斯鲍姆著,张晓华等译	中信出版集团	2017
帝国的年代:1875—1914(第 2 版)	[英]艾瑞克·霍布斯鲍姆著,贾士蘅译	中信出版集团	2017
极端的年代:1914—1991(第 2 版)	[英]艾瑞克·霍布斯鲍姆著,郑明萱译	中信出版集团	2017
中国文化史导论	钱穆著	商务印书馆	2023
治史三书(第 2 版)	严耕望著	上海人民出版社	2011
全球通史:从史前到 21 世纪(第 7 版新校本·上册)	[美]斯塔夫里阿诺斯著,吴象婴、梁赤民译	北京大学出版社	2020
全球通史:从史前到 21 世纪(第 7 版新校本·下册)	[美]斯塔夫里阿诺斯著,吴象婴、梁赤民译	北京大学出版社	2020

书名	作者	出版社	出版年份
新全球史：文明的传承与交流（第五版）（1000—1800 年）	［美］杰里·本特利，［美］赫伯特·齐格勒著，魏凤莲译	北京大学出版社	2014
新全球史：文明的传承与交流（第五版）（1750 年至今）	［美］杰里·本特利，［美］赫伯特·齐格勒著，魏凤莲译	北京大学出版社	2014
新全球史：文明的传承与交流（第五版）（公元 1000 年之前）	［美］杰里·本特利，［美］赫伯特·齐格勒著，魏凤莲译	北京大学出版社	2014
罗马帝国衰亡史	［英］爱德华·吉本著，萧逢年、黄正勇译	广东人民出版社	2021
长江三角洲的小农家庭与乡村发展	黄宗智著	广西师范大学出版社	2023
中国金融史	燕红忠主编	上海财经大学出版社	2020
法兰西风格：大革命的政治文化（增补版）	高毅著	北京师范大学出版社	2013
历史研究（插图本）	［英］阿诺德·汤因比著，刘北成、郭小凌译	上海人民出版社	2019
明清社会经济史论文集	傅衣凌著	商务印书馆	2017
明清时代商人及商业资本 明代江南市民经济试探	傅衣凌著	中华书局	2007
国家、经济与大分流——17 世纪 80 年代到 19 世纪 50 年代的英国和中国	［荷］皮尔·弗里斯著，郭金兴译	中信出版集团	2018
大分流之外：中国和欧洲经济变迁的政治	［美］王国斌，［美］罗森塔尔著，周琳译	江苏人民出版社	2018
中国近百年政治史	李剑农著	中华书局	2019
现代世界体系（第一卷）——16 世纪的资本主义农业和欧洲世界经济的起源	［美］伊曼纽尔·沃勒斯坦著，郭方、刘新成、张文刚译	社会科学文献出版社	2013

书名	作者	出版社	出版年份
现代世界体系(第二卷)——重商主义与欧洲世界经济体的巩固:1600～1750	[美]伊曼纽尔·沃勒斯坦著,郭方、吴必康、钟伟云译	社会科学文献出版社	2013
现代世界体系(第三卷)——资本主义世界经济大扩张的第二时期:1730～1840年代	[美]伊曼纽尔·沃勒斯坦著,郭方、夏继果、顾宁译	社会科学文献出版社	2013
现代世界体系(第四卷)——中庸的自由主义的胜利:1789～1914	[美]伊曼纽尔·沃勒斯坦著,吴英译	社会科学文献出版社	2013
东晋门阀政治(第5版)	田余庆著	北京大学出版社	2012
波峰与波谷:秦汉魏晋南北朝的政治文明(第二版)	阎步克编著	北京大学出版社	2017
士大夫政治演生史稿(第3版)	阎步克编	北京大学出版社	2015
两汉魏晋南北朝宰相制度研究	祝总斌著	北京大学出版社	2017
内闱:宋代妇女的婚姻和生活	[美]伊沛霞著,胡志宏译	江苏人民出版社	2022
支配社会学	[德]马克斯·韦伯著,康乐、简惠美译	上海三联书店	2020
封建社会	[法]马克·布洛赫著,张绪山等译	商务印书馆	2017
金翼:中国家族制度的社会学研究	林耀华著,庄孔韶、林宗成译	生活·读书·新知三联书店	2022
社会权力的来源(第一卷)——从开端到1760年的权力史	[英]迈克尔·曼著,刘北成、李少军译	上海人民出版社	2018

书名	作者	出版社	出版年份
社会权力的来源（第二卷）——阶级和民族国家的兴起（1760—1914）	［英］迈克尔·曼著,陈海宏译	上海人民出版社	2018
社会权力的来源（第三卷）——全球诸帝国与革命（1890—1945）	［英］迈克尔·曼著,郭台辉、茅根红、余宜斌译	上海人民出版社	2018
社会权力的来源（第四卷）——全球化（1945—2011）	［英］迈克尔·曼著,郭忠华、徐法寅、蒋文芳译	上海人民出版社	2018
《资本论》脉络（第二版）	张薰华编	复旦大学出版社	1999
中国现代思想史论	李泽厚著	生活·读书·新知三联书店	2009
秦汉的方士与儒生	顾颉刚著	北京出版社	2016
The Oxford Classical Dictionary(Third Edition)	Simon Hornblower、Antony Spawforth 主编	Oxford University Press	2003
The Oxford Handbook Of Late Antiquity	Scott Fitzgerald Johnson 主编	Oxford University Press	2012
A companion to the Roman Empire	David S. Potter 主编	Blackwell Pub.	2006
地中海与菲利普二世时代的地中海世界(全二卷)	［法］费尔南·布罗代尔著,唐家龙、曾培耿、吴模信译	商务印书馆	2013
英国史(上册)(史前～1714年)	［美］克莱顿·罗伯茨、［美］戴维·罗伯茨、［美］道格拉斯·R.比松著,潘兴明等译	商务印书馆	2013
英国史(下册)(1688年～现在)	［美］克莱顿·罗伯茨、［美］戴维·罗伯茨、［美］道格拉斯·R.比松著,潘兴明等译	商务印书馆	2013

书名	作者	出版社	出版年份
十五至十八世纪的物质文明、经济和资本主义（第1卷）——日常生活的结构：可能和不可能	[法]费尔南·布罗代尔著，顾良、施康强译	商务印书馆	2017
剑桥欧洲经济史（1—8卷）	[英]M. M. 波斯坦主编，郎立平等译	经济科学出版社	2002
剑桥现代欧洲经济史：1700—1870（第一卷）	[英]斯蒂芬·布劳德伯利、[美]凯文·H·奥罗克著，何富彩、钟红英译	中国人民大学出版社	2015
剑桥现代欧洲经济史：1870年至今（第二卷）	[英]斯蒂芬·布劳德伯利、[英]凯文·H·奥罗克著，张敏、孔尚会译	中国人民大学出版社	2015
棉花帝国	[美]斯文·贝克特著，徐轶杰、杨燕译	民主与建设出版社	2019
Greek：An Intensive Course，2nd Revised Edition	Hardy Hansen、Gerald M. Quinn 著	Fordham University Press	1992
Learn to Read Latin	Andrew Keller、Stephanie Russell 著	Yale University Press	2003
追逐荣耀：1648—1815	[英]蒂莫西·布莱宁著，吴畋译	中信出版集团	2018
西欧中世纪史（第6版）	[美]布莱恩·蒂尔尼、[美]西德尼·佩因特著，袁传伟译	北京大学出版社	2011
第一次世界大战回忆录（全五卷）	[英]温斯顿·丘吉尔著，刘立译	南方出版社	2005
新史学	[法]J·勒高夫、[法]P·诺拉主编，姚蒙编译	上海译文出版社	1989
意大利文艺复兴时期的文化与社会	[英]彼得·伯克著，刘君译	东方出版社	2007

书名	作者	出版社	出版年份
旧制度与大革命(权威全译本)	[法]托克维尔著,冯棠译	商务印书馆	2012
欧洲的分与合	郭华榕、徐天新主编	人民出版社	2015
现代化新论——世界与中国的现代化进程(增订本)	罗荣渠著	商务印书馆	2009
中国共产党成立史	[日]石川祯浩著,袁广泉译	中国社会科学出版社	2006
张力与限界:中央苏区的革命(1933—1934)	黄道炫著	社会科学文献出版社	2011
中国近百年政治史	李剑农著	商务印书馆	2017
革命与反革命:社会文化视野下的民国政治	王奇生著	社会科学文献出版社	2010
党员、党权与党争:1924～1949年中国国民党的组织形态	王奇生著	社会科学文献出版社	2018
新文化的传统——五四人物与思想研究	欧阳哲生著	广东人民出版社	2004
天朝的崩溃:鸦片战争再研究(修订版)	茅海建著	生活·读书·新知三联书店	2017
历史三调:作为事件、经历和神话的义和团(典藏版)	[美]柯文著,杜继东译	社会科学文献出版社	2015
大宋之变,1063—1086	赵冬梅著	广西师范大学出版社	2020
朱熹的历史世界:宋代士大夫政治文化的研究	余英时著	生活·读书·新知三联书店	2011
《春秋》与"汉道":两汉政治与政治文化研究	陈苏镇著	中华书局	2023

书名	作者	出版社	出版年份
能夏则大与渐慕华风:政治体视角下的华夏与华夏化	胡鸿著	北京师范大学出版社	2017
"山中"的六朝史	魏斌著	生活·读书·新知三联书店	2019
有所不为的反叛者:批判、怀疑与想象力	罗新著	上海三联书店	2019
士大夫政治演生史稿	阎步克著	北京大学出版社	2015
祖宗之法:北宋前期政治述略(修订本)	邓小南著	生活·读书·新知三联书店	2014
李约瑟中国科学技术史:第一卷·导论	[英]李约瑟著,袁翰青等译	科学出版社	2018
北京大学藏秦简牍	北京大学出土文献研究所编	上海古籍出版社	2023
时代巨变:中国近代社会之世相	杨齐福著	浙江工商大学出版社	2021
科举制度与近代文化(修订本)	杨齐福著	人民出版社	2016
日本左传学文献辑刊	刘伟主编	巴蜀书社	2020
浙江儒学通史近现代卷	宫云维等著	浙江人民出版社	2022
中日史学史脞论	李军著	中国社会科学出版社	2022
希腊史研究入门(第二版)	黄洋、晏绍祥著	北京大学出版社	2021
罗马史研究入门(第二版)	刘津瑜著	北京大学出版社	2021

公共管理学院
School of Public Affairs

公共管理学院

公共管理学院成立于 2001 年,以"明道、厚德、新知、力行"为院训,以培养中国未来的公共管理精英为己任,知行合一,科研与教学并进,为国家和社会培养能胜任新时代公共管理重任、具备领导力和创新力的卓越管理人才。经过 20 余年的建设,学院已发展成为浙江省内一流、国内具有重要影响力的公共管理学院。

行政管理专业(授予管理学学士学位)

●国家级一流本科专业建设点

●教育部"长江学者"2 人

●拥有从本科、硕士到博士的完整的人才培养体系

本专业是由著名学者、学校党委书记郁建兴领衔的国家级一流本科专业,拥有两个中央财政专项支持的实训平台。设有政府管理、企业行政和社会治理三个培养方向,培养适应现代社会需要的高素质行政管理专门人才。要求学生接受现代行政管理的系统训练,掌握管理学、经济学、政治学、法学等方面知识,具备较强的管理、经营、策划、调研、交际等能力。

土地资源管理专业(授予管理学学士学位)

●国家级一流本科专业建设点

●教育部本科教学评估优秀专业
●浙江省普通本科高校新兴特色专业
●浙江省优势特色专业,在 2024 年软科中国大学专业排名中位列第 17 名(17/117)
●拥有国土资源统计学博士点及博士后流动站
●拥有浙江省财政专项资助实验室

本专业培养具备现代管理学、经济学及资源学的基本理论,掌握土地管理、国土空间规划及房地产开发经营管理方面的专业知识,以及现代管理技术与方法,具有计算机应用、规划、测绘、估价、投资分析、工程建筑等基本技能,能在自然资源管理部门、城建部门、房地产业、金融机构、资产评估机构及其他企事业单位从事专业工作的综合人才。本专业拥有土地资源管理和国土资源统计学硕士点。目前已经在杭州市规划和自然资源局、浙江省第二测绘院等近 20 家单位建有实习基地。

文化产业管理专业(授予管理学学士学位)

●在 2024 年软科中国大学专业排名中位列第 11 名(11/189),A 层次
●专业水平位列全国前 6%

本专业培养具有扎实文化功底,掌握现代管理、经济和法律知识的文化产业管理高级复合型人才。学生将具有广阔的国际视野,掌握文化产业的经营特点和运作规律,熟悉国内外文化产业发展趋势与国家的文化战略、政策,具有文化产业管理、营销、策划等多方面的综合知识和能力。

社会工作专业(授予法学学士学位)

●浙江省一流本科专业建设点
●拥有民政部社会工作专业人才培训基地(浙江省唯一),实践基地数量达到 35 家
●拥有社会工作硕士专业学位(MSW)授予权,每年招生 40 名左右

本专业培养具有较高的理论水平,掌握社会工作、社会学、管理学、法学和心理学基本知识和基本实务技能,具备较强的社会工作项目策划、执行、督导、评估、运营管理和研究能力,胜任针对不同领域社会服务与社会管理的应用型高级社会工作专业人才。本专业学生接受系统的社会工作理论和实务的培训,同时还具备较强的社会政策分析、社会调查和统计、外语和办公自动化等基本能力。

行政管理专业荐读书单

书名	作者	出版社	出版年份
事实、虚构和预测	［美］纳尔逊·古德曼著,刘华杰译	商务印书馆	2010
比较方法	［美］查尔斯·C.拉金著,刘旻然译	格致出版社	2022
重构关系	邱泽奇著	北京大学出版社	2024
最底层的十亿人:贫穷国家为何失败?	［英］保罗·科利尔著,张羽译	上海三联书店	2022
贪婪已死:个人主义之后的政治	［英］保罗·科科尔、［英］约翰·凯著,魏华译	上海三联书店	2022
政治逻辑	刘建军、陈周旺、汪仕凯主编	上海人民出版社	2022
行政逻辑	李瑞昌主编	上海人民出版社	2021
制度的逻辑	曹沛霖著	上海人民出版社	2019
行政国家:美国公共行政的政治理论研究	［美］德怀特·沃尔多著,颜昌武译	中央编译出版社	2017
政治与行政——政府之研究	［美］弗兰克·古德诺著,丰俊功译	北京大学出版社	2012
帝国的想象	梁展著	生活·读书·新知三联书店	2023
计算的本质(英文版)	［美］克里斯托弗·摩尔、［德］斯蒂芬·默滕斯著	世界图书出版有限公司	2023
管制与市场	［美］丹尼尔·F.史普博著,余晖、何帆、钱家骏等译	格致出版社	2017
数字身份与元宇宙信任治理	冀俊峰著	北京大学出版社	2023
古代国家的等级制度	施治生、徐建新主编	中国社会科学出版社	2015
公共管理研究方法——基于公共管理问题类型学的新体系	曹堂哲著	北京大学出版社	2014

书名	作者	出版社	出版年份
中国国家治理的制度逻辑：一个组织学研究	周雪光著	生活·读书·新知三联书店	2017
大国治理：发展与平衡的空间政治经济学	陆铭等著	上海人民出版社	2021
缺席与断裂：有关失范的社会学研究	渠敬东著	商务印书馆	2017
社会治理的伦理重构	张康之著	中国社会科学出版社	2020
乡土中国	费孝通著	中华书局	2018
国家治理现代化：理论与策论	王浦劬著	人民出版社	2016
中国农村村民自治	徐勇著	生活书店出版有限公司	2018
社区的历程：溪村汉人家族的个案研究（增订本）	王铭铭著	生活·读书·新知三联书店	2021
超级武器与假想敌：现代美军与科幻作品关系史	[澳]史蒂芬·戴德曼著，李相影译	民主与建设出版社	2020
政府未来的治理模式	[美]B.盖伊·彼得斯著，吴爱明、夏宏图译	中国人民大学出版社	2017
无缝隙政府：公共部门再造指南	[美]拉塞尔·M.林登著，汪大海、吴群芳等译	中国人民大学出版社	2014
公共行政导论（第六版）	[美]杰伊·M.沙夫里茨、[美]E.W.拉塞尔、[美]克里斯托弗·P.伯里克著，刘俊生、欧阳帆、金敏正等译	中国人民大学出版社	2011
公共组织理论	陆明远、冯楠著	中国人民大学出版社	2021
社会组织管理（第二版）	郁建兴、王名主编	科学出版社	2023
社会治理的历史叙事	张康之著	北京大学出版社	2006
制度分析与公共治理	[美]邓穗欣著，张铁钦、张印琦译	复旦大学出版社	2019

书名	作者	出版社	出版年份
政治科学中的制度理论：新制度主义	［美］B.盖伊·彼得斯著，王向民、段红伟译	上海人民出版社	2016
政治思考：一些永久性的问题	［美］格伦·廷德著，王宁坤译	北京联合出版公司	2016
权力与选择	［美］W.菲利普斯·夏夫利著，孟维瞻译	世界图书出版公司	2015
近代西方国家的危机政府	［美］克林顿·罗西特著，孙腾译	中国华侨出版社	2019
耶鲁大学公开课：政治哲学	［美］史蒂芬·B·斯密什著，贺晴川译	北京联合出版公司	2015
当代比较政治学：世界视野（第十版）	［美］小 G.宾厄姆·鲍威尔、［美］拉塞尔·J.多尔顿、［美］卡雷·斯特罗姆著，杨红伟、吴新叶、曾纪茂等译	上海人民出版社	2017
民主的模式（第二版）	［美］阿伦·利普哈特著，陈崎译	上海人民出版社	2017
文明的冲突	［美］塞缪尔·亨廷顿著，周琪、刘绯、张立平等译	新华出版社	2017
公共行政的合法性：一种话语分析（中文修订版）	［美］O.C.麦克斯怀特著，吴琼译	中国人民大学出版社	2016
官僚经验：后现代主义的挑战（第五版）	［美］拉尔夫·P.赫梅尔著，韩红译	中国人民大学出版社	2013
预算过程中的新政治（第五版）	［美］阿伦·威尔达夫斯基、［美］娜奥米·凯顿著，苟燕楠译	中国人民大学出版社	2014
公共行政的语言：官僚制、现代性和后现代性（中文修订版）	［美］戴维·约翰·法默尔著，吴琼译	中国人民大学出版社	2017
问卷设计手册——市场研究、民意调查、社会调查、健康调查指南	［美］诺曼·布拉德伯恩、［美］希摩·萨德曼、［美］布莱恩·万辛克著，赵锋译	重庆大学出版社	2011
公共物品的需求与供给	［美］詹姆斯·M.布坎南著，马珺译	上海人民出版社	2017

书名	作者	出版社	出版年份
国家建构:聚合与崩溃	[瑞士]安德烈亚斯·威默著,叶江译	格致出版社	2019
治理、政治与国家	[瑞典]乔恩·皮埃尔、[美]B.盖伊·彼得斯著,唐贤兴、马婷译	格致出版社	2019
分权化治理:新概念与新实践	[美]G.沙布尔·吉玛、[美]丹尼斯·A.荣迪内利编,唐贤兴、张进军等译	格致出版社	2013
重新思考世界政治中的权力、制度与观念	[加拿大]阿米塔·阿查亚著,白云真、宋亦明译	上海人民出版社	2019
质性研究的基础:形成扎根理论的程序与方法	[美]朱丽叶·M.科宾、[美]安塞尔姆·L.施特劳斯著,朱光明译	重庆大学出版社	2015
智慧治理:21世纪东西方之间的中庸之道	[美]尼古拉斯·伯格鲁恩、[美]内森·加德尔斯著,朱新伟等译	格致出版社	2013
威权体制的运行分析:政治博弈、经济绩效与制度变迁	郭广珍著	格致出版社	2017
公共政策分析案例	[美]乔治·M.格斯、[美]保罗·G.法纳姆著,王军霞、贾洪波译	中国人民大学出版社	2017
公共管理研究方法	何兰萍、张俊艳主编	中国人民大学出版社	2023
公共行政学经典(第七版·中国版)	[美]杰伊·M.沙夫里茨、[美]艾伯特·C.海德著,刘俊生译	中国人民大学出版社	2019
官僚制内幕(中文修订版)	[美]安东尼·唐斯著,郭小聪等译	中国人民大学出版社	2017
理解治理:政策网络、治理、反思与问责	[英]R.A.W.罗兹著,丁煌、丁方达译	中国人民大学出版社	2020

书名	作者	出版社	出版年份
宪法秩序的经济学与伦理学	詹姆斯·M.布埃南著	商务印书馆	2020
牛津规制手册	[英]罗伯特·鲍德温、[英]马丁·凯夫、[英]马丁·洛奇编,宋华琳、李鸼、安永康等译	上海三联书店	2017
公民治理:引领21世纪的美国社区	[美]理查德·C·博克斯著,孙柏瑛等译	中国人民大学出版社	2014
政治、经济与福利	[美]罗伯特·A.达尔、[美]查尔斯·E.林德布洛姆著,蓝志勇译	中国人民大学出版社	2021
理解公共政策	[美]托马斯·R·戴伊著,谢明译	中国人民大学出版社	2011
公共政策分析:理论与实践	[美]戴维·L·韦默、[加]艾丹·R·瓦伊宁著,刘伟译	中国人民大学出版社	2013
议程、备选方案与公共政策(第二版·中文修订版)	[美]约翰·W.金登著,丁煌、方兴译	中国人民大学出版社	2017

土地资源管理专业荐读书单

书名	作者	出版社	出版年份
资源与环境经济学	石敏俊主编	中国人民大学出版社	2021
蓝色星球的美丽自拍:卫星与遥感	张晟宇著	测绘出版社	2019
新《土地管理法》学习读本	魏莉华等著	地质出版社	2019
自然资源政策助力脱贫攻坚 50 例	自然资源部扶贫开发领导小组办公室编	中国大地出版社	2019
产业用地政策实施工作指引(2019 年版)	自然资源部自然资源开发利用司编	地质出版社	2019
土壤学(第四版)	徐建明主编	中国农业出版社	2019
土地整治标准化理论与实践	李红举、梁军、贾文涛等编著	中国大地出版社	2019
土地经济学(第八版)	毕宝德主编	中国人民大学出版社	2020
农村宅基地法律法规政策汇编	姜志法、韩荣和编	地质出版社	2020
寂静的春天	[美]蕾切尔·卡森著,熊姣译	商务印书馆	2020
地面激光雷达与摄影测量三维重建	王晏民、黄明、王国利等著	科学出版社	2018
地理学与生活	[美]阿瑟·格蒂斯、[美]朱迪丝·格蒂斯、[美]杰尔姆·D. 费尔曼著,黄润华、韩慕康、孙颖译	北京联合出版公司	2018
GIS 空间分析指南	[美]安迪·米切尔编著,张旸译	测绘出版社	2011
中国土地制度史	龙登高主编	中国社会科学出版社	2019

书名	作者	出版社	出版年份
国土空间生态修复	吴次芳、肖武、曹宇、方恺著	地质出版社	2019
中国农村土地制度改革路径优化	董栓成著	社会科学文献出版社	2008
中国土地可持续利用论	刘彦随、郑伟元著	科学出版社	2008
土地整治理论方法与实践	吴海洋主编	地质出版社	2014
土地资源优化配置与构建节约型社会研究	王华春著	中国环境科学出版社	2006
国土综合整治研究	严金明、夏方舟等著	中国人民大学出版社	2021
循环城市——城市土地利用与再利用	［美］罗莎琳德·格林斯坦、［美］耶西姆·松古-埃耶尔马兹编,丁成日、周扬、孙芮译	商务印书馆	2007
土地评价学	孔祥斌、毕如田主编	中国农业大学出版社	2020
公有土地租赁制度:国际经验	［美］史蒂文·C.布拉萨、［美］康宇雄著,林肯土地政策研究院译	商务印书馆	2007
中国城乡住房保障与住房市场:城镇化背景下的困境与出路	吕萍著	中国人民大学出版社	2020
国土空间规划学	张占录、张正峰主编	中国人民大学出版社	2023
大国大城	陆铭著	上海人民出版社	2016
土地制度与中国发展	刘守英著	中国人民大学出版社	2021
空间的力量:地理、政治与城市发展	陆铭著	格致出版社、上海三联书店、上海人民出版社	2023

书名	作者	出版社	出版年份
城乡中国(修订版)	周其仁著	中信出版集团	2017
中国农村土地制度变迁和创新研究(V)	钱忠好著	中国农业出版社	2017
产权强度、土地流转与农民权益保护	罗必良著	经济科学出版社	2013
吾民无地:城市化、土地制度与户籍制度的内在逻辑	文贯中著	东方出版社	2014
地权的逻辑:中国农村土地制度向何处去	贺雪峰著	中国政法大学出版社	2010
英国城乡规划	〔英〕卡林沃思、〔英〕纳丁著，陈闽齐译	东南大学出版社	2011
徐霞客游记	〔明〕徐弘祖著,赵伯陶等整理	科学出版社	2023
温家宝地质笔记	温家宝著	地质出版社	2016
土地管理与国土规划新探	徐建春、张蔚文、汪晖等著	中国大地出版社	2002
岩石　土壤　土地　通识	张凤荣编著	中国农业大学出版社	2022
土地经济学论纲	朱道林著	商务印书馆	2022
中国粮食生产转型与乡村振兴	戈大专、龙花楼著	商务印书馆	2023
土地正义:从传统土地法到现代土地法	甘藏春著	商务印书馆	2021
土地资源学	刘黎明著	中国农业大学出版社	2020
美丽中国建设理论与评估方法	方创琳、王振波、鲍超等著	科学出版社	2023
世界轮作休耕实践考察与中国轮作休耕制度探索	杨庆媛著	科学出版社	2021

书名	作者	出版社	出版年份
国土空间优化和生态环境保护:以长江经济带案例区为例	曾晨、邓祥征、张安录著	社会科学文献出版社	2021
地理信息系统基础实验操作 100 例	汤国安、钱柯健、熊礼阳等编著	科学出版社	2017
农民为什么离开土地	朱启臻、赵晨鸣主编	人民日报出版社	2011
华北的小农经济与社会变迁	黄宗智著	广西师范大学出版社	2023
中国土地制度导论	谭荣著	科学出版社	2021
乐生栖居:人类家园前瞻	吴次芳等著	地质出版社	2024

文化产业管理专业荐读书单

书名	作者	出版社	出版年份
习近平关于社会主义文化建设论述摘编	中共中央文献研究室编	中央文献出版社	2017
文化的重要作用:价值观如何影响人类进步	[美]塞缪尔·亨廷顿、[美]劳伦斯·哈里森主编,程克雄译	新华出版社	2013
文旅融合背景下旅游目的地营销模式创新研究	田志奇著	华中科技大学出版社	2023
文化和自然遗产:批判性思路	[澳]罗德尼·哈里森著,范佳翎、王思渝、莫嘉靖等译	上海古籍出版社	2021
全球最佳遗产利用案例集(一)	国际博物馆协会研究与交流中心(ICOM-IMREC)、欧洲遗产协会(EHA)编	江苏凤凰文艺出版社	2023
包容与合作	杨瑾主编	文物出版社	2022
The Economics of Art and Culture	[英]James Heilbrun, Charles M. Gray 著	Cambridge University Press	2001
文化经济学教程	[荷]露丝·陶斯著,意娜、吴维忆、苏锑平译	高等教育出版社	2019
文化经济学讲义	[丹]翠妮·比利、[意]安娜·米诺萨、[英]露丝·陶斯主编,何群、文旻译	首都经济贸易大学出版社	2023
文化经济学	程恩富主编	中国经济出版社	1993
西部文化产业理论与实践	李炎著	云南大学出版社	2015
长尾理论:为什么商业的未来是小众市场	[美]克里斯·安德森著,乔江涛、石晓燕译	中信出版集团	2015
公共文化、文化认同与文化政策:比较的视角	[美]凯文·马尔卡希著,何道宽译	商务印书馆	2017
逻辑哲学论	[奥]维特根斯坦著,贺绍甲译	商务印书馆	2002

书名	作者	出版社	出版年份
古代中国文化讲义	葛兆光著	复旦大学出版社	2012
中华文化史（珍藏版）	冯天瑜、何晓明、周积明著	上海人民出版社	2015
新教伦理与资本主义精神	[德]马克斯·韦伯著,赵勇译	陕西人民出版社	2009
数字人文导读	[英]梅丽莎·特拉斯、[爱尔兰]朱莉安·奈恩、[比]爱德华·凡浩特等编,陈静、王晓光、王涛等译	南京大学出版社	2022
新数字人文导论	[美]苏珊·施莱布曼、[加拿大]雷·西门子、[美]约翰·安斯沃斯编,尹俏、肖爽译	北京大学出版社	2023
数字人文:数字时代的知识与批判	[英]大卫·M.贝里、[挪]安德斯·费格约德著,王晓光译	东北财经大学出版社	2019
数字人文导论	[美]艾琳·加德纳、[美]罗纳德·G.马斯托著,闫怡恂、马雪静、王欢译	商务印书馆	2022
数字时代公共文化服务体系建设探究	祖文洁著	吉林出版集团股份有限公司	2023
公共文化服务概论	毛少莹著	北京师范大学出版社	2014
印象·中国历史[秦汉卷]天地大变局与帝国秩序重构	白效咏、黄朴民著	人民教育出版社	2021
景观美学	刘晓光著	中国林业出版社	2012
景观美学	[美]史蒂文·布拉萨著,彭锋译	北京大学出版社	2008
审美趣味与文化权力	黄仲山著	中国社会科学出版社	2023
中国审美理论（第五版）	朱志荣著	华东师范大学出版社	2023

书名	作者	出版社	出版年份
逻辑学导论(第四版)	黄华新、徐慈华、张则幸编著	浙江大学出版社	2023
现代形式逻辑入门	王寅著	重庆大学出版社	2023
古希腊罗马美学史	凌继尧著	北京大学出版社	2024
重塑中华	黄兴涛著	大象出版社	2023
文化经济学	陈敬贵、曾兴主编	四川大学出版社	2014
大电影产业	[美]巴里·利特曼著,尹鸿、刘宏宇译	清华大学出版社	2005
消费文化与后现代主义(第二版)	[英]迈克·费瑟斯通著,刘精明译	商务印书馆	2023
经济学与文化	[澳]戴维·思罗斯比著,王志标、张峥嵘译	中国人民大学出版社	2015
启蒙辩证法:哲学断片	[德]马克斯·霍克海默、[德]西奥多·阿多诺著,渠敬东、曹卫东译	上海人民出版社	2020
我国文化产业政策文献研究综述(1999—2009)	胡惠林主编	上海人民出版社	2010
全球文化工业:物的媒介化	[英]斯科特·拉什、[英]西莉亚·卢瑞著,要新乐译	社会科学文献出版社	2010
乡土中国	费孝通著	北京大学出版社	2020
传播与社会影响	[美]伊锡尔·德·索拉·普尔著,邓天颖译	中国人民大学出版社	2008
创意中国与文化产业	皇甫晓涛著	暨南大学出版社	2007
公共领域的结构转型	[德]尤尔根·哈贝马斯著,曹卫东、王晓理、刘北城等译	学林出版社	1999
制度变迁与全球化	[美]约翰·L.坎贝尔著,姚伟译	上海人民出版社	2010

书名	作者	出版社	出版年份
娱乐产业经济学:财务分析指南	[美]哈罗德·L.沃格尔著,支庭荣、陈致中译	中国人民大学出版社	2013
文化与日常生活	[英]戴维·英格利斯著,张秋月、周雷亚译	中央编译出版社	2010
重新思考文化政策	[英]吉姆·麦圭根著,何道宽译	中国人民大学出版社	2010
社会学的想象力	[美]C.赖特·米尔斯著,李康译	北京师范大学出版社	2017
为什么是欧洲? 世界史视角下的西方崛起(1500—1850)	[美]杰克·戈德斯通著,关永强译	浙江大学出版社	2010
新地理:数字经济如何重塑美国地貌	[美]乔尔·科特金著,王玉平、王洋译	社会科学文献出版社	2010
历史学家的技艺	[法]马克·布洛赫著,张和声、程郁译	上海社会科学院出版社	2019
文化生产:媒体与都市艺术	[美]戴安娜·克兰著,赵国新译	译林出版社	2012
城市文化经济学	[美]艾伦·J.斯科特著,董树宝、张宁译	中国人民大学出版社	2010
什么是文化史	[英]彼得·伯克著,蔡玉辉译	北京大学出版社	2020
神话与诗	闻一多著	江西教育出版社	2018
希腊古典神话	[德]古斯塔夫·施瓦布著,曹乃云译	译林出版社	2019
美国的知识生产与分配	[美]弗里茨·马克卢普著,孙耀君译	中国人民大学出版社	2007
思想的力量:智识之旅的非常规自传	[匈]雅诺什·科尔奈著,安佳、张涵译	上海人民出版社	2013

书名	作者	出版社	出版年份
中国省市文化产业发展指数报告:2021	彭翊、曾繁文主编	中国人民大学出版社	2023
乌合之众:群体心理学	[法]居斯塔夫·勒庞著,文汐、魏强斌译	经济管理出版社	2021
文化:社会学的视野	[美]约翰·R.霍尔、[美]玛丽·乔·尼兹著,周晓虹、徐彬译	商务印书馆	2002

社会工作专业荐读书单

书名	作者	出版社	出版年份
医务社会工作实务手册	香港·社会服务发展研究中心著	中山大学出版社	2013
社区社会工作实务手册	香港·社会服务发展研究中心著	中山大学出版社	2013
正向心理学实务手册	香港·社会服务发展研究中心著	中山大学出版社	2013
家庭社会工作实务手册	香港·社会服务发展研究中心著	中山大学出版社	2013
学校社会工作实务手册	香港·社会服务发展研究中心著	中山大学出版社	2013
禁毒社会工作实务手册	香港·社会服务发展研究中心著	中山大学出版社	2013
学校社会工作	易钢著	北京大学出版社	2012
禁毒社会工作同伴教育服务模式研究——上海实践	张昱、费梅苹、厉济民等著	华东理工大学出版社	2016
禁毒社会工作基础知识	潘泽泉主编	中国社会出版社	2016
禁毒社会工作理论与方法	刘静林主编	中国社会出版社	2016
禁毒社会工作实务与案例	李晓凤主编	中国社会出版社	2016
禁毒社会工作的"精细化"标准研究——以珠江三角洲地区为例	李晓凤主编	中国社会出版社	2017
企业社会工作实务	高钟、王丰海著	中国社会出版社	2012
企业社会工作	张默主编	社会科学文献出版社	2014

书名	作者	出版社	出版年份
企业社会工作服务标准研究——以深圳市龙华区为例	李晓凤主编	中国社会出版社	2017
企业社会工作	周沛主编	复旦大学出版社	2010
企业社会工作	徐明著	东北财经大学出版社	2020
西方社会学理论(上卷)	杨善华、谢立中主编	北京大学出版社	2005
西方社会学理论(下卷)	杨善华、谢立中主编	北京大学出版社	2006
现代西方社会学理论	刘少杰著	中国人民大学出版社	2021
后现代西方社会学理论	刘少杰著	社会科学文献出版社	2002
西方社会学理论(第2版)	刘少杰主编	国家开放大学出版社	2022
社会工作教学案例集	郝其宏、魏晨主编	中国商务出版社	2023
社会工作教学案例与课程设计	赵芳主编	复旦大学出版社	2020
社会学	[英]安东尼·吉登斯、[英]菲利普·萨顿著,李康译	北京大学出版社	2021
西方社会工作理论	文军主编	高等教育出版社	2013
社会工作理论:历史环境下社会服务实践者的声音和智慧	童敏著	社会科学文献出版社	2019
社会工作理论与实务	范明林编著	上海大学出版社	2007
现代社会工作理论	[英]佩恩著,何雪松、张宇莲、程福财等译	华东理工大学出版社	2005
社会工作理论	何雪松著	上海人民出版社	2007
医务社会工作督导	范明林、张一奇主编	复旦大学出版社	2021
医务社会工作	赵芳主编	复旦大学出版社	2023

书名	作者	出版社	出版年份
更生时代:社区矫正社会工作案例研究	张昱主编	华东理工大学出版社	2017
幽谷守望:临终关怀社会工作案例研究	王瑞鸿著	华东理工大学出版社	2017
迷茫与超越:学校社会工作案例研究	文军、易臻真等著	华东理工大学出版社	2017
冲突与弥合:家庭社会工作案例研究	朱眉华、陈蓓丽等著	华东理工大学出版社	2017
正面成长:青少年社会工作案例研究	韩晓燕、费梅苹主编	华东理工大学出版社	2017
疗救与发展:灾害社会工作案例研究	陈涛、王小兰编著	华东理工大学出版社	2017
老化与挑战:老年社会工作案例研究	范明林、马丹丹主编	华东理工大学出版社	2017
缺失与重塑:残疾人社会工作案例研究	杨福义、张福娟、章森榕等著	华东理工大学出版社	2017
增能与重构:医务社会工作案例研究	范斌主编	华东理工大学出版社	2017
萨提亚家庭治疗模式(第二版)	[美]维吉尼亚·萨提亚著,聂晶译	世界图书出版公司	2019
萨提亚治疗实录(第二版)	[美]维吉尼亚·萨提亚、[美]米凯莱·鲍德温著,章晓云、聂晶译	世界图书出版公司	2019
当我遇见一个人:维吉尼亚·萨提亚演讲集(第二版)	[加拿大]约翰·贝曼编著,邢雨竹译	世界图书出版公司	2019
新家庭如何塑造人(第二版)	[美]维吉尼亚·萨提亚著,易春丽、叶冬梅译	世界图书出版公司	2019
婚姻家庭社会工作服务指南	赵钦清编著	中国社会出版社	2017
老年社会工作服务指南	张恒、黄梅编著	中国社会出版社	2017
农村留守人员社会工作服务指南	周绍宾编著	中国社会出版社	2017

书名	作者	出版社	出版年份
扶贫社会工作服务指南	李长洪、陈方圆编著	中国社会出版社	2017
社区矫正社会工作服务指南	王丹丹、黎键编著	中国社会出版社	2017
社会救助社会工作服务指南	马震越、肖丹编著	中国社会出版社	2017
儿童社会工作服务指南	黄晓燕著	中国社会出版社	2017
社区社会工作服务指南	李移刚、童峰编著	中国社会出版社	2017
精神卫生社会工作服务指南	邓明国编著	中国社会出版社	2017
社区社会工作案例评析	韩秀记主编	中国社会出版社	2017
老年社会工作案例评析	李晓主编	中国社会出版社	2017
戒毒社会工作案例评析	李卉主编	中国社会出版社	2017
企业社会工作案例评析	魏爽主编	中国社会出版社	2017
妇女社会工作案例评析	刘蔚玮、曹国慧主编	中国社会出版社	2017
医务社会工作案例评析	曹晓鸥、古淑青主编	中国社会出版社	2017
青少年社会工作案例评析	魏爽主编	中国社会出版社	2017
儿童社会工作案例评析	赵丽琴主编	中国社会出版社	2017
家庭社会工作案例评析	崔方主编	中国社会出版社	2017
社区矫正社会工作案例评析	刘琰主编	中国社会出版社	2017
残疾人社会工作案例评析	宋国恺主编	中国社会出版社	2017
社会救助社会工作案例评析	郝素玉主编	中国社会出版社	2017
干预研究:如何开发社会项目	[美]马克·W.弗雷泽、[美]杰克·M.里奇曼、[美]梅达·J.加林斯基等著,安秋玲译	上海教育出版社	2018
社会工作督导	彭华民著	中国人民大学出版社	2012

书名	作者	出版社	出版年份
拯救社会工作:挑战新自由主义与促进社会正义	[英]伊恩·弗格森著,黄锐、孙斐译	华东理工大学出版社	2018
青少年团体治疗理论	[美]Sheldon D. Rose 著,翟宗悌译	华东理工大学出版社	2014
青少年社会工作基本技巧	[英]Kate Sapin 著,赵凌云、陈元元译	华东理工大学出版社	2015
社会工作督导:选拔、培养、使用、激励——本土化探索的地方性实践	上海市浦东新区社会工作协会组编,王瑞鸿主编	华东理工大学出版社	2019
戒瘾社会工作	[澳]James G. Barber 著,范志海、李建英、杨旭译	华东理工大学出版社	2014
学校社会工作案例评析	文军主编	华东理工大学出版社	2010
社会工作实习教育研究	徐荣主编	华东理工大学出版社	2018
社会工作概论(第三版)	李迎生主编	中国人民大学出版社	2018
社会工作实务案例分析	[美]罗伯特·F.里瓦斯、[美]小格拉夫顿·H.赫尔著,李江英译	中国人民大学出版社	2006
家庭与夫妻治疗:案例与分析	[美]萨尔瓦多·米纽庆、[美]迈克尔·P.尼科尔斯、[美]李维榕著,胡赤怡、卢建平、陈珏译	华东理工大学出版社	2022
焦点解决短期治疗导论	[美]Peter De Jong、[美]In-soo Kim Berg 著,沈黎、吕静淑译	华东理工大学出版社	2015
家庭抗逆力	[美]Froma Walsh 著,朱眉华译	华东理工大学出版社	2013

书名	作者	出版社	出版年份
社会工作理论与方法	［英］Barbra Teater 著，余潇、刘艳霞、黄玺等译	华东理工大学出版社	2013
社会工作与社会理论	［爱尔兰］Paul Michael Garrett 著，黄锐译	华东理工大学出版社	2015
女性主义社会工作：理论与实务	［英］Lena Dominelli 著，王瑞鸿、张宇莲、李太斌译	华东理工大学出版社	2014
人类权利与社会工作	［澳］Jim lfe 著，郑广怀、何小雷译	华东理工大学出版社	2015
优势视角：社会工作实践新模式	［美］Dennis Saleebey 著，杜立婕、袁园译	华东理工大学出版社	2015
儿童青少年与家庭社会工作评论（第五辑）	石丹理、韩晓燕、梁倩仪主编	华东理工大学出版社	2018
建构性社会工作：迈向一个新的实践	［英］Nigel Parton、［英］Patrick O'Byrne 著，梁昆译	华东理工大学出版社	2013
动机式访谈法：帮助人们改变	［美］William R. Miller、［英］Stephen Rollnick 著，郭道寰、王韶宇、江嘉伟译	华东理工大学出版社	2013
学校社会工作实习指导手册	刘梦主编	中国人民大学出版社	2012
现代社会工作理论	［英］马尔科姆·派恩著，冯亚丽、叶鹏飞译	中国人民大学出版社	2008
话语、权力和主体性：福柯与社会工作的对话	［加拿大］阿德里娜·S. 尚邦、［加拿大］阿兰·欧文、［美］劳拉·爱泼斯坦主编，郭伟和等译	中国人民大学出版社	2016
人类行为与社会环境：生物学、心理学与社会学视角（第二版）	［美］乔斯·B. 阿什福德、［美］克雷格·温斯顿·雷克劳尔、［美］凯西·L. 洛蒂著，王宏亮、李艳红、林虹译	中国人民大学出版社	2005

书名	作者	出版社	出版年份
社会工作实务:应用与提高(第七版)	[美]查尔斯·H.扎斯特罗等著,晏凤鸣译	中国人民大学出版社	2005
故事、知识、权力:叙事治疗的力量(全新修订版)	[澳]迈克尔·怀特、[新西兰]戴维·埃普斯顿著,廖世德译	华东理工大学出版社	2022
助人技巧:个人、家庭、小组和社区工作方法(第八版)	[美]劳伦斯·舒尔曼著,隋玉杰、吴营、张会平译	中国人民大学出版社	2022
小组工作导论	[美]罗纳德·W.特斯兰、[美]罗伯特·F.里瓦斯著,刘梦译	中国人民大学出版社	2023
社会工作直接实践理论	[美]约瑟夫·沃尔什著,章军译	中国人民大学出版社	2022
宏观社会工作实务(第五版)	[美]F.埃伦·内廷、[美]彼得·M.凯特纳、[美]史蒂文·L.麦克默特里等著,隋玉杰等译	中国人民大学出版社	2020
社会工作实务:技巧与指南	[美]巴拉德福特·谢弗、[美]查尔斯·霍雷西著,卢玮译	中国人民大学出版社	2019
项目评估:循证方法导论	[美]戴维·罗伊斯、[美]布鲁斯·A.赛义、[美]德博拉·K.帕吉特著,王海霞、王海洁译	中国人民大学出版社	2018
社会福利:政治与公共政策	[美]戴安娜·M.迪尼托著,杨伟民译	中国人民大学出版社	2016
社会工作个案管理:社会服务传输方法	[美]玛丽安娜·伍德赛德、[美]特里西娅·麦克拉姆著,隋玉杰译	中国人民大学出版社	2014
复原力任务中心社会工作:理论与技术	白倩如、李仰慈、曾华源著	华东理工大学出版社	2018
医务社会工作:理论与技术	莫藜藜主编	华东理工大学出版社	2018

书名	作者	出版社	出版年份
社会工作督导:经验学习导向	陈锦棠著	华东理工大学出版社	2018
非营利组织概论	林淑馨著	华东理工大学出版社	2018
连想疗法与游戏治疗	张锦芳、黄瑜如著	华东理工大学出版社	2018
社会工作管理	黄源协著	华东理工大学出版社	2018
精神医疗社会工作:信念、理论和实践	叶锦成著	华东理工大学出版社	2018
社会工作理论(上)	简春安、赵善如著	华东理工大学出版社	2018
社会工作理论(下)	简春安、赵善如著	华东理工大学出版社	2018
老人福利服务:理论与实务	陈燕祯著	华东理工大学出版社	2018
社会工作研究方法(上)	简春安、邹平仪著	华东理工大学出版社	2018
社会工作研究方法(下)	简春安、邹平仪著	华东理工大学出版社	2018
社会工作伦理:实务工作指南	[美]拉尔夫·多戈夫、[美]弗兰克·M.洛温伯格、[美]唐纳·哈林顿著,隋玉杰译	中国人民大学出版社	2021
社会工作管理(第七版)	[美]罗伯特·W.温巴赫、[美]林恩·M.泰勒著,陈为雷等译	中国人民大学出版社	2021
社会政策导论(第三版)	杨伟民编著	中国人民大学出版社	2019
社会工作评估:原理与方法	[美]Leon H. Ginsberg 著,黄晨曦译	华东理工大学出版社	2013

书名	作者	出版社	出版年份
赋权、参与和社会工作	[英]Robert Adams 著,汪冬冬译	华东理工大学出版社	2013
社会福利政策引论	[美]Neil Gilbert、[美]Paul Terrell 著,沈黎译	华东理工大学出版社	2013
依恋理论与社会工作实践	[英]David Howe 著,章淼榕译	华东理工大学出版社	2013

外国语学院
School of Foreign
Languages

外国语学院

学院介绍

外国语学院拥有"外国语言文学"博士后科研流动站、一级学科博士学位点和一级学科硕士学位点;一级学科硕士学位点下设外国语言学及应用语言学、英语语言文学、英语笔译、英语口译、法语笔译5个二级硕士学位点。"外国语言文学"学科在教育部第四轮和第五轮学科评估中均获得 B;近五年软科中国最好学科排名均在全国前 20%;2016 年、2021 年获批"浙江省 A 类一流学科"(省属高校唯一)。

专业介绍

英语专业(授予文学学士学位)

- ●国家级一流本科专业建设点
- ●教育部大学英语教学改革示范点
- ●浙江省优势专业
- ●浙江省外国语言文学 A 类一流学科

本专业以"专业成才、精神成人"理念为指导,旨在培养具有良好的思想道德素质、文化艺术素质、职业素质、身体素质和心理素质,具有开阔的国际视野、扎实的英语语言基本功、厚实的英语语言文学知识和政治、经济、文化、商务、教育等相关专业知识,熟练掌握英语听说读写译技能,具备良好的跨文化交际能力、思辨能力、自主学习能力以及实践创新能力,能在经贸、商务、文化、外事、教育、旅游、新闻出版等部门工作的复合型(Integration)、创新型(Innovation)、应用型(Application),兼具大商科特色(Business)与人文情怀(Liberal)的"英语十"(English)人才,即 I-ABLE 人才。

商务英语专业(授予文学学士学位)

● 国家级一流本科专业建设点

● 浙江省第一所开办商务英语专业的学校

● 在 2024 年软科中国大学专业排名中位列第 10 名(10/247),A 层次,全国前 3%

　　商务英语专业秉承"五育并举、多元融合、数字驱动"原则,依托学校"大商科"优质资源,确立"重基础、重实践、重创新、重文化、重数字＋"的人才培养定位,培养具有扎实的英语语言基本功,拥有良好的人文素养、中国情怀、国际视野与创新意识,熟悉文学、经济学、管理学和法学等相关理论知识,掌握国际商务的基础理论与实务,具备较强的跨文化能力、商务沟通能力与创新创业能力,能适应国家与地方经济社会发展,服务经济全球化、"一带一路"国家战略和浙江省外向型经济发展,乐于为中国特色社会主义经济建设贡献力量的德智体美劳全面发展的跨学科、创新型高级商务英语人才。

法语专业(授予文学学士学位)

● 浙江省属高校中首个"外国语言文学"一级学科博士点依托之专业

● 浙江省属高校中唯一的"外国语言文学"A 类一流学科依托之专业

● 浙江省属综合性高校中设立最早的法语专业

● 拥有浙江省属高校中唯一的法语笔译专业硕士点

● 浙江省一流本科专业建设点

● 法语师资 100% 具有国际化背景,40% 具有博士学位,20% 具有高级职称

● 学生 100% 拥有海外留学机会,就业率近 100%

● 拥有浙江省唯一的法语联盟实习基地及北非研究中心实践基地

本专业明确"语言扎实、文化融通、商务指向"的目标定位,旨在培养具有国际视野、思辨能力、人文情怀和跨文化交际能力的复合型人才。本专业国际化程度高,已与法国雷恩高等商学院、图卢兹天主教学院、克莱蒙奥弗涅大学、格勒诺布尔—阿尔卑斯大学等近十所院校签署协议,开展学生交流和本硕连读项目合作;本专业服务能力强,G20杭州峰会期间承担了法国总统代表团的外事接待及翻译工作;本专业实践平台高,有浙江省唯一的法语联盟实习基地及北非研究中心实践基地;本专业教学声誉高,报考率、就业率和满意度均居全省前列。

英语专业荐读书单

书名	作者	出版社	出版年份
论英汉的时空性差异	王文斌著	外语教学与研究出版社	2019
Socio-Cultural and Linguistic Perspectives on Language and Literacy Development	Angela K. Salmon、Amparo Clavijo-Olarte 著	IGI Global	2022
Ideological，Cultural，and Linguistic Roots of Educational Reforms to Address the Ecological Crisis	C. A. Bowers 著	Routledge	2023
Investigating Second Language Acquisition	Jordens、Peter、Lalleman 等著	De Gruyter Mouton	2010
Task Sequencing and Instructed Second Language Learning	Melissa Baralt 等著	Bloomsbury Publishing Plc.	2014
英美诗歌:作品与评论	杨金才、于建华主编	上海外语教育出版社	2013
英美散文名篇详注	胡家峦编著	中国人民大学出版社	2009
成人二语习得中的僵化现象	韩照红著	外语教学与研究出版社	2021
二语习得核心术语(第二版)	［美］比尔·范巴腾、［意］亚历山德罗·G.贝纳蒂著,陈亚平校注	外语教学与研究出版社	2018
中西翻译思想比较研究	刘宓庆著	中国对外翻译出版公司	2005

书名	作者	出版社	出版年份
中籍英译通论	潘文国著	华东师范大学出版社	2021
10 天掌握 KET 写作	俞敏洪主编	世界图书出版公司	2021
余光中谈翻译	余光中著	中国对外翻译出版公司	2002
翻译美学导论(第二版)	刘宓庆著	中国对外翻译出版公司	2012
科学翻译学	黄忠廉、李亚舒著	中国对外翻译出版公司	2007
当代翻译理论	刘宓庆著	中国对外翻译出版公司	1999
机器翻译研究	冯志伟著	中国对外翻译出版公司	2004
小妇人	[美]奥尔柯特著,陆一华缩编,郭敏赏析	中国少年儿童出版社	2000
汤姆·索亚历险记	[美]马克·吐温著,索飞缩编、赏析	中国少年儿童出版社	2000
简·爱	[英]夏洛蒂·勃朗特著,殷石缩编,鲁林娜赏析	中国少年儿童出版社	2000
老人与海(英汉对照)	[美]海明威著,吴劳译	上海译文出版社	2000
简·爱(英汉对照)	[美]布莱克本著,郝桂秀译	外语教学与研究出版社	1997
白鲸(英汉对照)	[美]麦克菲著,王克非等译	外语教学与研究出版社	1997
通用学术英语教学参考词表	上海高校大学英语教学指导委员会编	上海交通大学出版社	2015
二语习得与双语现象的创新研究及实践	[西]约翰·W. 施维特编著	外语教学与研究出版社	2022
心理语言学眼动实验设计	白学军、王永胜著	科学出版社	2021

书名	作者	出版社	出版年份
普通语言学概论	[英]罗宾斯著,李延福导读	外语教学与研究出版社	2000
19世纪西方文学思潮现代阐释	马翔、杨希主编	浙江工商大学出版社	2022
英译中国现代散文选(一)	张培基译注	上海外语教育出版社	2007
英译中国现代散文选(二)	张培基译注	上海外语教育出版社	2007
英译中国现代散文选(三)	张培基译注	上海外语教育出版社	2007
英译中国现代散文选(四)	张培基译注	上海外语教育出版社	2012
词汇语义学	王文斌、邬菊艳著	外语教学与研究出版社	2020
中国学生英语学习自我概念研究	王初明、周保国著	上海外语教育出版社	2008
语言学和第二语言习得	[英]维维安·库克著,王初明导读	外语教学与研究出版社	2000
外语是怎样学会的	王初明著	外语教学与研究出版社	2010
应用语言学研究方法与论文写作	文秋芳等著	外语教学与研究出版社	2004
中国文化要略(第4版)	陈裕桢著	外语教学与研究出版社	2018
林语堂英文作品集	林语堂著	外语教学与研究出版社	2009
鼠疫	[法]阿尔贝·加缪著,余中先译	浙江人民出版社	2022

书名	作者	出版社	出版年份
包法利夫人	［法］居斯塔夫·福楼拜著，崔征译	江苏文艺出版社	2023
19 世纪西方文学思潮研究第一卷　浪漫主义	曾繁亭著	北京大学出版社	2022
19 世纪西方文学思潮研究第二卷　现实主义	蒋承勇著	北京大学出版社	2022
19 世纪西方文学思潮研究第三卷　自然主义	曾繁亭著	北京大学出版社	2022
19 世纪西方文学思潮研究第四卷　唯美主义	蒋承勇、马翔著	北京大学出版社	2022
19 世纪西方文学思潮研究第五卷　象征主义	李国辉著	北京大学出版社	2022
19 世纪西方文学思潮研究第六卷　颓废主义	蒋承勇、杨希著	北京大学出版社	2022
现代英语佳作赏析	李公昭、武军著	西安交通大学出版社	2002
要你永远记得	［美］裴杰斯著，李家真译	外语教学与研究出版社	2004

商务英语专业荐读书单

书名	作者	出版社	出版年份
数字营销——新时代市场营销学	王永贵、项典典主编	高等教育出版社	2023
新媒体内容生产与运营	王昊著	上海交通大学出版社	2019
我们赖以生存的隐喻	[美]乔治·莱考夫、[美]马克·约翰逊著,何文忠译	浙江大学出版社	2015
国富论(上下)	[英]亚当·斯密著,郭大力、王亚南译	译林出版社	2011
资本论(纪念版)	[德]马克思著,中共中央马克思恩格斯列宁斯大林著作编译局译	人民出版社	2018
第二语言研究中的统计案例分析	许宏晨著	外语教学与研究出版社	2013
福柯说权力与话语	[法]福柯著,陈怡含译	华中科技大学出版社	2017
瓦尔登湖(英文版)	[美]梭罗著	译林出版社	2013
舆论	[美]沃尔特·李普曼著,常江、肖寒译	北京大学出版社	2018
思考,快与慢	[美]丹尼尔·卡尼曼著,胡晓姣、李爱民、何梦莹译	中信出版社	2012
人类简史	[以色列]尤瓦尔·赫拉利著,林俊宏译	中信出版集团	2018
苏格拉底的申辩	[古希腊]柏拉图著,吴飞译	华夏出版社	2007
公正	[美]迈克尔·桑德尔著,朱慧玲译	中信出版集团	2022
质的研究方法与社会科学研究	陈向明著	教育科学出版社	2000

书名	作者	出版社	出版年份
中外文论（2022 年第 1 期）	丁国旗主编	中国社会科学出版社	2023
愤怒的葡萄	［美］约翰·斯坦贝克著，胡仲持译	上海译文出版社	2023
滚雪球：巴菲特和他的财富人生（第 3 版）	［美］艾丽斯·施罗德著，覃扬眉译	中信出版集团	2018
一网打尽：贝佐斯与亚马逊时代	［美］布拉德·斯通著，李晶、李静译	中信出版社	2014
富甲美国：沃尔玛创始人山姆·沃尔顿自传	［美］山姆·沃尔顿、约翰·休伊著，杨蓓译	江苏凤凰文艺出版社	2015
汤姆·索亚历险记（英文版）	［美］马克·吐温著	译林出版社	2019
金银岛（英文版）	［英］罗伯特·路易斯·史蒂文森著	译林出版社	2020
傲慢与偏见（英文版）	［英］简·奥斯丁著	译林出版社	2021
简·爱（英文版）	［英］夏洛蒂·勃朗特著	云南人民出版社	2018
动物庄园（英文）	［英］乔治·奥威尔著	世界图书出版公司	2010
汤姆叔叔的小屋（英文）	［美］哈里耶特·比彻·斯陀夫人著	天津人民出版社	2018
了不起的盖茨比（英文）	［美］弗·司各特·菲兹杰德著	云南人民出版社	2018
老人与海（英文）	［美］欧内斯特·海明威著	云南人民出版社	2018
高效能人士的七个习惯：培养和建立七个习惯的追踪系统	［美］史蒂芬·柯维著，周雁洁译	中国青年出版社	2024
管理的实践（中英文双语版）	［美］彼得·德鲁克著，齐若兰译	机械工业出版社	2020
赢：尊享版（第 4 版）	［美］杰克·韦尔奇、［美］苏茜·韦尔奇著，余江、玉书译	中信出版集团	2017

书名	作者	出版社	出版年份
棉花帝国：一部资本主义全球史	［美］斯文·贝克特著，徐轶杰、杨燕译	民主与建设出版社	2019
一本书读懂支付	［美］陈斌著	机械工业出版社	2023
电商数据分析与数据化运营	刘振华著	机械工业出版社	2018
营销管理	［美］菲利普·科特勒、［美］凯文·莱恩·凯勒、［美］亚历山大·切尔内夫著，陆雄文、蔡青云、赵伟韬等译	中信出版集团	2022
国际金融（原书第5版）	［美］迈克尔·H.莫菲特、［美］阿瑟·I.斯通西尔、［美］大卫·K.艾特曼著，王芳译	机械工业出版社	2021
自由与繁荣的国度（修订版）	［奥］路德维希·冯·米瑟斯著，韩光明、潘琪昌、李百吉译	中国社会科学出版社	2013
数字素养：从算法社会到网络3.0	於兴中著	上海人民出版社	2022
经济学规则	［土］丹尼·罗德里克著，刘波译	中信出版集团	2017
不平等，我们能做什么	［英］安东尼·阿特金森著，王海昉、曾鑫、刁琳琳译	中信出版集团	2016
"错误"的行为：行为经济学的形成（第2版）	［美］理查德·塞勒著，王晋译	中信出版集团	2018
手把手教你读财报：财报是用来排除企业的	唐朝著	中国经济出版社	2021
未来时速：数字神经系统与商务新思维	［美］比尔·盖茨著、姜明等译	北京大学出版社	1999
生活的艺术	林语堂著	外语教学与研究出版社	2009
社会动物：爱、性格和成就的潜在根源	［美］戴维·布鲁克斯著，佘引译	中信出版社	2012

书 名	作 者	出版社	出版年份
福格行为模型	[美]B.J.福格著,徐毅译	天津科学技术出版社	2021
拖延心理学(行动版)	[美]S.J.斯科特著,王斐译	中国人民大学出版社	2019
精力管理:管理精力,而非时间(互联网+时代顺势腾飞的关键)	[美]吉姆·洛尔、[美]托尼·施瓦茨著,高向文译	中国青年出版社	2015
卓有成效的管理者	[美]彼得·德鲁克著,刘澜译	机械工业出版社	2023
中国人的精神(中英双语珍藏版)	辜鸿铭著,李晨曦译	译林出版社	2021
吾国与吾民:全两册(中英双语)	林语堂著,黄嘉德译	湖南文艺出版社	2017

法语专业荐读书单

书名	作者	出版社	出版年份
旧制度与大革命	[法]托克维尔著,冯棠译	商务印书馆	2012
小王子	[法]圣埃克絮佩里著,周克希译	上海译文出版社	2018
鼠疫	[法]加缪著,沈志明译	上海译文出版社	2020
局外人	[法]阿尔贝·加缪著,柳鸣九译	上海译文出版社	2013
一个岛的可能性	[法]米歇尔·维勒贝克著,余中先译	文汇出版社	2007
佩雷克研究	龚觅著	上海外语教育出版社	2008
语言 身体 他者	杨大春著	北京师范大学出版社	2022
法国电影新浪潮	焦雄屏著	商务印书馆	2019
地图上的法国史	朱明、欧阳敏著	东方出版中心	2014
19 世纪西方文学思潮研究 第一卷 浪漫主义	曾繁亭著	北京大学出版社	2022
19 世纪西方文学思潮研究 第二卷 现实主义	蒋承勇著	北京大学出版社	2022
19 世纪西方文学思潮研究 第三卷 自然主义	曾繁亭著	北京大学出版社	2022
19 世纪西方文学思潮研究 第四卷 唯美主义	蒋承勇、马翔著	北京大学出版社	2022
19 世纪西方文学思潮研究 第五卷 象征主义	李国辉著	北京大学出版社	2022

书名	作者	出版社	出版年份
19世纪西方文学思潮研究 第六卷　颓废主义	蒋承勇、杨希著	北京大学出版社	2022
法兰西的特性	[法]费尔南·布罗代尔著，顾良、张泽乾译	商务印书馆	2020
波德莱尔:从城市经验到诗歌经验	刘波著	北京大学出版社	2016
文学翻译主体论	袁莉著	上海译文出版社	2019
左岸右岸	杜青钢、程静著	海天出版社	2023
文字传奇:十一堂法国现代经典文学课	袁筱一著	华东师范大学出版社	2019
当代外国文学纪事(1980—2000)法国卷	沈大力、车琳主编	商务印书馆	2015
法语国家与地区社会文化	李洪峰、陈静编	外语教学与研究出版社	2020
唐诗之路	[法]勒克莱齐奥、董强著	人民文学出版社	2021
新编法国文学简史	车琳著	外语教学与研究出版社	2022
非洲概况与中非关系	刘成富主编	南京大学出版社	2016
小说符号学分析	张新木著	南京大学出版社	2023
翻译论(修订本)	许钧著	译林出版社	2014
当代法国翻译理论(增订本)	许钧主编	译林出版社	2023
数字素养:从算法社会到网络3.0	於兴中著	上海人民出版社	2022
语言迁移和概念性迁移:理论与实证	张素敏著	科学出版社	2021
中国高等外语教育:探索与反思	常俊跃著	上海外语教育出版社	2022
社会动物	[美]戴维·布鲁克斯著，佘引译	中信出版社	2012

书名	作者	出版社	出版年份
西潮·新潮:蒋梦麟回忆录	蒋梦麟著	新星出版社	2016
中国人自画像	〔清〕陈季同著,陈豪译	金城出版社	2010
吾国与吾民(全两册)(中英双语)	林语堂著,黄嘉德译	湖南文艺出版社	2017
生活的艺术	林语堂著,越裔译	湖南文艺出版社	2018
一本书读懂支付	[美]陈斌著	机械工业出版社	2023
电商数据分析与数据化运营	刘振华著	机械工业出版社	2018
卓有成效的管理者	[美]彼得·德鲁克著,刘澜译	机械工业出版社	2023
管理的实践(中英文双语版)	[美]彼得·德鲁克著,齐若兰译	机械工业出版社	2020
执行:如何完成任务的学问	[美]拉里·博西迪、[美]拉姆·查兰、[美]查尔斯·伯克著,刘祥亚译	机械工业出版社	2016
未来时速:数字神经系统与商务新思维	[美]比尔·盖茨著,姜明等译	北京大学出版社	1999
富甲美国:沃尔玛创始人山姆·沃尔顿自传	[美]山姆·沃尔顿、[美]约翰·休伊著,杨蓓译	江苏凤凰文艺出版社	2015
一网打尽:贝佐斯与亚马逊时代	[美]布拉德·斯通著,李晶、李静译	中信出版社	2014
拖延心理学(行动版)	[美]S.J.斯科特著,王斐译	中国人民大学出版社	2019
动物庄园(中英双语珍藏版)	[英]乔治·奥威尔著,隗静秋译	译林出版社	2019
了不起的盖茨比	[美]斯科特·菲茨杰拉德著,李继宏译	天津人民出版社	2018
老人与海	[美]欧内斯特·海明威著,孙致礼译	江苏凤凰文艺出版社	2023

书名	作者	出版社	出版年份
愤怒的葡萄	[美]约翰·斯坦贝克著,胡仲持译	上海译文出版社	2023
金银岛	[英]罗伯特·路易斯·史蒂文森著,王宏译	译林出版社	2020
汤姆叔叔的小屋	[美]斯陀夫人著,王家湘译	人民文学出版社	1998
福格行为模型	[美]B.J.福格著,徐毅译	天津科学技术出版社	2021
傲慢与偏见	[英]简·奥斯丁著,孙致礼译	译林出版社	2023
简·爱	[英]夏洛蒂·勃朗特著,吴钧燮译	人民文学出版社	2020
黑暗的心	[英]约瑟夫·康拉德著,黄雨石译	人民文学出版社	2018
法国文学史	郑克鲁著	上海外语教育出版社	2016
从福楼拜到普鲁斯特	[法]安托万·孔帕尼翁著,龚觅译	生活·读书·新知三联书店	2023

东方语言与哲学学院
School of Oriental Languages
and Philosophy

东方语言与哲学学院

学院介绍

东方语言与哲学学院前身为 1989 年 8 月成立的杭州大学日本文化研究所,1998 年 9 月,伴随浙江大学"四校合并",杭州大学日本文化研究所改称浙江大学日本文化研究所。2004 年 9 月,研究所主要成员移师浙江工商大学,成立日本语言文化学院。2015 年 6 月,因新设阿拉伯语专业,学院更名为东方语言文化学院。2019 年 12 月,因哲学系加入,学院更名为东方语言与哲学学院。

学院以"笃行至善"为院训,坚持"一流、创新、精细、快乐"的办学理念,突出学术性、国际化及"外语＋"办学特色,努力培养具有浓厚家国情怀、开阔国际视野、优秀专业素养的应用型、复合型、创新型新时代外语人才和哲学人才。

学院高度重视国际交流,已与 40 余所国外高校和学术研究机构建立了校际或院(所)际学术交流关系,每年选派近 150 名学生赴日本、韩国、美国、法国、阿联酋、埃及、黎巴嫩等国进行访问、留学和实习。

学院图书资料丰富,设有日本早稻田大学文库、成城大学文库、集英社文库等,拥有日文原版图书 50000 余册、阿拉伯文原版图书 3000 余册,数量居国内同类机构前列。

专业介绍

日语专业(授予文学学士学位)

- ●国家级一流本科专业建设点
- ●浙江省"十三五"特色专业
- ●浙江省外国语言文学 A 类一流学科
- ●教育部高校国别和区域研究备案中心

●浙江省哲学社会科学重点研究基地

●拥有本科、硕士、博士的人才培养体系

●校友会 2023 中国大学一流专业排行榜:5 星,A＋＋,全国并列第 3

●2023 年软科中国大学专业排名:A

日语专业专任教师均来自浙江大学、清华大学、北京外国语大学、日本京都大学、北海道大学、名古屋大学、韩国延世大学等国内外知名高校。本专业为全国高等学校大学日语教学研究会理事单位、中国日语教学研究会常务理事单位、中国日本史学会副会长单位、浙江省中日关系史学会会长单位。

本专业自 2004 年开始招收本科生,2006 年获得硕士学位授予权,2018 年获得博士学位授予权。近年来,本专业学生获省部级以上奖项百余人次;有多名学生满分通过日语能力等级测试 N1 考试;平均升学率为 38.55%,其中 50% 以上的学生被北京大学、复旦大学、中国人民大学、日本东京大学、早稻田大学、美国约翰斯·霍普金斯大学、英国爱丁堡大学、加拿大渥太华大学等国内外知名高校录取。本专业以习近平新时代中国特色社会主义思想为指导,围绕立德树人的根本任务与"专业成才、精神成人"的价值理念,融合思政教育、专业教育、通识教育、创新创业教育和文体教育,实施基于"一体多元"的课堂协同教学方式,融入现代信息技术赋能文科教育,加强文理融合。培养具有浓厚家国情怀、坚定文化自信、深厚中华思想文化素养和优异外语传播能力的"日语＋"复合型人才。

阿拉伯语专业(授予文学学士学位)

●国家级一流本科专业建设点

●阿拉伯语专业翻译(笔译)研究生培养单位

●拥有本科、专业硕士人才培养体系

●教育部阿拉伯语专业教学指导委员会委员单位

●校友会 2023 中国大学一流专业排行榜:4 星,A 类,全国并列第 5

●2023 年软科中国大学专业排名:B＋

阿拉伯语专业教师均来自北京外国语大学、上海外国语大学、对外经贸大学等国内知名高校。阿拉伯语专业于 2015 年起招收本科生,2022 年起招收阿拉伯语笔译硕士研究生,是国家一流本科专业建设点。自成立以来,阿拉伯语专业已为社会输送优秀本科人才近百人。近年来,学生的阿拉伯语专业四级考试通过率均达 100％,升学率为 40％—50％,不少学生被北京外国语大学、上海外国语大学、北京语言大学、英国伯明翰大学、英国格拉斯哥大学等著名学府录取。学生就业单位包括新华社、中国核工业集团有限公司、振华石油、海康威视、中国国际贸易促进会、中国电力建设集团等知名企事业单位。本专业以习近平新时代中国特色社会主义思想为指导,以"做人、做事、做学问"的理念为导向,以国际化为专业特色,融合专业教育、通识教育和创新创业教育,实施全方位实用型、应用型的语言人才培养,培养学生成为"会语言""通规则""精领域"的卓越国际化人才。

哲学专业(授予哲学学士学位)

●浙江省一流本科专业建设点

　　哲学专业教师均来自浙江大学、南京大学、香港中文大学、武汉大学等国内知名高校。自 2009 年以来,已为社会输送优秀本科人才近 150 人,升学率在 40％以上,其中 80％以上学生被浙江大学、南京大学、中山大学、英国伦敦大学学院、伦敦政治经济学院、比利时鲁汶大学等国内外知名高校录取。多数学生就职于国家公职系统、学校等各级事业单位,银行、证券等金融机构并担任重要职位。

　　本专业以习近平新时代中国特色社会主义思想为指导,以哲学专业训练为基底,以语言教育与东亚思想文化研究为特色,围绕立德树人的根本任务与"专业成才、精神成人"的价值理念,实施专业教育、通识教育和创新创业教育相融合的"新文科"式培养体系,培养具有正确政治信念、扎实专业功底、较强思维能力、强烈社会责任感和宽广国际视野的哲学专门人才,以及具备跨学科视野、良好社会交往能力、团队意识和创新创业能力的复合型创新型人才。

日语专业荐读书单

书名	作者	出版社	出版年份
日本语	[日]金田一春彦著,皮细庚译	华东理工大学出版社	2017
日语语法概论	[日]高桥太郎等著,王忻等译	华东理工大学出版社	2023
日语近义词·同义词辨析	陆留弟、郭侃亮编著	华东理工大学出版社	2016
日本近代文书解读入门	品顺长著	浙江工商大学出版社	2023
东往东来(近代中日之间的语词概念)	陈力卫著	社会科学文献出版社	2019
新语往还:中日近代语言交涉史	[日]沈国威著	社会科学文献出版社	2020
写给大学的日语史	[日]山口仲美著,潘钧译	北京大学出版社	2012
汉文与东亚世界	[韩]金文京著	上海三联书店	2022
认知语言学入门	[日]池上嘉彦、潘钧主编	外语教学与研究出版社	2008
日语语言学	翟东娜主编	高等教育出版社	2006
日语语言学概论	崔崟著	大连理工大学出版社	2022
日语协作学习理论与教学实践	[日]池田玲子、[日]馆冈洋子主编	高等教育出版社	2014
日语语言学与日语教育	曹大峰主编	高等教育出版社	2014
日本文学史序说(上下)	[日]加藤周一著,叶渭渠、唐月梅译	外语教学与研究出版社	2011
日本文学思潮史	叶渭渠著	北京大学出版社	2009
日本文学的伦理学批评	李俄宪主编	北京大学出版社	2020

书名	作者	出版社	出版年份
日本古典文学入门	张龙妹主编	外语教学与研究出版社	2006
东亚文学经典的对话与重读	王晓平著	复旦大学出版社	2011
重释"信、达、雅"	王宏志著	清华大学出版社	2007
翻译学概论	许钧、穆雷主编	译林出版社	2021
译介学（增订本）	谢天振著	译林出版社	2013
越界与误读——中日文化间性研究	高宁著	宁夏人民出版社	2005
幽玄・物哀・寂（精）	［日］大西克礼著，王向远译	上海译文出版社	2017
日本通史（全六卷）	王新生、宋成有、唐利圆等著	江苏人民出版社	2023
中日文化交流史大系（1）历史卷	王晓秋、［日］大庭修主编	浙江人民出版社	1996
中日文化交流史大系（2）法制卷	刘俊文、［日］池田温主编	浙江人民出版社	1996
中日文化交流史大系（3）思想卷	严绍璗、［日］源了圆主编	浙江人民出版社	1996
中日文化交流史大系（4）宗教卷	杨曾文、［日］源丁圆主编	浙江人民出版社	1996
中日文化交流史大系（5）民俗卷	马兴国、［日］宫田登主编	浙江人民出版社	1996
中日文化交流史大系（6）文学卷	严绍璗、［日］中西进主编	浙江人民出版社	1997
中日文化交流史大系（7）艺术卷	王勇、［日］上原昭一主编	浙江人民出版社	1996
中日文化交流史大系（8）科技卷	李廷举、［日］吉田忠主编	浙江人民出版社	1996

书名	作者	出版社	出版年份
中日文化交流史大系（9）典籍卷	王勇、[日]大庭修主编	浙江人民出版社	1996
中日文化交流史大系（10）人物卷	王勇、[日]中西进主编	浙江人民出版社	1997
王权的诞生：弥生时代—古坟时代	[日]寺泽薰著，米彦军、马宏斌译	文汇出版社	2021
从大王到天皇：古坟时代—飞鸟时代	[日]熊谷公男著，米彦军译	文汇出版社	2021
律令国家的转变：奈良时代—平安时代前期	[日]坂上康俊著，石晓军译	文汇出版社	2021
武士的成长与院政：平安时代后期	[日]下向井龙彦著，杜小军译	文汇出版社	2021
源赖朝与幕府初创：镰仓时代	[日]山本幸司著，杨朝桂译	文汇出版社	2021
《太平记》的时代：南北朝时代—室町时代	[日]新田一郎著，钟放译	文汇出版社	2021
织丰政权与江户幕府：战国时代	[日]池上裕子著，何晓毅译	文汇出版社	2021
天下泰平：江户时代前期	[日]横田冬彦著，瞿亮译	文汇出版社	2021
开国与幕末变革：江户时代后期	[日]井上胜生著，杨延峰译	文汇出版社	2021
维新的构想与开展：明治时代	[日]铃木淳著，李青译	文汇出版社	2021
日本史	[美]布雷特·L.沃克著，贺平、魏灵学译	东方出版中心	2017
日本历史上的东与西	[日]网野善彦著，褚以炜译	社会科学文献出版社	2023
日本人的姓与名	[日]尾胁秀和著，王侃良译	社科文献出版社	2023
日本经济概论	张季风主编	中国社会科学出版社	2009

书名	作者	出版社	出版年份
日本经济史:1600—2015	[日]浜野洁、[日]井奥成彦、[日]中村宗悦等著,彭曦、刘姝含、韩秋燕等译	南京大学出版社	2018
战后日本经济史(从喧嚣到沉寂的70年)	[日]野口悠纪雄著,张玲译	民主与建设出版社	2018
日本之文与日本之美	王向远著	新星出版社	2013
日本文化——模仿与创新的轨迹	王勇著	高等教育出版社	2012
日本文化通史	叶渭渠著	北京大学出版社	2009
风月同天:中日人物与文化交流	江静、关雅泉等著	浙江工商大学出版社	2021
日本人文地理	郭万平著	上海文艺出版社	2010
日本茶道文化	吴玲、江静著	上海文艺出版社	2010
日本文化大讲堂:音乐	[日]南谷保美著,吕顺长译	上海辞书出版社	2007
日本文化大讲堂:武道	[日]泉敬史、何英莺著	上海辞书出版社	2007
日本文化大讲堂:花道	顾春芳、胡令远著	上海辞书出版社	2007
日本文化大讲堂:棋道	吕顺长、沈国权著	上海辞书出版社	2007

阿拉伯语专业荐读书单

书名	作者	出版社	出版年份
习近平谈治国理政（阿拉伯文版）	习近平著,阿拉伯文翻译组译	外文出版社	2014
习近平谈治国理政（第二卷）（阿拉伯文版）	习近平著,阿拉伯文翻译组译	外文出版社	2018
习近平谈治国理政（第三卷）（阿拉伯文版）	习近平著,阿拉伯文翻译组译	外文出版社	2021
习近平谈治国理政（第四卷）（阿拉伯文版）	习近平著,阿拉伯文翻译组译	外文出版社	2023
阿拉伯语国际贸易实务	杨建荣编著	对外经济贸易大学出版社	2018
阿拉伯语经贸应用文	杨言洪、杨建荣编著	上海外语教育出版社	2014
阿拉伯语经贸谈判（第三版）	杨言洪、杨建荣著	对外经济贸易大学出版社	2017
两个世界:19世纪一个阿拉伯人的欧洲观察手记	［埃］里法阿·拉费阿·塔赫塔维、［英］丹尼尔·L.纽曼著,廉超群译	浙江人民出版社	2023
沙与沫:散文诗	［黎巴嫩］纪伯伦著,李唯中译	九州出版社	2014
阿拉伯语发展史	刘开古编著	上海外语教育出版社	1995
阿拉伯语与阿拉伯文化	周烈、蒋传瑛著	外语教学与研究出版社	1998
阿拉伯语修辞	《阿拉伯语修辞》编写组编	外语教学与研究出版社	1993

书名	作者	出版社	出版年份
东方的复兴：一带一路与中阿关系的未来	［约旦］萨米尔·赫伊尔·艾哈迈德、刘欣路著，刘欣路、刘辰等译	北京师范大学出版社	2021
阿拉伯语句法结构研究	叶良英著	北京师范大学出版社	2022
中国关键词：新时代外交篇（汉阿对照）	中国外文出版发行事业局、当代中国与世界研究院、中国翻译研究院编，李颖译	新世界出版社	2019
宫间街	［埃及］纳吉布·马哈福兹著，朱凯译	华文出版社	2019
阳光下的人们	［巴勒斯坦］格桑·卡纳法尼著，郅溥浩译	华文出版社	2018
移居北方的时节	［苏丹］塔依卜·萨利赫著，张甲民译	华文出版社	2017
叛逆的灵魂：小说·话剧	［黎巴嫩］纪伯伦著，李唯中译	九州出版社	2014
蓝色火焰：书信集	［黎巴嫩］纪伯伦著，李唯中译	九州出版社	2014
光与静默：散文·杂篇	［黎巴嫩］纪伯伦著，李唯中译	九州出版社	2014
爱你如诗美丽：情书集	［黎巴嫩］纪伯伦著，李唯中译	九州出版社	2014
泪与笑：散文诗	［黎巴嫩］纪伯伦著，李唯中译	九州出版社	2014
先知：散文诗	［黎巴嫩］纪伯伦著，李唯中译	九州出版社	2014
阿拉伯文学大花园	薛庆国著	湖北教育出版社	2007
中国文学与阿拉伯文学比较研究	林丰民等著	昆仑出版社	2011
阿拉伯文学选集	齐明敏、薛庆国、张洪仪等编	外语教学与研究出版社	2004
阿拉伯文学史	［黎巴嫩］汉纳·法胡里著，郅溥浩译	宁夏人民出版社	2008

书名	作者	出版社	出版年份
阿拉伯文学通史(上卷)	仲跻昆著	译林出版社	2010
阿拉伯文学通史(下卷)	仲跻昆著	译林出版社	2010
阿拉伯当代文学的转型与嬗变	余玉萍著	社会科学文献出版社	2020
阿拉伯现代文学与神秘主义	李琛著	华文出版社	2017
历史上的阿拉伯人	[美]伯纳德·刘易斯著,马肇椿、马贤译	华文出版社	2015
困顿与突围:变化世界中的中东政治	田文林著	社会科学文献出版社	2016
文明的冲突与世界秩序的重建(修订版)	[美]塞缪尔·亨廷顿著,周琪、刘绯、张立平等译	新华出版社	2002
历史概论	[突尼斯]伊本·赫勒敦著,陈克礼译	华文出版社	2017
伊本·白图泰游记	[摩洛哥]伊本·白图泰著,马金鹏译	华文出版社	2015
二十世纪中东史(第二版)	彭树智主编	高等教育出版社	2001
东方民族主义思潮	彭树智著	人民出版社	2013
传承与交融:阿拉伯文化	纳忠、朱凯、史希同著	浙江人民出版社	1993
阿拉伯通史(第十版·上)	[美]菲利浦·希提著,马坚译	新世界出版社	2015
阿拉伯通史(第十版·下)	[美]菲利浦·希提著,马坚译	新世界出版社	2015
中国阿拉伯关系史	郭应德著,张甲民译	北京大学出版社	2015
我的孤独是一座花园:阿多尼斯诗选	[叙利亚]阿多尼斯著,薛庆国选译	译林出版社	2018
中东问题与美国中东政策	赵伟明	时事出版社	2006
中东两千年	[英]伯纳德·路易斯著,郑之书译	民主与建设出版社	2020

书名	作者	出版社	出版年份
耶路撒冷三千年	[英]西蒙·蒙蒂菲奥里著，张倩红、马丹静译	湖南文艺出版社	2019
阿拉伯人的梦想宫殿:民族主义、世俗化与现代中东的困境	[美]福阿德·阿贾米著,钟鹰翔译	当代世界出版社	2022
大征服:阿拉伯帝国的崛起	[英]休·肯尼迪著,孙宇译	民主与建设出版社	2020

哲学专业荐读书单

书名	作者	出版社	出版年份
现代世界的诞生	清华大学国学研究院主编	上海人民出版社	2013
狭义与广义相对论浅说	[美]阿尔伯特·爱因斯坦著,张卜天译	商务印书馆	2013
自然哲学之数学原理(学生版)	[英]牛顿著,王克迪译	北京大学出版社	2021
日本政治思想史研究	[日]丸山真男著,王中江译	生活·读书·新知三联书店	2000
十五至十八世纪的物质文明经济和资本主义(第二卷上下)	[法]费尔南·布罗代尔著,顾良、施康强译	商务印书馆	2018
中国社会史	[法]谢和耐著,黄建华、黄迅余译	江苏人民出版社	2010
中国政治思想史(全两卷)	萧公权著	商务印书馆	2011
日本佛教史:思想史的探索	[日]末木文美士著,涂玉盏译	上海古籍出版社	2016
中国佛教史	蒋维乔著	商务印书馆	2015
中国伦理学史(上中下)	[日]三浦藤作著,张宗元、林科棠译	山西人民出版社	2015
西方伦理学史(修订版)	[美]布尔克编,黄慰愿译	华东师范大学出版社	2021
龙与狮的对话:翻译与马嘎尔尼访华使团	王宏志著	东方出版中心	2023
牛津西方哲学史(全四卷)	[英]安东尼·肯尼著,王柯平、袁宪军、杨平等译	吉林出版集团有限责任公司	2010
大问题:简明哲学导论	[美]罗伯特·所罗门、[美]凯思林·希金斯著,张卜天译	清华大学出版社	2018

书名	作者	出版社	出版年份
做哲学:88 个思想实验中的哲学导论	［美］小西奥多·希克、［美］刘易斯·沃恩著,柴伟佳、龚皓译	北京联合出版公司	2018
论道(金岳霖哲学三书)	金岳霖著	中国人民大学出版社	2010
1844 年经济学哲学手稿	［德］马克思著,中共中央马克思恩格斯列宁斯大林著作编译局译	人民出版社	2018
This is Not Just A Painting	［法］Bernard Lahire 著	Polity	2019
The Oxford Handbook of Aesthetics	［美］Jerrold Levinson 著	Oxford University Press	2003
The Oxford Handbook of Continental Philosophy	［美］Brian Leiter、［英］Michael Rosen 编	Oxford University Press	2009
The Cambridge Companion to Descartes	［英］John Cottingham 编	Cambridge University Press	1992
The Cambridge Companion to Kant	［美］保罗·盖耶尔编	Cambridge Universit Press	1992
The Phenomenological Mind	［美］Shaun Gallagher、［丹］Dan Zahavi 著	Routledge	2012
Philosophy of Mind：A Beginner's Guide	［美］Edward Feser 著	Oneworld Publications	2005
Philosophy of Mind	［美］Jaegwon Kim 著	Westview Press	1996
日本哲学思想史	［日］永田广志著,陈应年等译	商务印书馆	1983
柏拉图全集　中短篇作品（上下）	［古希腊］柏拉图著,刘小枫、刘振译	华夏出版社有限公司	2023
柏拉图全集　法义	［古希腊］柏拉图著,林志猛译	华夏出版社有限公司	2023

书名	作者	出版社	出版年份
柏拉图全集　理想国	[古希腊]柏拉图著,王扬译	华夏出版社有限公司	2023
跨语际实践:文学,民族文化与被译介的现代性(修订译本)	刘禾著,宋伟杰等译	生活·读书·新知三联书店	2022
东亚的诞生:从秦汉到隋唐	[美]何肯著,魏美强译	中信出版集团	2018
中国哲学发展史(先秦)	任继愈主编	人民出版社	1983
中国哲学发展史(魏晋南北朝)	任继愈主编	人民出版社	1998
中国哲学发展史(隋唐)	任继愈主编	人民出版社	1994
中国老学史	熊铁基、马良怀、刘韶军著	福建人民出版社	1995
庄子学史(增补版共6册)(精)	方勇著	人民出版社	2017
德川思想小史	[日]源了圆著,郭连友译	外语教学与研究出版社	2009
儒家思想与日本文化	王家骅著	浙江人民出版社	1990
日本近代思想史	[日]鹿野政直著,周晓霞译	民主与建设出版社	2022
存在与时间	[德]马丁·海德格尔著,陈嘉映、王庆节译	生活·读书·新知三联书店	2014
查拉图斯特拉如是说	[德]尼采著,孙周兴译	上海人民出版社	2009
老子古今(上下)	刘笑敢著	中国社会科学出版社	2006
黄帝内经(上下)(精)	姚春鹏译注	中华书局	2010
逃避自由	[美]艾里希·弗洛姆著,刘林海译	上海译文出版社	2015
逻辑哲学论	[奥]维特根斯坦著,韩林合译	商务印书馆	2013
美学三书	李泽厚著	安徽文艺出版社	1999

书名	作者	出版社	出版年份
西方美学史	朱光潜著	译林出版社	2021
自识与反思:近现代西方哲学的基本问题	倪梁康著	商务印书馆	2020
黑格尔哲学讲演录	邓晓芒著	商务印书馆	2020
康德哲学讲演录	邓晓芒著	商务印书馆	2020
刘擎西方现代思想讲义	刘擎著	新星出版社	2021
思想的界碑——西方政治思想史讲稿	高全喜著	浙江大学出版社	2012
西方政治思想史(上下)	陈伟著	中国社会科学出版社	2020
中国思想史	葛兆光著	复旦大学出版社	2013
中国政治思想史(全三卷)	刘泽华著	浙江人民出版社	1996
现象学导论七讲:从原著阐发原意	张祥龙著	中国人民大学出版社	2011
现代性与主体的命运	杨大春著	中国人民大学出版社	2019
康德著作全集(第4卷)	李秋零主编	中国人民大学出版社	2005
第二性(合卷本)	[法]西蒙娜·德·波伏瓦著,郑克鲁译	上海译文出版社	2015
单向度的人	[美]赫伯特·马尔库塞著,刘继译	上海译文出版社	2008
西方马克思主义概论(第2版)	衣俊卿著	北京大学出版社	2019
现象学的观念	[德]胡塞尔著,倪梁康译	商务印书馆	2016
第一哲学沉思集(珍藏本)	[法]笛卡尔著,庞景仁译	商务印书馆	2009
忏悔录	[古罗马]奥古斯丁著,周士良译	商务印书馆	1963

书名	作者	出版社	出版年份
中西印哲学导论	张祥龙著	北京大学出版社	2022
中国哲学简史	冯友兰著,赵复三译	三联书店	2013
思辨之神:西方哲学思潮选讲	方朝晖著	复旦大学出版社	2007
如何阅读一本书	[美]莫提默·J.艾德勒、[美]查尔斯·范多伦著,郝明义、朱衣译	商务印书馆	2004
马克思思想导论(第3版)	[英]戴维·麦克莱伦著,郑一明、陈喜贵译	中国人民大学出版社	2016
马克思主义哲学经典文本导读(上卷)	余源培、吴晓明主编	高等教育出版社	2005
马克思恩格斯列宁哲学经典著作导读	《马克思恩格斯列宁哲学经典著作导读》编写组编	人民出版社	2020
科学中的革命(新译本)	[美]I.伯纳德·科恩著,鲁旭东、赵培杰译	商务印书馆	2022
什么是社会学	赵鼎新著	生活·读书·新知三联书店	2021
精彩的数学错误	[美]阿尔弗雷德·S.波萨门蒂尔、[德]英格玛·莱曼著,李永学译	华东师范大学出版社	2019
力学及其发展的批判历史概论	[奥]恩斯特·马赫著,李醒民译	商务印书馆	2014
科学史(上下珍藏本)	[英]W.C.丹皮尔著,李珩译	商务印书馆	2009
微积分的力量	[美]史蒂夫·斯托加茨著,任烨译	中信出版集团	2021
中国民俗文化(第2版)	柯玲编著	北京大学出版社	2017
消费社会	[法]让·鲍德里亚著,张一兵编,刘成富、全志钢译	南京大学出版社	2014
文化人类学(第13版)	[美]卡罗尔·R.恩贝尔、[美]梅尔文·恩贝尔著,王晴锋译	商务印书馆	2021

书名	作者	出版社	出版年份
乡土中国　生育制度　乡土重建	费孝通著	商务印书馆	2011
魏晋玄学史(第二版)(精)	余敦康著	北京大学出版社	2016
心性现象学	倪梁康著	商务印书馆	2021
《齐物论》及其影响	陈少明著	商务印书馆	2019
中国人性论史·先秦篇	徐复观主编	九州出版社	2020
中国社会中的宗教(宗教的现代社会功能与其历史因素之研究)	[美]杨庆堃著,范丽珠等译	上海人民出版社	2007
中国哲学十九讲	牟宗三著	贵州人民出版社	2020
来自民间的叛逆:美国民歌传奇	袁越著	南京大学出版社	2008
中国基本乐理	杜亚雄著	西南师范大学出版社	2021
西方音乐史(第六版)	[美]唐纳德·杰·格劳特、[美]克劳德·帕利斯卡著,余志刚译	人民音乐出版社	2010
图说日本美术史	[日]辻惟雄著,蔡敦达、邬利明译	生活·读书·新知三联书店	2016
艺术即历史	方闻著,赵佳译	上海书画出版社	2021
东西方美术的交流	[英]M.苏立文著,陈瑞林译	江苏美术出版社	1998
远东绘画	[英]劳伦斯·宾雍著,朱亮亮译	上海书画出版社	2020
剑桥艺术史(彩图版全八册)	[英]苏珊·伍德福德著,钱乘旦译	译林出版社	2009
春秋左传注	杨伯峻编著	中华书局	2016

书名	作者	出版社	出版年份
韩非子集解	〔清〕王先慎著	中华书局	1998
墨子:今注今译	谭家健、孙中原译注	商务印书馆	2009
荀子集解(上下)	王先谦撰	中华书局	2024
孟子译注	杨伯峻译注	中华书局	2019
论语译注	杨伯峻译注	中华书局	2017
新编中国哲学史(全四卷)	劳思光著	广西师范大学出版社	2005
中国哲学史(上中下)	冯友兰著	商务印书馆	2019
符号逻辑讲义	徐明编	武汉大学出版社	2008
逻辑学导论(第15版)	[美]欧文·M.柯匹、[美]卡尔·科恩、[加拿大]维克多·罗迪奇著,张建军、潘天群、顿新国等译	中国人民大学出版社	2022
科学在中国(1550—1900)	[美]本杰明·艾尔曼著、原祖杰等译	中国人民大学出版社	2016
世俗时代	[加拿大]查尔斯·泰勒著,张容南、盛韵、刘擎等译	上海三联书店	2016
迂回与进入	[法]弗朗索瓦·朱利安著,杜小真译	商务印书馆	2017
诠释三角:汉学、比较经学与跨文化神学的形成与互动	[法]魏明德著,谢华、沈秀臻、鲁进等译	复旦大学出版社	2021
形而上学	[古希腊]亚里士多德著,吴寿彭译	商务印书馆	2023
尼各马可伦理学	[古希腊]亚里士多德著,廖申白译	商务印书馆	2019
论灵魂	[古希腊]亚里士多德著,陈玮译	北京大学出版社	2021

书名	作者	出版社	出版年份
中国近事:为了照亮我们这个时代的历史	[德]G.G.莱布尼茨著,[法]梅谦立、杨保筠译	大象出版社	2005
基督教哲学1500年	赵敦华著	人民出版社	2005
20世纪西方哲学东渐史(全四卷)	黄见德著	首都师范大学出版社	2007
明清之际中西文化交流史——明代:调适与会通(增订本)	沈定平著	商务印书馆	2007
走出中世纪(增订本)	朱维铮著	复旦大学出版社	2009
道论	杨国荣著	华东师范大学出版社	2022
明清间耶稣会士译著提要	徐宗泽著	上海书店出版社	2010
中国现代思想的起源:超稳定结构与中国政治文化的演变	金观涛、刘青峰著	法律出版社	2011
中国近三百年学术史(新校本)	梁启超著	商务印书馆	2011
思想是生活的一种方式:中国近代思想史的再思考	王汎森著	北京大学出版社	2018
明清之际西学文本(全四册)	黄与涛、王国荣编	中华书局	2013
社会研究方法(第13版)	[美]艾尔·巴比著,邱泽奇译	清华大学出版社	2020
传习录译注	〔明〕王守仁撰,王晓昕译注	中华书局	2018
四书章句集注	〔宋〕朱熹撰	中华书局	2022
周易译注	黄寿祺、张善文撰	上海古籍出版社	2012
坛经	袁行霈主编	国家图书馆出版社	2020

艺术设计学院
Art Design College

艺术设计学院

学院介绍

　　艺术设计学院具有国家设计学一级学科硕士学位授予资格,现设有视觉传达设计、环境设计、数字媒体艺术和产品设计 4 个本科专业,其中视觉传达设计专业入选浙江省"十二五""十三五"新兴特色专业。硕士学位点涵盖传播设计与理论研究、环境艺术设计与理论研究、产品设计与数字媒体理论研究、设计管理与理论研究 4 个研究方向。在2023 年软科中国大学最好学科排名中,设计学排名第 45 位。

专业介绍

视觉传达设计专业(授予艺术学学士学位)

● 国家级一流本科专业建设点
● 浙江省"十二五""十三五"新兴特色专业
● 2024 年软科中国大学专业排名位列 30/765,全国前 4%,评级层次为 A
● 拥有本科、硕士人才培养体系

　　视觉传达设计专业始建于 1994 年,2021 年获批国家级一流本科专业建设点,目前设"品牌设计""交互与体验设计"两大专攻方向。专业人才培养以"品牌创新与数字化转型"为核心,培塑德智体美劳全面发展,具备卓越创新思维、广阔国际视野、优良职业素养、拔尖实践能力的高素质、复合型、"数字+"视觉设计专业人才。

　　专业立足长三角、面向全国,对接数字经济发展及文化创意产业人才需求,引导学生系统掌握当代视觉传达设计专业知识,能够胜任品牌视觉设计、交互与体验设计、信息与服务创新等领域的设计、管理、教学、研究工作。

环境设计专业(授予艺术学学士学位)

● 浙江省一流本科专业建设点

● 2024 年软科中国大学专业排名评级层次为 A,列全国前 5.2%

● 拥有本科、硕士人才培养体系

环境设计专业本科设景观设计方向、建筑与室内设计方向,深耕国家发展战略与浙江发展需求,承继学校百年商科精髓,持续锻造"艺商融通"学科特色,锤炼出一条融合社会责任意识、艺术审美判断与设计创新思维的互嵌式人才培育路径。以培养构建"项目策划+运营服务"与"创新设计+工程实践"的复合能力为目标,不断贯彻"问题导向—真题实做—成果落地"的链式课堂培养路径,精心营造"产教融合+协同育人"的新型教学生态,着力培养学生在参数化设计、智能空间信息化方面的设计创新能力,为服务浙江省共同富裕先行和省域现代化先行发展战略持续输出"跨界融合、创新引领、技能卓越"的高端环境艺术设计人才。

产品设计专业(授予艺术学学士学位)

● 2024 年软科中国大学专业排名评级层次为 B+,列全国前 17%,省内排名前三

● 设有国内高校中首家大疆创新实验室,与深圳大疆科技有限公司深度开展校企合作

● 师资队伍国际化程度高,多位专任教师毕业于新加坡、日本、荷兰、德国等国的著名高校

产品设计专业以立德树人为根本,服务国家战略和长三角经济发展,以艺商融合为特色,将设计与数字、科技、艺术、人文、商业、制造相结合,培养具有产品创新力、设计转化力、价值实现力的复合型卓越设计人才。专业建立了以基础教学为本,以"设计竞赛—知识产权—商业转化"为特色的链式人才培养模式,同时联合政府、企业、机构、高校多方项目资源,将引领性与实践性育人相结合,强化商业性设计实践教育。本专业拥有本科、硕士人才培养体系,共建成 7 门省级一流课程,连续多年学生深造率近 30%,学生获 IF 设计奖、全国美术作品展览、中国国际"互联网+"大学生创新创业大赛、"挑战杯"全国大学生课外学术科技作品竞赛等国内外著名奖项 300 余项,国家授权专利 70 余项。

数字媒体艺术专业(授予艺术学学士学位)

●2024 年软科中国大学专业排名评级层次为 B＋,列全国前 15.2％

●2001 年设立的动画与艺术设计研究中心为浙江省高校第一家动画研究机构

●最早成立动画专业(2018 年转型为数字媒体艺术专业)

●专业配套投入 7 个实验室,占地 1200 多平方米,设备总值 1000 余万元

　　数字媒体艺术专业,前身是学院动画专业,始创于 2001 年,是浙江省同类综合性大学中最早成立的动画专业。专业分为两个方向:数智娱乐创意,旨在聚焦动漫游戏工业体系创新实践与应用,探索前沿数字技术融创研究;智媒影像创作,旨在聚焦新的媒介语言开展影像创新实践与媒介融合应用,探索数字艺术的生产新方法与传播新路径。专业拥有本科、硕士的人才培养体系,依据"五育并举、多元融合、数字驱动"的人才培养体系,对接国家"文化自信"战略,服务数字经济下的"万亿"文化产业,依托学校"卓越大学"的专业集群优势,借力省重点培育智库,以培养"新文科"德智体美劳全面发展的社会主义建设者和接班人为目标,培养具备卓越创新思维、广阔国际视野、优良职业素养、拔尖实践能力,胜任数字媒体全产业链研发、全流程实践工作的高素质、复合型"数字＋"数字媒体艺术的学术与实践并举创新型卓越人才。本专业骨干教师主持 1 门国家级一流课程,5 门省级一流课程;荣获全国高校教师教学创新大赛二等奖 1 项,浙江省高校教师教学创新大赛特等奖 1 项;骨干教师作为团队成员荣获全国高校教师教学创新大赛一等奖 1 项,浙江省高校教师教学创新大赛特等奖 1 项。教师创作作品获中国文化艺术政府奖、中国电影金鸡奖提名奖、中国国际动漫节金猴奖、中国动漫金龙奖、浙江省"五个一"工程奖、浙江电影凤凰奖、东京国际电影节中国电影周金鹤奖、罗马独立电影节最佳短片奖等国内外专业大奖。

视觉传达设计专业荐读书单

书名	作者	出版社	出版年份
信息可视化概论(第三版)	〔英〕罗伯特·斯宾塞著,吕曦、顾莹译	中国轻工业出版社	2020
信息可视化设计	代福平编著	西南师范大学出版社	2021
视觉传达设计	〔美〕罗宾·兰达著,张玉花、王树良、李逸译	上海人民美术出版社	2019
用信息图做策划方案:要点把握、突出效果、有效表达	〔日〕木村博之著,杨秋芬译	人民邮电出版社	2018
视觉治愈	陈正达著	中国美术学院出版社	2021
多维设计与策划	陈正达、王弋著	中国美术学院出版社	2022
设计作为动力:海报创意与城市文化实践	韩湛宁著	上海人民美术出版社	2024
字体摩登:字体书与中国现代文字设计的再发现(1919—1955)	周博主编	中信出版集团	2018
纸品包装结构解析	善本图书编著	四川美术出版社	2016
创意盒子——包装结构解剖书	善本出版有限公司编著	华中科技大学出版社	2019
设计与数据分析	刘建军主编	清华大学出版社	2024
平面港:图形创意	成朝晖编著	中国美术学院出版社	2022
东方视觉与现代传播	胡珂著	中国美术学院出版社	2022
一生一本:中国美术学院2021优秀学生作品	中国美术学院教务处编	中国美术学院出版社	2022

书名	作者	出版社	出版年份
形态语言	成朝晖著	中国美术学院出版社	2023
铸金炼课:中国美术学院本科金案32案	许江主编	中国美术学院出版社	2020
素描(中国美术学院精品课程教材)	王晓明、吴方著	中国美术学院出版社	2023
色彩(中国美术学院精品课程教材)	王晓明、李杰著	中国美术学院出版社	2023
速写(中国美术学院精品课程教材)	王晓明、吕思逸著	中国美术学院出版社	2023
材质语义	汪菲著	中国美术学院出版社	2023
自然界的艺术形态	[德]恩斯特·海克尔著,陈智威、李文爱译	南方日报出版社	2015
配色设计原理	[日]日本奥博斯科编辑部编著,暴凤明译	中国青年出版社	2009
为真实的世界设计	[美]维克多·帕帕奈克著,周博译	中信出版社	2013
传统文化元素中的视觉传达与表现研究	李洁著	吉林出版集团股份有限公司	2022
信息可视化设计	陈冉、李方舟主编	中国美术学院出版社	2019
设计之问:从观看到观察	顾青著	同济大学出版社	2024
AI Logo 设计:Midjourney商业品牌标志设计教程	蒋骑旭编著	人民邮电出版社	2024
动态标志设计	杨晓文著	东华大学出版社	2023
设计思维手册:斯坦福创新方法论	[德]迈克尔·勒威克、[德]帕特里克·林克、[德]拉里·利弗著,高馨颖译	机械工业出版社	2019
数学与艺术:一部文化史	[美]琳恩·盖姆韦尔著,李永学译	天津科技	2023

书名	作者	出版社	出版年份
西方文明的未来（上卷：法国与英国）	［加拿大］梁鹤年著	生活·读书·新知三联书店	2020
国美之路大典：设计卷	许江总主编	中国美术学院出版社	2018
象征的图像：贡布里希图像学文集	［英］E. H. 贡布里希著,杨思梁、范景中译	广西美术出版社	2015
中国现代设计思想：生活、启蒙、变迁	曹小鸥著	山东美术出版社	2018
人文基础	韩绪、段卫斌、吴小华主编	浙江人民美术出版社	2022
造型基础	韩绪、段卫斌、吴小华主编	浙江人民美术出版社	2022
数字基础	韩绪、段卫斌、吴小华主编	浙江人民美术出版社	2022
中国设计研究百年	祝帅著	清华大学出版社	2018
事理学方法论：一本讲设计方法论、设计思维的书	柳冠中著	上海人民美术出版社	2018
西方文明的文化基因	［加拿大］梁鹤年著	生活·读书·新知三联书店	2014
跨学科：人文学科的诞生、危机与未来	［英］乔·莫兰著,陈后亮、宁艺阳译	南京大学出版社	2023
设计道：中国设计的基本问题	杭间著	重庆大学出版社	2009
设计价值论	李立新著	中国建筑工业出版社	2011
装饰图案设计与创新思维	彭韧、厉向东著	中国美术学院出版社	2021

书名	作者	出版社	出版年份
包豪斯:1919—1933	[德]包豪斯档案馆、[德]玛格达莱娜·德罗斯特著,丁梦月、胡一可译	江苏凤凰科学技术出版社	2017
观念的演进:中国现代设计史	沈榆著	上海人民美术出版社	2021
机械复制时代的艺术作品	[德]瓦尔特·本雅明著,王才勇译	中国城市出版社	2002
好玩的好设计:把54个美学灵感装进游戏盒子	赵勇权编著	中国青年出版社	2021
策展哲学	[英]让-保罗·马丁编著,王乃一等译	中国画报出版社	2021
地瓜社区:共享空间营造法	周子书、唐燕著	清华大学出版社	2022
排版造型:从国际风格到古典样式再到idea	[日]白井敬尚著,刘庆译	湖南美术出版社	2021
共鸣:图像的认知功能	[美]芭芭拉·玛丽亚·斯塔福德著,梅娜芳、陈潇玉译	江苏凤凰美术出版社	2023
设计学经典文献导读	郑巨欣、陈永怡主编	浙江大学出版社	2015
寻纸	汪帆著	浙江人民美术出版社	2023
微服务,心体验	李方编著	中国原子能出版社、中国科学技术出版社	2022
用户体验设计指南:从方法论到产品设计实践(升级版)	蔡赟、康佳美、王子娟编著	电子工业出版社	2021
服务设计:用极致体验赢得用户追随	黄蔚著	机械工业出版社	2020
用户研究方法:卓越产品和服务的用户研究技巧	刘华孝著	机械工业出版社	2024

书名	作者	出版社	出版年份
服务设计方法与项目实践	［美］马克·史迪克多、［美］马科斯·霍梅斯、［美］亚当·劳伦斯等著，马徐、孙蕾译	清华大学出版社	2021
这才是服务设计	［德］马克·斯蒂克多恩、马库斯·霍梅斯、亚当·劳伦斯等著，吴海星译	人民邮电出版社	2022
设计再出发——设计学科国际发展通报	陈正达、张春艳、徐捷编著	中国美术学院出版社	2024
设计研究理论Ⅰ	吴文治著	中国纺织出版社	2023
图形创意设计（第2版）	陈珊妍著	东南大学出版社	2022
插画创意设计	陈珊妍著	东南大学出版社	2021
版面编辑设计	陈珊妍著	东南大学出版社	2024

环境设计专业荐读书单

书名	作者	出版社	出版年份
环境艺术设计初步	张一帆主编	中国青年出版社	2018
Enscape 即时渲染教程	彭时矿主编	辽宁美术出版社	2021
环境设计心理学研究	李季著	延边大学出版社	2019
环境设计（第二版）	娄永琪、杨皓编著	高等教育出版社	2021
建筑:形式空间和秩序（第四版）	[美]程大锦著,刘丛红译	天津大学出版社	2018
荒野之美:自然主义种植设计	[荷]皮特·奥多夫、[英]诺埃尔·金斯伯里著,唐瑜、涂先明、田乐译	化学工业出版社	2021
华南区引鸟植物与生态景观构建	林石狮、朱济姝、罗连主编	化学工业出版社	2023
抽样调查设计:问卷、访谈和数据收集（原书第3版）	[美]约翰尼·布莱尔、[美]罗纳德·F.扎加、[美]爱德华·A.布莱尔著,沈崇麟译	重庆大学出版社	2022
环境设计制图	陆燕燕、王云琦主编	清华大学出版社	2023
公共设施设计	侯立丽、刘晖、王静编著	清华大学出版社	2022
居住区环境景观设计方法与案例解析	刘骏主编	重庆大学出版社	2020
居住空间设计	刘静宇编	东华大学出版社	2016
商业空间设计	龙燕、唐茜、郭婷婷等编著	辽宁美术出版社	2014
商业空间展示设计	赵智峰、罗昭信编著	中国纺织出版社	2019
园林工程（第5版）	杨至德主编	华中科技大学出版社	2022
乡村人居环境改造设计与实践	高小勇、张丹萍、赵瑞峰编著	中国纺织出版社有限公司	2022

书名	作者	出版社	出版年份
建设项目管理实操指南	刘爱忠编著	中国建材工业出版社	2021
室内装饰材料与构造设计	于四维、樊丁编著	化学工业出版社	2023
景观设计基础(第二版)	谢科、单宁、何冬主编	华中科技大学出版社	2021
城市公园规划设计	王先杰、梁红主编	化学工业出版社	2021
植物景观设计	刘慧民编	化学工业出版社	2016
图解景观生态规划设计手法	岳邦瑞等著	中国建筑工业出版社	2019
风景区规划(第2版)	李文、吴妍主编	中国林业出版社	2022
设计思维	邱斌等著	辽宁美术出版社	2020
建筑初步(第四版)	田学哲、郭逊主编	中国建筑工业出版社	2019
室内设计原理	谢舰锋、姚志奇主编	武汉大学出版社	2019
中外建筑史	杜异卉、赵月苑、彭丽莉主编	华中科技大学出版社	2021
中外园林史	林墨飞、唐建主编	重庆大学出版社	2020
中国建筑简史	柳肃著	中国建筑工业出版社	2020
风景园林设计构成	蒲天村主编	重庆大学出版社	2022
文献检索与论文写作(第三版)	邓富民、梁学栋、唐建民主编	经济管理出版社	2023
居住区景观设计	刘彦红、刘永东、陈娟编著	武汉大学出版社	2020
风景名胜区总体规划标准(GB/T 50298—2018)	中华人民共和国住房和城乡建设部、国家市场监督管理总局联合发布	中国建筑工业出版社	2019
乡村景观设计	吕勤智、黄焱著	中国建筑工业出版社	2020

书名	作者	出版社	出版年份
园林基础工程图解与施工	陈祺、刘卫斌、韩兴梅编著	化学工业出版社	2012
江南园林志(第二版)	童寯著	中国建筑工业出版社	2014
城市公共设施管理	邓世专编著	机械工业出版社	2022
图解景观生态规划设计原理	岳邦瑞等著	中国建筑工业出版社	2017
美丽乡村景观规划设计与生态营建研究	汤喜辉著	中国书籍出版社	2019
景观设计基础	蒋卫平主编	华中科技大学出版社	2018
商业景观	本书编委会编	中国林业出版社	2014
人性场所:城市开放空间设计导则(第二版)	[美]克莱尔·库珀·马库斯、[美]卡罗琳·弗朗西斯编著,俞孔坚、王志芳、孙鹏等译	北京科学技术出版社	2019
设计结合自然	[美]伊恩·伦诺克斯·麦克哈格著,芮经纬译	天津大学出版社	2008
居住区规划设计	赵景伟、代朋、陈敏主编	华中科技大学出版社	2020
公共建筑设计原理(第五版)	张文忠主编	中国建筑工业出版社	2020
公共空间室内设计	刘静宇主编	东华大学出版社	2021
商业空间设计	陈妍主编	江苏大学出版社	2019
商业空间设计看这本就够了	陈根编著	化学工业出版社	2019
旧建筑空间改造与更新设计	梁竞云著	吉林出版集团股份有限公司	2022
景观设计学:场地规划与设计手册(原著第五版)	[美]巴里·W.斯塔克、[美]约翰·O.西蒙兹著,朱强、俞孔坚、郭兰等译	中国建筑工业出版社	2014

书名	作者	出版社	出版年份
建筑参数化设计	孙澄编著	中国建筑工业出版社	2020
建筑设计入门教程(第2版)	朱雷、吴锦绣、陈秋光等著	东南大学出版社	2023
建筑制图(第4版)	钟训正、孙钟阳、王文卿编著	东南大学出版社	2022
建筑模型设计与制作(第3版)	李映彤、汤留泉编著	中国轻工业出版社	2017
草图大师SketchUp 2020效果表现与制作案例技能实训教程	吴伟鹏、李延南、黄卓主编	清华大学出版社	2023
数字建筑设计理论与方法	徐卫国著	中国建筑工业出版社	2019
建筑装饰表现技法(第2版)	巫涛主编	中国建筑工业出版社	2022
建筑模型设计与制作	杨丽娜编著	中国轻工业出版社	2017
外国建筑史:19世纪末叶以前	陈志华著	商务印书馆	2021
中国建筑史(第七版)	潘谷西主编	中国建筑工业出版社	2015
中国古典园林史(第三版)	周维权著	清华大学出版社	2008
世界园林史	[英]特纳著,林箐、南楠、齐黛蔚等译	中国林业出版社	2011
环境设计概论	姚璐、张鹏翔主编	中国水利水电出版社	2020
构成:平面·色彩·立体(第三版)	余雁、关雪仑著	高等教育出版社	2019
展示工程与设计数字化教程	王新生著	华中科技大学出版社	2021
文化遗产保护与城市文化建设	单霁翔著	中国建筑工业出版社	2009

书名	作者	出版社	出版年份
建筑:形式、空间和秩序	[美]程大锦著,刘丛红译	天津大学出版社	2005
建筑空间组合论(第三版)	彭一刚著	中国建筑工业出版社	2008
中外建筑史	张新沂编著	中国轻工业出版社	2019
商业场景:未来商业的进化方法论	吴晨著	北京联合出版公司	2022

产品设计专业荐读书单

书名	作者	出版社	出版年份
设计的思考:用户体验设计核心问答(加强版)	周陟著	清华大学出版社	2023
写给大家看的 UI 设计书	柯皓著	电子工业出版社	2020
用户体验设计指南	蔡赟、康佳美、王子娟编	电子工业出版社	2021
体验设计师 100 问	元尧著	清华大学出版社	2023
交互设计师成长手册	李悦著	清华大学出版社	2023
设计师的力量	孙虎、武月琴著	化学工业出版社	2021
设计是门好生意:创意天分与商业智慧的平衡之道	[美]凯斯·格拉内著,杨楠译	化学工业出版社	2018
设计是门好生意 2:如何打造成功设计团队	[美]凯斯·格拉内著,严康、董治年译	化学工业出版社	2020
日本文具文创设计	[日]《日经设计》编辑部编,邓召迪译	机械工业出版社	2021
设计的细节:日本经典设计透析	[日]日经设计编,甘菁菁译	人民邮电出版社	2016
设计之书	[英]英国费顿出版社编著,傅圣迪译	湖南美术出版社	2019
产品手绘与创意表达	[荷]库斯·艾森、[荷]罗丝琳·斯特尔编著,王玥然译	中国青年出版社	2012
产品设计手绘技法	[荷]库斯·艾森、[荷]罗丝琳·斯特尔编著,陈苏宁译	中国青年出版社	2009
产品手绘与设计思维	[荷]库斯·艾森、[荷]罗丝琳·斯特尔编著,种道玉译	中国青年出版社	2016
写给设计师的工艺全书	[英]罗布·汤普森著,李月恩、赵莹、邓小妹等译	华中科技大学出版社	2020
图解产品设计材料与工艺(彩色版)	陈根编著	化学工业出版社	2021

书名	作者	出版社	出版年份
工业设计看这本就够了（全彩升级版）	陈根编著	化学工业出版社	2019
设计的温度：佐藤大与全球设计大师的幕后杂谈	[日]佐藤大著,孙中荟译	北京时代华文书局	2023
设计思维工具手册	付志勇、夏晴编	清华大学出版社	2021
设计现象学启蒙	代福平著	清华大学出版社	2023
产品三观	贾伟著	中信出版集团	2021
世界是设计出来的	贾伟著	中译出版社	2023
设计心理学（全四卷）	[美]唐纳德·A.诺曼著,小柯、何笑梅、欧秋杏等译	中信出版集团	2015
设计史太浓　创意国家漫游记（第2版）	远麦刘斌编著	机械工业出版社	2020
你好,设计：设计思维与创新实践	[日]石川俊祐著,马悦译	机械工业出版社	2021
日常产品设计心理学	刘玲著	机械工业出版社	2022
设计 民生与社会	陈冬亮、海军编著	机械工业出版社	2022
设计的逻辑：洞察人心的视觉准则	[日]日本学校法人服部学园编著,王卫军译	中国青年出版社	2022
设计的故事	[英]夏洛特·菲尔、[英]彼得·菲尔著,王小茉、王珍时译	江苏凤凰美术出版社	2018
折出好设计：一张纸激发无限造型创意	[英]保罗·杰克逊著,朱海辰译	上海人民美术出版社	2023
设计是什么? 保罗·兰德给年轻人的设计启蒙课	[美]迈克尔·克罗格著,姜朝骁译	上海人民美术出版社	2023
设计力就是产品力	[日]奥山清行著,刘炯浩译	电子工业出版社	2021

书 名	作 者	出版社	出版年份
设计基础1:设计几何学	[美]金伯利·伊拉姆著,沈亦楠、赵志勇译	上海人民美术出版社	2018
设计基础2:编排设计教程	[美]金伯利·伊拉姆著,赵志勇、耿婷译	上海人民美术出版社	2018
设计基础3:网格系统与版式设计	[美]金伯利·伊拉姆著,孟姗、赵志勇译	上海人民美术出版社	2018
想象另一种引力	as科学艺术研究中心编著	湖南科学技术出版社	2023
设计的本质	[日]田中一雄著,[日]长田春晃、陈嵘译	山东人民出版社	2023
设计问题:本质与逻辑	[美]布鲁斯·布朗、[美]理查德·布坎南、[美]卡尔·迪桑沃等主编,孙志祥、辛向阳译	江苏凤凰美术出版社	2021
设计问题:实践与研究	[美]布鲁斯·布朗、[美]理查德·布坎南、[美]卡尔·迪桑沃等主编,孙志祥、辛向阳译	江苏凤凰美术出版社	2021
设计问题:服务与社会	[美]布鲁斯·布朗、[美]理查德·布坎南、[美]卡尔·迪桑沃等主编,孙志祥、辛向阳译	江苏凤凰美术出版社	2021
设计,叙述生活:生活设计工作室教学实录	张剑、裴悦舟、磨炼等编著	上海人民美术出版社	2013
工业设计史(修订版)	何人可主编	北京理工大学出版社	2000
孩子也能懂的科技·工业设计	[美]卡尔拉·穆尼著,龙浩译	湖南少年儿童出版社	2023
阿里巴巴设计新趋势实战篇Ⅱ:天猫双十一设计实战与解析	阿里巴巴设计委员会编著	电子工业出版社	2021

书名	作者	出版社	出版年份
设计,不止于形式:阿里巴巴设计实战与解析	阿里巴巴设计委员会编著	电子工业出版社	2022
品牌化设计:用设计提升商业价值应用的法则	[日]小山田育、[日]渡边瞳著,朱梦蝶译	机械工业出版社	2021
形态语言	成朝晖编著	中国美术学院出版社	2023
设计:痛点	[英]D.J.胡帕茨著,肖婷译	辽宁科学技术出版社	2023
Sustainable Product Design and Development	Anoop Desai、Anil Mital 著	CRC Press	2020
产品设计	曹伟智、李雪松编	北京大学出版社	2021
无限佐藤大:nendo 经典设计集	[日]nendo 工作室著,臧迎春、詹凯等译	中信出版集团	2019
产品设计与开发	缪宇泓著	电子工业出版社	2022
审美决定品质:产品设计的美学评价	[荷]保罗·赫克特著,甘为译	中国电力出版社	2020
人工智能 AI 绘画从入门到精通:文案＋绘画＋摄影＋电商广告制作	谷哥编著	化学工业出版社	2023
AI 视觉艺术　Midjourney 创作从入门到应用	靳中维、刘珂敏、李艮编著	人民邮电出版社	2023
面向产品设计的制造技术手册:案例精析	[英]克里斯·莱夫特瑞著,庄新村、韩先洪译	机械工业出版社	2020
产品设计研究	陈旭、王鑫、潘蓝青主编	化学工业出版社	2023
精益制造 079:工业爆品设计与研发	[日]日本日经制造编辑部著,潘郁灵译	东方出版社	2021
机械结构设计技巧与禁忌(第 2 版)	潘承怡、向敬忠编著	化学工业出版社	2021
产品结构设计	张莹、王逸钢、谌禹西编著	清华大学出版社	2023

书名	作者	出版社	出版年份
产品结构设计：解构活动型产品	缪元吉、张子然、张一编著	中国轻工业出版社	2017
图解机械原理与构造：机器是怎样工作的？	周湛学编著	化学工业出版社	2022
国际产品设计经典教程	[英]保罗·罗杰斯、[英]亚历克斯·米尔顿著，陈苏宁译	中国青年出版社	2013
佐藤大：用设计解决问题	[日]佐藤大著，邓超译	北京时代华文书局	2016
产品形态语意设计	杜鹤民著	北京大学出版社	2020
设计力就是沟通力	[日]宇治智子著，千早译	文汇出版社	2020
文化创意产品设计及案例	张颖娉编	化学工业出版社	2020
设计调研怎么做？了解客户真实需求的方法、战略、流程与案例	[美]詹妮弗·韦索基·欧格雷迪、[美]肯尼斯·韦索基·欧格雷迪著，陆美辰译	上海人民美术出版社	2021
设计思维与方法	陈楠著	中国青年出版社	2021
产品设计造型	[英]彼得·戴布斯（Peter Dabbs）著，王锡良译	机械工业出版社	2022
设计思维行动手册	税琳琳、郭垭霓著	人民邮电出版社	2021
设计方法与策略：代尔夫特设计指南（第二版）	[荷]荷兰代尔夫特理工大学工业设计工程学院著，倪裕伟译	华中科技大学出版社	2023
交互思维：详解交互设计师技能树	WingST 著	电子工业出版社	2019
产品设计思维	洛可可创新设计学院编著	电子工业出版社	2016
创新地图：创造客户所需要的产品和服务	[荷]吉斯·范·伍尔芬著，仁脉学习技术研发中心译	电子工业出版社	2015
你的顾客需要一个好故事	[美]唐纳德·米勒著，修佳明译	中国人民大学出版社	2018

书名	作者	出版社	出版年份
只讲故事不讲理	[美]金德拉·霍尔著,崔传刚译	中信出版集团	2020
产品设计与开发(原书第6版)	[美]卡尔·T.乌利齐、[美]史蒂文·D.埃平格著,杨青、杨娜等译	机械工业出版社	2018
设计思维手册:斯坦福创新方法论	[德]迈克尔·勒威克、[德]帕特里克·林克、[德]拉里·利弗著,高馨颖译	机械工业出版社	2019

数字媒体艺术专业荐读书单

书名	作者	出版社	出版年份
迪士尼电影艺术设定集:寻梦环游记	〔美〕美国迪士尼公司著,童趣出版有限公司编译	人民邮电出版社	2019
迪士尼电影艺术设定集:机器人总动员	〔美〕蒂姆·豪瑟著,童趣出版有限公司编译	人民邮电出版社	2019
迪士尼电影艺术设定集:玩具总动员(3)	〔美〕查尔斯·所罗门著,童趣出版有限公司编译	人民邮电出版社	2019
迪士尼电影艺术设定集:冰雪奇缘	〔美〕查尔斯·所罗门著,童趣出版有限公司编译	人民邮电出版社	2020
迪士尼电影艺术设定集:疯狂动物城	〔美〕杰西卡·朱利叶斯著	人民邮电出版社	2020
大理寺日志贰(动画美术设定集)	好传动画编著	译林出版社	2023
盛世如歌:《长安十二时辰》艺术设定集	《长安十二时辰》制作团队编	中国青年出版社	2020
长安三万里(艺术设定集)	追光动画编著	中信出版集团	2023
从神偷奶爸到小黄人(埃里克·吉隆概念设定集)	〔法〕本·克罗尔著,袁雯雯译	中国青年出版社	2022
哥斯拉大战金刚(电影艺术设定集)	〔美〕丹尼尔·华莱士著,陈少芸译	人民邮电出版社	2022
艾尔登法环(官方艺术设定集1)	〔日〕日本电击游戏书籍编辑部编,孤影众译	百花洲文艺出版社	2023
艾尔登法环(官方艺术设定集2)	〔日〕日本电击游戏书籍编辑部编,孤影众译	百花洲文艺出版社	2023
千与千寻官方艺术设定集	〔日〕宫崎骏著,赵婉宁译	北京联合出版公司	2022
龙猫的家	〔日〕宫崎骏著,史诗译	南海出版公司	2021
崖上的波妞	〔日〕宫崎骏原作,赵玉皎译	北京联合出版公司	2022
龙猫	〔日〕宫崎骏原作,赵玉皎译	北京联合出版公司	2020

书名	作者	出版社	出版年份
我的造梦之路	［日］今敏著，焦阳译	新星出版社	2015
直播与短视频深度运营	王斌、曹三省编著	中国广播影视出版社	2021
剪映短视频剪辑从入门到精通	卫琳、和孟佯主编	清华大学出版社	2023
虚幻引擎（Unreal Engine）基础教程	刘小娟、宋彬主编	清华大学出版社	2022
Unreal Engine 5 互动开发：物联网\虚拟人\直播\全景展示\音效控制实战	蔡山著	清华大学出版社	2023
3ds max＋VRay 动画制作完全实训手册	秦秋滢、赵海伟、夏春梅编著	清华大学出版社	2022
故宫画谱（仕女）	故宫博物院编	故宫出版社	2018
故宫画谱（兰菊）	故宫博物院编	故宫出版社	2018
故宫画谱（点景）	故宫博物院编	故宫出版社	2018
故宫画谱（云水）	故宫博物院编	故宫出版社	2018
故宫画谱（蔬果）	故宫博物院编	故宫出版社	2018
故宫画谱（梅花）	故宫博物院编	故宫出版社	2018
宋本之外：《清明上河图》的传播与再生	陈婧莎著	人民美术出版社	2023
生成式人工智能：AIGC 的逻辑与应用	丁磊著	中信出版集团	2023
Nuke 视觉特效与合成	陈奕、时秀波编	人民邮电出版社	2023
电影声音艺术与录音技术——历史创作与理论（第 1 辑）	姚国强、张岳著	中国电影出版社	2011
影视声音艺术与制作	姜燕著	中国传媒大学出版社	2023
中国动漫走出去与国家文化软实力提升研究	邢红梅著	人民出版社	2020

书名	作者	出版社	出版年份
艺术与科技:数字影视动画创作与研究文集	孙立军、单传蓬主编	中国国际广播出版社	2023
捕捉时代影像艺术的感染力:一个人的近十年影评	周星著	中国电影出版社	2023
导演创作完全手册(插图修订第4版)	[美]迈克尔·拉毕格著,唐培林译	四川人民出版社	2019
电影导演艺术教程	韩小磊著	中国电影出版社	2004
影视导演基础教程	潘桦主编	中国广播影视出版社	2024
大师镜头(第一卷)——低成本拍大片的100个高级技巧(第2版)(典藏版)	[澳]克里斯托弗·肯沃斯著,魏俊彦译	电子工业出版社	2024
大师镜头(第二卷)——拍出一流对话场景的100个高级技巧(典藏版)	[澳]克里斯托弗·肯沃斯著,魏俊彦译	电子工业出版社	2024
大师镜头(第三卷)——导演视野:让电影脱颖而出的100个镜头调度(典藏版)	[澳]克里斯托弗·肯沃斯著,黄德宗译	电子工业出版社	2024
大师镜头(昆汀篇)	[澳]克里斯托弗·肯沃西著,黄尤达译	文化发展出版社有限公司	2019
建筑摄影艺术与实践二十重探究	费莹著	东南大学出版社	2023
手机大片这样拍(一定要会的手机摄影技巧)	博蓄诚品编	化学工业出版社	2024
商业人像摄影用光布光专业教程(3D示意图图解版)	徐尚、张文编著	北京大学出版社	2024
从零开始学习人像摄影与摆姿	摄影客编	人民邮电出版社	2024
中国审美理论(第5版)	朱志荣著	华东师范大学出版社	2023

书名	作者	出版社	出版年份
AI绘画师（电商产品文案＋广告＋模特＋视频制作全攻略）	AIGC文画学院编	化学工业出版社	2024
魔法词典（AI绘画关键词图鉴Stable Diffusion版）	AIGC-RY研究所编	人民邮电出版社	2023
轨迹：中国动漫产业发展与动画艺术演进	盘剑著	科学出版社	2023
电影中的场景叙事：法国电影美术的百年历程（1920—2020）	于海勃著	中国戏剧出版社	2023
影视鉴赏	刘秀峰主编	浙江大学出版社	2022
视听语言教程	王丽娟著	中国传媒大学出版社	2023
中国短视频发展研究报告	国家广播电视总局发展研究中心、国家广播电视总局监管中心、中广联合会微视频短片委员会编著	中国国际广播出版社	2023
影视动画分镜入门	［法］戴维·哈兰·鲁索、［法］本杰明·里德·菲利普斯著，孙宝库译	四川美术出版社	2021
吉卜力工作室作品全集	［日］日本株式会社讲谈社编，吴春燕译	新星出版社	2023
世界影史经典名片精读（第2辑）	葛颖、陈黛曦著	华文出版社	2024
荣誉（修订版）	苏牧著	人民文学出版社	2007
HoloLens与混合现实开发	闫兴亚、张克发、张画画等著	机械工业出版社	2019

书名	作者	出版社	出版年份
虚拟现实：理论、技术、开发与应用	吕云、王海泉、孙伟编	清华大学出版社	2019
交互艺术装置实现技术	王晓慧编	清华大学出版社	2023
装置艺术在中国	顾丞峰编	江苏凤凰美术出版社	2021
中国传统色：故宫里的色彩美学	郭浩、李健明著	中信出版集团	2020
杨占家电影美术设计作品集（全两册）	霍廷霄主编	北京联合出版公司	2017
电影导演艺术教程（修订版）	韩小磊著	中国电影出版社	2022
Unreal Engine 5 从入门到精通	左未编著	中国铁道出版社有限公司	2023
传奇：ZBrush 数字雕刻大师之路（第2版）	周绍印著	人民邮电出版社	2017
流浪地球2：电影制作手记	朔方著	中信出版集团	2023
影视光线创作	刘永泗、刘莘莘著	北京联合出版公司	2015
影视镜头创作	刘永泗、刘建鹏著	中国友谊出版公司	2019
电影色彩学（插图修订版）	李力、梁明著	北京联合出版公司	2021
编剧心理学：在剧本中建构冲突	［美］威廉·尹迪克著，井迎兆译	北京联合出版公司	2014
你的剧本逊毙了！：100个化腐朽为神奇的对策	［美］威廉·M.埃克斯著，周舟译	北京联合出版公司	2016
编剧：步步为营（最新重订本）	［美］温迪·简·汉森著，郝哲、柳青译	北京联合出版公司	2016
Mondo 电影海报艺术典藏	［美］美国 Mondo 公司编，江汇、孙宝库译	四川美术出版社	2019

书名	作者	出版社	出版年份
电影分镜艺术典藏	[英]费奥纽拉·哈利根编著,许绮彤译	四川美术出版社	2023
迪士尼动画大师的角色设计课	[美]汤姆·班克罗夫特著,嵇小庭译	上海人民美术出版社	2021
世界妖怪大全(精装珍藏版)	[英]特里·布雷弗顿著,王晨译	天津人民出版社	2018
金正基作品精选集	[韩]金正基著	江苏人民出版社	2014
建筑的故事	[英]帕特里克·狄龙著,姜南菲、吴婧译	北京联合出版公司	2019
故事:材质·结构·风格和银幕剧作的原理	[美]罗伯特·麦基著,周铁东译	天津人民出版社	2014
对白:文字·舞台·银幕的言语行为艺术	[美]罗伯特·麦基著,焦雄屏译	天津人民出版社	2017
人物:文本、舞台、银幕角色与卡司设计的艺术	[美]罗伯特·麦基著,周铁东译	浙江文艺出版社	2022
认识数字影像:数字摄影、影像控制和工作流程	[美]布莱恩·布朗著,李勇译	北京时代华文书局	2022
新媒体艺术设计:交互·融合·元宇宙	刘立伟、魏晓东主编	化学工业出版社	2023
演变与重构——媒体艺术视野中的数字化剧场研究	代晓蓉著	人民出版社	2021
空间透视图解课:让你的画面更有镜头感	[韩]金铜镐著,林芳如译	中国青年出版社	2021
动画编剧大师课	[英]杰弗里·斯科特著,灵然创智译	中国友谊出版公司	2023
互动装置艺术:科技驱动的艺术体验	艺力国际出版有限公司编	华中科技大学出版社	2020
理解媒介:论人的延伸	[加拿大]马歇尔·麦克卢汉著,何道宽译	译林出版社	2019
力:动物原画概念设计	[美]迈克尔·马特斯著,姜浩译	人民邮电出版社	2012

马克思主义学院
School of Marxism

马克思主义学院

学院介绍

　　马克思主义学院是浙江省首家成立的马克思主义学院、浙江省委宣传部部校共建的第一家马克思主义学院、浙江省首批重点建设马克思主义学院。学院科技力量雄厚，已形成马克思主义基本原理、马克思主义中国化研究、思想政治教育、中国近现代史基本问题、中共党史党建、马克思主义宗教学、心理健康教育等研究方向。

专业介绍

马克思主义理论专业(授予法学硕士学位)

● 浙江省 A 类一流学科
● 浙江省优势特色学科

　　浙江工商大学于 2006 年获得"马克思主义基本原理"二级学科硕士学位授予权，2007 年开始进行马克思主义理论专业招生。本专业一直以来，采取"顶天立地"的培养模式，强调学生对马克思主义基本理论、马克思主义中国化成果的把握，对当代世情、国情、党情的了解，以及理论联系实际的学风和能力的培养。本专业致力于培养德智体美劳全面发展，具有坚定政治信念、坚实理论基础、系统的马克思主义理论知识和一定的科研能力，能够运用马克思主义立场、观点和方法解决实际问题，能够独立从事思想政治理论教育、理论宣传、行政管理等领域工作能力的高素质专门人才。

马克思主义理论专业荐读书单

书名	作者	出版社	出版年份
习近平谈治国理政(第一卷)	习近平著	外文出版社	2018
习近平谈治国理政(第二卷)	习近平著	外文出版社	2017
习近平谈治国理政(第三卷)	习近平著	外文出版社	2020
习近平谈治国理政(第四卷)	习近平著	外文出版社	2022
习近平著作选读(第一卷)	习近平著	人民出版社	2023
习近平著作选读(第二卷)	习近平著	人民出版社	2023
之江新语	习近平著	浙江人民出版社	2007
论坚持推动构建人类命运共同体	习近平著	中央文献出版社	2018
摆脱贫困	习近平著	福建人民出版社	1992
干在实处 走在前列——推进浙江新发展的思考与实践	习近平著	中共中央党校出版社	2006
习近平的七年知青岁月	中央党校采访实录编辑室编	中共中央党校出版社	2017
习近平讲故事	人民日报评论部编	人民出版社	2017
十九大以来重要文献选编(上、中、下)	中央党史和文献研究院编	中央文献出版社	2019
新编思想政治教育学原理	沈壮海主编	中国人民大学出版社	2022
改革开放以来高校思想政治教育发展史	冯刚主编	人民出版社	2018
探索思想政治教育发展的内生动力	冯刚著	人民出版社	2017
中国政治思想史:全2册	萧公权著	商务印书馆	2011

书名	作者	出版社	出版年份
思想政治教育学科建设研究	张耀灿著	中国人民大学出版社	2017
思想政治教育学科范式简论	张耀灿、钱广荣等著	安徽师范大学出版社	2018
思想政治教育学原理(第二版)	《思想政治教育学原理》编写组主编	高等教育出版社	2018
红星照耀中国	[美]埃德加·斯诺著,李昕恬译	南海出版公司	2023
大教学论	[捷]夸美纽斯著,傅任敏译	教育科学出版社	2014
什么是教育	[德]卡尔·雅斯贝尔斯著,童可依译	生活·读书·新知三联书店	2021
心理健康教育学科融合研究	俞国良著	北京师范大学出版社	2023
新时代高校思想政治教育前沿研究	冯刚、吴国成、李海峰等著	人民出版社	2022
解析阿尔君·阿帕杜莱《消失的现代性:全球化的文化维度》	艾米·杨·埃夫拉尔著,李磊译	上海外语教育出版社	2019
社会学视野中的思想政治工作(第二版)	孙其昂著	科学出版社	2017
高校思想政治教育数据治理研究	吴满意、徐先艳著	团结出版社	2022
马克思恩格斯列宁思想政治教育思想考论	张智等著	中国人民大学出版社	2023
思想政治教育方法导论	项久雨著	武汉大学出版社	2021
新时代高校思想政治教育学原理	冯刚、彭庆红、佘双好等著	人民出版社	2021
中国共产党高校思想政治教育发展史	冯刚、张晓平、苏洁主编	人民出版社	2021
阳明大传:"心"的救赎之路:上、中、下卷	束景南著	复旦大学出版社	2020

书名	作者	出版社	出版年份
比较思想政治教育(第二版)	陈立思主编	中国人民大学出版社	2018
思想政治学科教学新论	刘强主编	高等教育出版社	2009
张力与限界:中央苏区的革命(1933—1934)	黄道炫著	社会科学文献出版社	2011
路易·波拿巴的雾月十八日	[德]卡尔·马克思著,冯适译	江苏人民出版社	2011
中国革命根据地教育史事日志	姚宏杰、宋荐戈主编	山东教育出版社	2020
闽浙赣革命根据地历史资料文库(全9册)	《闽浙赣革命根据地历史资料文库》编委会编	江西人民出版社	2022
中央革命根据地历史资料文库(全16册)	中共江西省委党史研究室等编	中央文献出版社、江西人民出版社	2011
抗日战争档案汇编:苏中抗日根据地档案汇编	江苏省档案馆编	中华书局	2021
华北抗日根据地农民精神生活研究	郑立柱著	人民出版社	2014
围剿边区革命根据地亲历记	全国政协文史和学习委员会编	中国文史出版社	2018
中国简史	吕思勉著	三秦出版社	2020
国史大纲(上下修订本)	钱穆著	商务印书馆	2015
近代中国社会的新陈代谢	陈旭麓著	生活·读书·新知三联书店	2017
中华人民共和国简史(1949—2019)	当代中国研究所编	当代中国出版社	2019
改革开放简史	本书编写组编著	人民出版社、中国社会科学出版社	2021
社会主义发展简史	本书编写组编著	学习出版社、人民出版社	2021

书名	作者	出版社	出版年份
中国共产党简史	本书编写组编著	人民出版社	2021
中国抗战大后方历史文献联合目录	周勇、王志昆主编	重庆出版社	2011
新中国口述史(1949—1978)	曲青山、高永中主编	中国人民大学出版社	2015
生活中的《资本论》	[韩]姜相求著,金泰成、金畅译	中国社会科学出版社	2011
马克思恩格斯的共产主义学说	李延明著	中国社会科学出版社	2010
思想巨人马克思	靳辉明著	中国社会科学出版社	2018
东西文化及其哲学	梁漱溟著	上海人民出版社	2020
实践的唯物主义:对马克思"新唯物主义"哲学的一种理解	王金福、辛望旦著	苏州大学出版社	1996
马克思主义公共哲学研究	池忠军著	中国社会科学出版社	2018
马克思主义哲学与现时代	李景源主编	中国社会科学出版社	2018
哲学分析教程	黄敏著	中国社会科学出版社	2018
马克思的哲学在理解中的命运:对马克思主义哲学史的解释学考察	王金福著	苏州大学出版社	2003
现代性的忧郁:从颓废到碎片的灵光	安丽霞著	中国社会科学出版社	2017
马克思和科恩正义思想比析	张全胜著	中国社会科学出版社	2017

书名	作者	出版社	出版年份
中华文明三论:中华文明的根柢	姜义华著	上海人民出版社、商务印书馆	2021
马克思主义政府原理的中国逻辑	陈明明著	上海人民出版社	2021
美的历程	李泽厚著	生活·读书·新知三联书店	2009
中国哲学史十讲	郭齐勇著	复旦大学出版社	2020
中世纪哲学十讲	赵敦华著	复旦大学出版社	2020
基督教的本质	[德]费尔巴哈著,荣震华译	商务印书馆	2022
马克思主义哲学原理	陈先达、杨耕编著	中国人民大学出版社	2019
马克思主义基本原理概论(第3版)	张雷声主编	中国人民大学出版社	2024
西方马克思主义哲学的历史逻辑	张一兵、胡大平著	南京大学出版社	2003
文本的深度耕犁(第一卷)——西方马克思主义经典文本解读(2004年版)	张一兵著	中国人民大学出版社	2001
西方马克思主义探讨(1981年版)	[英]佩里·安德森著,高铦、文贯中、魏章玲译	人民出版社	1981
马克思主义哲学史	黄楠森主编	高等教育出版社	1998
马克思主义哲学纲要	杨河主编	北京大学出版社	2003
中国哲学史(全二册)	冯友兰著	四川人民出版社	2011
马克思为什么是对的	[英]特里·伊格尔顿著,李杨、任文科、郑义译	新星出版社	2011
重建历史唯物主义(修订版)	[德]尤尔根·哈贝马斯著,郭官义译	社会科学文献出版社	2013

书名	作者	出版社	出版年份
马克思主义哲学原理	叶敦平主编	高等教育出版社	2003
马克思主义政治经济学原理（本科本）	教育部社会科学研究与思想政治工作司组编	高等教育出版社	2003
科学社会主义的理论与实践（第7版）	高放、李景治、蒲园良主编	中国人民大学出版社	2022
马克思主义中国化史	梅荣政主编	中国社会科学出版社	2010
比较视野下的中国道路	张严著	社会科学文献出版社	2019
中国共产党与马克思主义中国化	石仲泉主编	中国人民大学出版社	2011
马克思主义中国化的理论轨迹	田克勤著	中共党史出版社	2006
中国现代化史（第一卷）：1800—1949	许纪霖、陈达凯主编	学林出版社	2006
马克思主义中国化概论	陈金龙、陈岸涛主编	人民出版社	2005
国外中国模式研究评析	成龙著	人民出版社	2018
中共的治理与适应：比较的视野	俞可平、[德]托马斯·海贝勒、[德]安晓波编	中央编译出版社	2015
国际政治中的知识、欲望与权力：中国崛起的西方叙事	[澳]潘成鑫著，张旗译	社会科学文献出版社	2016
邓小平时代	[美]傅高义著，冯克利译	生活·读书·新知三联书店	2013
邓小平传	[英]理查德·伊文思著，田山译	国际文化出版公司	2013
儒学传统与现代社会	吴震、肖卫民主编	复旦大学出版社	2019
马克思主义发展史	顾海良著	中国人民大学出版社	2007

书名	作者	出版社	出版年份
马克思主义学说史(第一卷)	许征帆、李鹏程、马绍孟等编著	吉林人民出版社	1987
马克思的幽灵——债务国家、哀悼活动和新国际	[法]雅克·德里达著,何一译	中国人民大学出版社	2008
历史的终结与最后的人	[美]弗朗西斯·福山著,陈高华译	广西师范大学出版社	2014
后工业社会的来临	[美]丹尼尔·贝尔著,高铦等译	江西人民出版社编	2018
单向度的人:发达工业社会意识形态研究	[美]赫伯特·马尔库塞著,刘继译	上海译文出版社	2008

泰隆金融学院
School of Tailong Finance

泰隆金融学院

学院介绍

　　泰隆金融学院是浙江工商大学和浙江泰隆商业银行按照省政府的重要部署,共同创办的国内首家培养普惠金融高素质人才的体制机制创新学院,是实施"高教强省"战略、推进产教融合和高等教育体制机制改革的先行项目。学院是浙江省首批重点建设现代产业学院、浙江省高等学校省级产教融合示范基地。学院创新学校和行业、企业共建共管共育共享的办学模式,以将学院建设成为全国性普惠金融高素质人才培养基地、全球性普惠金融学术研究特区、产学研用一体的现代产业服务平台为共同愿景。

专业介绍

金融学(普惠金融创新班)专业(授予经济学学士学位)

- ●国家级一流本科专业建设点
- ●浙江省"十二五"和"十三五"优势专业
- ●全国金融学类专业排名 35/708,居前 5%
- ●学科排名进入全国前 20%

　　本专业在浙江省省属高校中最早拥有金融学博士点,专业拥有省级应用经济学大学生校外实践基地,与北京大学新结构经济学研究院、浙江泰隆商业银行开展合作共建。

金融学(普惠金融创新班)专业荐读书单

书名	作者	出版社	出版年份
贫穷的本质	[美]阿比吉特·班纳吉、[法]埃斯特·迪弗洛著,景芳译	中信出版社	2013
穷查理宝典	[美]查理·芒格著,李继宏译	中信出版集团	2017
摩根财团:美国一代银行王朝和现代金融业的崛起	[美]罗恩·切尔诺著,金立群译	江苏文艺出版社	2014
黑天鹅:如何应对不可预知的未来	[美]纳西姆·塔勒布著,万丹、刘宁译	中信出版集团	2011
股票大作手回忆录	[美]爱德温·李费著,王坤译	中华工商联合出版社	2017
从0到1:开启商业与未来的秘密	[美]彼得·蒂尔著,高玉芳译	中信出版集团	2015
千年金融史:金融如何塑造文明,从5000年前到21世纪	[美]威廉·戈兹曼著,张亚光、熊金武译	中信出版集团	2017
战胜华尔街	[美]彼得·林奇著,刘建位、徐晓杰、李国平译	机械工业出版社	2010
漫步华尔街	[美]伯顿·马尔基尔著,张伟译	机械工业出版社	2012
原则:应对变化中的世界秩序	[美]瑞·达利欧著,崔苹苹、刘波译	中信出版集团	2022
伟大的博弈:华尔街金融帝国的崛起	[英]约翰·戈登著,祁斌译	中信出版集团	2005
金融炼金术	[匈牙利]乔治·索罗斯著,孙忠、候纯译	海南出版社	2016
世界金融百年沧桑记忆1	姜建清著	中信出版集团	2018
非理性繁荣	[美]罗伯特·J.希勒著,廖理译	中国人民大学出版社	2004

书名	作者	出版社	出版年份
金融的逻辑(上下)	陈志武著	中信出版集团	2020
金融的本质:伯南克四讲美联储	[美]本·伯南克著,巴曙松、陈剑译	中信出版集团	2014
大而不倒	[美]安德鲁·罗斯·索尔金著,巴曙松、陈剑等译	中国人民大学出版社	2010
动物精神:人类心理如何驱动经济、影响全球资本市场	[美]乔治·阿克洛夫、[美]罗伯特·席勒著,黄志强、徐卫宇、金岚译	中信出版集团	2009
债务危机:我的应对原则	[美]瑞·达利欧著,赵灿、熊建伟、刘波等译	中信出版集团	2019
崩盘:全球金融危机如何重塑世界	[英]亚当·图兹著,伍秋玉译	上海三联书店	2021
行动的勇气:金融危机及其余波回忆录	[美]本·伯南克著,蒋宗强译	中信出版集团	2016
动荡的世界:风险、人性与未来的前景	[美]艾伦·格林斯潘著,余江译	中信出版社	2014
金融与好的社会	[美]罗伯特·希勒著,束宇译	中信出版社	2012
嚣张的特权:美元的兴衰和货币的未来	[美]艾肯格林著,陈召强译	中信出版社	2011
香帅金融学讲义	香帅著	中信出版集团	2020
普惠金融改变世界:应对贫困、失业和环境恶化的经济学	[孟加拉]穆罕默德·尤努斯著,陈文、陈少毅、郭长冬译	机械工业出版社	2018
微型金融:方法与案例	[美]萨提亚南达·加布里埃尔、[美]迈克尔·欣克利、[美]汉尼·厄格斯著,游春、陈允宏译	东方出版中心	2016
微型金融的经济学	[美]贝琪兹·阿芒达利兹、[美]乔纳森·默多克著,罗煜、袁江译	万卷出版公司	2013

书名	作者	出版社	出版年份
数字普惠金融新时代	贝多广、李焰主编	中信出版集团	2017
从小微金融到普惠银行：地方性银行是如何做到的？	［德］莱因哈德·H.施密特著，朱太辉等译	东北财经大学出版社有限责任公司	2022
萧条经济学的回归和2008年经济危机	［美］保罗·克鲁格曼著，刘波译	中信出版社	2009
国富论	［英］亚当·斯密著，孙善春、李春长译	作家出版社	2017
货币的祸害：货币史上不为人知的大事件	［美］米尔顿·弗里德曼著，张建敏译	中信出版集团	2016
文明的逻辑：人类与风险的博弈	陈志武著	中信出版集团	2022
国富国穷	［美］戴维·S.兰德斯著，门洪华译	新华出版社	2010
长尾理论：为什么商业的未来是小众市场	［美］克里斯·安德森著，乔江涛、石晓燕译	中信出版集团	2015
枪炮、病菌与钢铁：人类社会的命运	［美］贾雷德·戴蒙德著，王道还、廖月娟译	中信出版集团	2022
自私的基因（40周年增订版）	［英］理查德·道金斯著，卢允中、张岱云、陈复加等译	中信出版集团	2019
从人口红利到改革红利	蔡昉著	社会科学文献出版社	2014
结构性改革：中国经济的问题与对策	黄奇帆著	中信出版集团	2020
本体与常无：经济学方法论对话	林毅夫著	北京大学出版社	2012
解读中国经济：解读新时代的关键问题	林毅夫著	北京大学出版社	2018
大国大城：当代中国的统一发展与平衡	陆铭著	上海人民出版社	2016
激荡三十年：中国企业1978—2008（十年典藏版）	吴晓波著	中信出版集团	2017

书名	作者	出版社	出版年份
中国大历史	黄仁宇著	生活·读书·新知三联书店	2021
上帝掷骰子吗:量子物理史话	曹天元著	北京联合出版公司	2019
三体:"地球往事"三部曲	刘慈欣著	重庆出版社	2022
苏东坡传	林语堂著,张振玉译	湖南文艺出版社	2018
埃隆·马斯克传	[美]沃尔特·艾萨克森著,孙思远、刘家琦译	中信出版集团	2023
活法	[日]稻盛和夫著,曹岫云译	东方出版社	2019
万物原理	[美]弗兰克·维尔切克著,柏江竹、高苹译	中信出版集团	2022
洞见:从科学到哲学,打开人类的认知真相	[美]罗伯特·赖特著,宋伟译	北京联合出版公司	2020
成长的边界:超专业化时代为什么通才能成功	[加拿大]大卫·爱泼斯坦著,范雪竹译	北京联合出版公司	2021
为什么伟大不能被计划	[美]肯尼斯·斯坦利、[美]乔尔·雷曼著,彭相珍译	中译出版社	2023
人体简史(全彩插图版)	[美]比尔·布莱森著,闾佳译	文汇出版社	2020
人类简史:从动物到上帝	[以色列]尤瓦尔·赫拉利著,林俊宏译	中信出版集团	2017
全球通史:从史前史到21世纪	[美]斯塔夫里阿诺斯著,吴象婴、梁赤民、董书慧等译	北京大学出版社	2012
百年孤独(50周年纪念版)	[哥伦比亚]加西亚·马尔克斯著,范晔译	南海出版公司	2017
置身事内:中国政府与经济发展	兰小欢著	上海人民出版社	2023

英贤慈善学院
YingXian School of
Philanthropy

英贤慈善学院

学院介绍

　　英贤慈善学院成立于 2021 年,是我国第一家培养国民教育系列本科、硕士、博士慈善管理人才的慈善学院。2021 年 7 月,浙江工商大学设立目录外慈善管理二级学科硕博点。2022 年 2 月,浙江工商大学获批新增慈善管理本科专业。学院遵循开放办学、学科交叉、产教融合的理念,培养从事慈善项目管理、资金筹集、公关传播和行政管理等工作的应用型、复合型、创新型管理人才,致力于成为国内慈善管理人才培养的领军者、慈善学术研究的引领者、慈善服务供应一流基地以及慈善事业卓越开放平台。

专业介绍

慈善管理专业

●高起点建设新兴专业

　　慈善管理专业是浙江工商大学以本校公共管理、工商管理、统计学等优势学科为基础,整合校内校外相关资源,高起点建设的新兴专业,旨在培养具有坚实的慈善品质、先进的慈善理念、突出的专业能力和远大慈善事业抱负,面向我国现代慈善转型升级的应用型、复合型卓越慈善管理人才。

慈善管理专业荐读书单

书名	作者	出版社	出版年份
近代中国慈善论稿	周秋光著	人民出版社	2010
英国慈善史（1660—1960）（全二册）	[美]戴维·欧文著,褚蓥译	社会科学文献出版社	2020
捐赠:西方慈善公益文明史	[美]罗伯特·H.伯姆纳著,褚蓥译	社会科学文献出版社	2017
财富的福音	[美]安德鲁·卡内基著,杨会军译	北京联合出版公司	2006
行善的艺术:晚明中国的慈善事业	[美]韩德林著,曹晔译	江苏人民出版社	2021
公益的元问题	李小云著	中信出版集团	2021
中国慈善哲学概论	张耀南著	中国社会出版社	2018
社会影响力投资:创造不同,转变我们的赚钱思维	[美]安东尼·巴格-莱文、[美]杰德·艾默生著,罗清亮、王曦、唐浩译	上海财经大学出版社	2013
穷人的银行家	[孟]穆罕默德·尤努斯著,吴士宏译	生活·读书·新知三联书店	2015
爱的纽带与美利坚的形成:温斯罗普、杰斐逊和林肯的慈善观念	[美]马秀·S.胡兰德著,褚蓥译	社会科学文献出版社	2018
超越市场与超越政府:论道德力量在经济中的作用(修订版)	厉以宁著	商务印书馆	2023
以自由看待发展	[印度]阿马蒂亚·森著,任赜、于真译	中国人民大学出版社	2024

书名	作者	出版社	出版年份
民营化与公私部门的伙伴关系(中文修订版)	[美]E.S.萨瓦斯著,周志忍译	中国人民大学出版社	2017
如何改变世界:用商业手段更好地解决社会问题	[美]戴维·伯恩斯坦著,张宝林译	中信出版社	2013
华人慈善:历史与文化	朱健刚、武洹宇主编	中国社会科学出版社	2020
中国公众捐款:谁在捐,怎么捐,捐给谁	韩俊魁、邓锁、马剑银著	社会科学文献出版社	2020
英国慈善活动发展史研究	周真真著	中国人民大学出版社	2020
论美国的民主	[法]托克维尔著,董果良译	商务印书馆	2017
财富的责任与资本主义演变:美国百年公益发展的启示	资中筠著	上海三联书店	2015
美国慈善史	[美]奥利维尔·聪茨著,杨敏译	上海财经大学出版社	2016
当代中国治理转型与社会组织发展	黄晓春著	社会科学文献出版社	2020
中国慈善史纲	王卫平、黄鸿山、曾桂林著	中国劳动社会保障出版社	2011
中国慈善事业的精神	朱友渔著,中山大学中国公益慈善研究院翻译组译	商务印书馆	2016
全球公民社会:非营利部门视界	[美]莱斯特·M.萨拉蒙著,贾西津、魏玉等译	社会科学文献出版社	2007
非营利组织的管理	[美]彼得·德鲁克著,吴振阳等译	机械工业出版社	2018
公益向右　商业向左	徐永光著	中信出版集团	2017

书名	作者	出版社	出版年份
公益经营者：基层政府的新角色与实践困境	陈颀著	社会科学文献出版社	2019
慈善论：理论慈善学研究	李文臣著	中国书籍出版社	2020
慈善筹款原理与实践	［英］阿德里安·萨金特、［英］尚悦著，孔德洁、顾昊哲、叶盈译	广西师范大学出版社	2021
政府向社会组织购买公共服务研究：中国与全球经验分析	王浦劬、［美］莱斯特·M.萨拉蒙等著	北京大学出版社	2010
依附式发展的第三部门	康晓光著	社会科学文献出版社	2011
社会组织的生态关系研究：两种不同价值观视角下的结果比较	赵小平著	经济管理出版社	2019
社会影响评价新趋势	［荷］法兰克·范克莱、［荷］安娜·玛丽亚·艾斯特维丝编，谢燕、杨云枫译	中国环境科学出版社	2015
慈善新前沿：重塑全球慈善与社会投资的新主体和新工具指南	［美］莱斯特·M.萨拉蒙编著，深圳国际公益学院译	社会科学文献出版社	2019
资助的艺术：慈善机构与公益基金会的高效运作之道	程刚、王超、丁艳编著	北京联合出版公司	2017
慈善文化与伦理	周俊、王法硕编著	北京大学出版社	2021
非营利组织管理	［美］詹姆斯·P.盖拉特著，张誉腾、桂雅文、邓国胜译	中国人民大学出版社	2013
社会企业家：影响经济、社会与文化的新力量	［瑞典］安德斯·伦德斯特罗姆、周春彦、［瑞典］伊冯·范·弗里德里希等著，黄琦、陈晓庆译	清华大学出版社	2016

书名	作者	出版社	出版年份
社会创业与社会商业：理论与案例	［德］克里斯蒂娜·K.福克曼、［瑞士］基姆·奥利维·托卡斯基、［德］卡蒂·恩斯特著，黄琦译	社会科学文献出版社	2016
中国民间组织国际化的战略与路径	邓国胜著	中国社会科学出版社	2013
行动的力量——民间志愿组织实践逻辑研究	朱健刚著	商务印书馆	2008
英国非营利组织	王名、李勇、黄浩明编著	社会科学文献出版社	2009
美国非营利组织	王名、李勇、黄浩明编著	社会科学文献出版社	2012
正义论	［美］罗尔斯著，谢延光译	上海译文出版社	1991